AF637980

Titus Müller (Hrsg.)

C. S. Lewis – Ein Leben in Briefen

TITUS MÜLLER (HG.)

C. S. Lewis
EIN LEBEN IN BRIEFEN

adeo

Inhalt

Vorwort

Ich war fünfzehn, als ich im Bücherschrank meines Vaters *Mere Christianity* von C. S. Lewis entdeckte. „Das ist noch nichts für dich", sagte er. Aber während das Buch mich intellektuell herausforderte, fütterte es mich gleichzeitig auf eine Weise, die ich zuvor nicht gekannt hatte. Ich war fasziniert von C. S. Lewis. Diesem ersten Buch folgte *Überrascht von Freude*, dann die *Perelandra*-Trilogie, die *Chroniken von Narnia*, die Essays. Ich hatte mich verliebt.

Was ist das Besondere an C. S. Lewis? Die gründliche Art zu argumentieren? Der Humor? Die Leidenschaft, mit der er sich Themen widmet? Für mich ist es vor allem seine Fähigkeit, mich wieder und wieder zu verblüffen, indem er ungewohnte Gedankenwege geht und dafür sorgt, dass ich die Welt mit neuen Augen sehe.

Vor einigen Jahren stieß ich auf drei dicke Bände mit seinen Briefen. Endlich hatte ich neuen Stoff meines Lieblingsautors. Ich las die Briefe nicht am Stück, sondern genoss sie wie ein Dessert in kleinen Portionen. Sie boten mir das Geschenk, das Leben von C. S. „Jack" Lewis zu begleiten, von der mit seinem Bruder erdachten Fantasiewelt „Boxen", über die sie Geschichten schrieben und Zeichnungen anfertigten, bis zu den schrecklichen Schuljahren am Internat, vom Ringen um einen Studienplatz in Oxford bis zur Berufung als Professor in Cambridge, von der schwierigen Beziehung zu Mrs. Moore bis zum späten Liebesglück mit Joy Gresham. Ich konnte seine tiefe Freundschaft zu Arthur Greeves, einem Jungen aus der Nachbarschaft, mitverfolgen, die von der Kindheit bis ins Alter hielt, und mich von seiner Begeisterung für Bücher und Geschichten anstecken lassen. Auch sein Weg vom

Nicht-mehr-glauben-Können zu einer neuen Hinwendung zu Gott hat mich fasziniert.

Von den über dreitausend Briefen habe ich die schönsten für dieses Buch ausgewählt. Was Sie in Ihren Händen halten, ist kein akademisches Projekt. Es ist eine Liebhaber-Ausgabe für Menschen, die C. S. Lewis so mögen wie ich, und für Leser, die ihn kennenlernen wollen.

Ich danke der Übersetzerin, Renate Hübsch, die den Spagat zwischen Worttreue und flüssiger Lesbarkeit im Deutschen in meinen Augen hervorragend gemeistert hat, und Karoline Kuhn vom adeo Verlag, die sich auch im Zeitalter von E-Mails und WhatsApp-Nachrichten ein Herz für Briefe bewahrt hat. Christian Rendel hat dem Manuskript mit seiner Expertise zu Leben und Werk von C. S. Lewis einen wunderbaren letzten Schliff gegeben. Hugo Ganslmayer half uns beim Übertragen des Gedichts auf S. 55. Walter Hooper, dem Herausgeber der Gesamtausgabe der Briefe, verdanken wir die Biografien zu den Briefpartnern im Anhang dieses Buchs.

Vor allem aber freue ich mich über Ihre Neugier und das Interesse an C. S. Lewis, das wir teilen, und fühle mich mit Ihnen herzlich verbunden.

Titus Müller

Lebensstationen von C. S. Lewis

1898

29. November: Clive Staples Lewis wird im nordirischen Belfast als zweiter von zwei Söhnen des Anwalts Albert James Lewis und dessen Frau Flora Augusta Hamilton Lewis geboren. Sein drei Jahre älterer Bruder Warren bemerkt später, die Kinderjahre der beiden Jungen hätten „den Grundstein für eine innige Freundschaft gelegt, die das größte Glück meines Lebens war."

1905

Die Familie Lewis bezieht ein großes neues Haus namens „Little Lea" am Stadtrand von Belfast. „Ich bin ein Produkt", schreibt C. S. Lewis später, „von langen Fluren, leeren, sonnendurchfluteten Zimmern, der Stille in den oberen Räumen, den Dachbodenzimmern, die ich in Einsamkeit erforschte ... Und ebenso ein Produkt unendlich vieler Bücher." Bei gutem Wetter erkunden die beiden Brüder die Grafschaft Down auf ihren Fahrrädern. Noch bevor er schreiben lernt, denkt sich der kleine „Jacksie" (wie er unbedingt genannt werden will) Geschichten aus, die sein Vater für ihn aufschreibt. Sogar Gedichte schreibt er schon früh.

1908

23. August: Flora Lewis stirbt an Krebs. Der junge Jack, nominell christlich erzogen, betet zu Gott, in dem er eine Art Zauberer sieht, seine Mutter am Leben zu erhalten. Als sie dennoch stirbt, will er nichts mehr mit Gott zu tun haben.

September: Die beiden Brüder schiffen sich nach England ein, um ein Internat namens Wynyard („Belsen"), in Watford, Hertfordshire, zu besuchen. Die zwei Jahre dort werden für Lewis zu einer Qual. Kurz nach seinem Weggang wird die Schule geschlossen und der gewalttätige Schulleiter für unzurechnungsfähig erklärt. Allerdings hört Lewis hier zum ersten Mal „die Lehren des Christentums ..., vorgetragen von Männern, die offensichtlich daran glaubten". Er beginnt, ernsthaft zu beten und die Bibel zu lesen.

1910
September – Dezember: Für ein halbes Semester besucht Lewis das Campbell College in Belfast.

1911
Januar: Lewis kehrt nach England zurück und besucht das Internat Cherbourg House („Chartres"), eine weiterführende Schule in Malvern. Zur gleichen Zeit ist sein Bruder Warren am Malvern College („Wyvern"). Lewis hat England inzwischen liebgewonnen. Während der zwei Jahre am Cherbourg House gibt es einige wichtige Entwicklungen. Lewis „hörte auf, Christ zu sein", lernt, sich dandyhaft zu kleiden, und entdeckt unter anderem in der Musik Richard Wagners das „Nordische", das wie eine Flut seine früheren romantischen Sehnsüchte zurückbringt. Er beginnt, ein Heldengedicht über die Nibelungen zu schreiben und schreibt Erzählungen über „Boxen", eine Fantasiewelt, die er und Warren sich gemeinsam ausgedacht haben.

1913
September: Mit einem Stipendium wird Lewis am Malvern College aufgenommen. Innerhalb weniger Wochen macht er mit einer brillanten Übersetzung von Horaz auf sich aufmerksam. Hier arbeitet er auch an seinem „Loki Bound", einer in griechischer Form geschriebenen Tragödie über nordische Götter, atheistisch und pessimistisch im Ton. „Ich vertrat die Auffassung, Gott existiere

nicht. Gleichzeitig war ich sehr zornig auf Gott, weil er nicht existierte. Und ebenso zürnte ich ihm, weil er eine Welt geschaffen hatte.“ Allmählich fühlte er sich auf dem College immer unwohler und drängt seinen Vater in Briefen, ihn dort abzumelden.

1914

Frühjahr. Lewis lernte Arthur Greeves kennen, einen Jungen aus der Belfaster Nachbarschaft und ebenfalls Liebhaber des „Nordischen“. Sie werden enge Freunde und beginnen eine Korrespondenz, die über neunundvierzig Jahre währt.

September: Lewis begibt sich nach Great Bookham in Surrey, um sich zwei Jahre lang bei dem Privattutor W. T. Kirkpatrick („der Große Knock“) auf die Aufnahmeprüfung in Oxford vorzubereiten. Lewis genießt seine Freiheit. Zu Fuß durchstreift er die Landschaft und lernt mit Begeisterung Griechisch, Latein, Französisch, Deutsch und Italienisch. Er verschlingt Bücher und entdeckt die Welt der Musik. Er schreibt auch viel, vor allem Gedichte, aber auch Prosaerzählungen.

1916

März: Bei der Lektüre des Märchenromans *Phantastes* von George MacDonald entdeckt er eine Qualität, die er später als „Heiligkeit“ bezeichnet. Durch dieses Buch sei seine Vorstellungskraft „getauft“ worden, schreibt er später. „Der Rest von mir brauchte verständlicherweise länger.“

Dezember: Er bewirbt sich für ein Stipendium in Oxford und wird in das University College aufgenommen. Seinem Vater schreibt er: „Dieser Ort hat meine kühnsten Träume übertroffen; ich habe nie etwas so Schönes gesehen.“

1917

Januar bis März: Lewis kehrt zu Kirkpatrick zurück, um für die „Responsions“-Prüfung zu büffeln, in der er aber an der Mathematik scheitert.

28. April 1917: Lewis beginnt sein Studium in Oxford, wird aber noch vor Ende des Semesters zur Armee eingezogen. Der Erste Weltkrieg ist im vollen Gang. Im Quartier am Keble College, Oxford, ist sein Zimmergenosse der Ire E. F. C. („Paddy") Moore. Lewis lernt auch Paddys Mutter Janie King Moore kennen. Lewis und Paddy schließen einen Pakt: Sollte einer der beiden nicht aus dem Krieg zurückkehren, wird sich der Überlebende um den hinterbliebenen Elternteil kümmern.

September 1917: Lewis wird als Second Lieutenant in die Somerset Light Infantry aufgenommen.

November: Lewis schifft sich nach Frankreich ein, wo er an seinem neunzehnten Geburtstag, dem 29. November, an der Front eintrifft.

1918

Februar: Lewis wird mit „Grabenfieber" in das britische Rot-Kreuz-Lazarett in Le Tréport eingeliefert. Am 4. März kehrt er zu seinem Bataillon zurück.

24. März: Paddy Moore wird im Kampf vermisst und einige Wochen später als tot gemeldet.

15. April: Lewis wird in der Schlacht von Arras verwundet.

25. Mai: Lewis wird aus dem Feldlazarett ins Endsleigh Palace Hospital in London verlegt, „ein ungeheuer bequemes Krankenhaus". Die Schrapnellsplitter in seiner Brust bereiten ihm keine ernsthaften Probleme. Belustigt erzählt er von der Episode, wie er unversehens sechzig deutsche Soldaten gefangen nahm. Während seines Krankenhausaufenthaltes und sogar im Schützengraben hat er seine umfangreiche Lektüre nicht eingestellt, darunter Milton, Scott, Trollope, Boswell, George Eliot, Cellini und Balzac.

16. Juni: Nach seiner Entlassung aus dem Krankenhaus besucht Lewis die Kirkpatricks in Great Bookham. „Ich öffnete fast heimlich das Tor von Kirks Garten und ging am Haus vorbei zum Gemüsegarten und dem kleinen wilden Obstgarten mit dem Teich, wo ich so oft an heißen Sonntagnachmittagen gesessen hatte,

und dort, zwischen den Kohlköpfen, in Hemd und Sonntagshose, saß der alte Mann, immer noch am Graben, und rauchte seine abscheuliche Pfeife.... Ich wurde mit viel Triumph ins Haus geführt und Mrs. Kirk vorgeführt, die wir mit dem ebenso betagten Dienstmädchen beschäftigt fanden. Ich habe selten einen erfreulicheren Nachmittag verbracht."

Juni – November: Rekonvaleszenz in englischen Krankenhäusern. Im November wird der Waffenstillstand unterzeichnet.

23. Dezember: Lewis trifft in Belfast ein.

1919

Januar: Über seine Rückkehr an das University College in Oxford schreibt Lewis: „Der Ort sieht im winterlichen Frost schöner aus als je zuvor; man bekommt eine herrliche kalte Färbung auf Kosten von kribbelnden Fingern und roten Nasen." Er begann, viele lebenslange Freundschaften zu schließen, eine davon mit Owen Barfield, „der weiseste und beste meiner inoffiziellen Lehrer", der damals Student am Wadham College war.

Janie King Moore und ihre Tochter Maureen beziehen eine Unterkunft in Oxford.

20. März: Lewis veröffentlicht unter dem Pseudonym Clive Hamilton sein erstes Buch, den Gedichtband *Spirits in Bondage*. An seinen Vater schreibt er: „Dieser kleine Erfolg bereitet mir ein Vergnügen, das vielleicht kindisch sein mag und doch mit Größerem verwandt ist." Das Hauptthema, so sagt er später, sei, dass „die Natur gänzlich teuflisch und bösartig ist und dass Gott, wenn er existiert, außerhalb und in Opposition zur kosmischen Anordnung steht." Das Buch erhielt ein paar kurze Rezensionen von geringer Bedeutung.

1920

31. März: Lewis besteht das „Honour-Mods"-Examen mit der Bestnote „First".

1921

14. März: Erster Besuch bei William Butler Yeats.

24. Mai: Lewis gewinnt den Chancellor's Prize der Universität Oxford für seinen Essay „Optimism".

1922

April: Lewis beginnt mit der Niederschrift seines langen Versepos *Dymer*. Im selben Jahr unternimmt er auch den ersten Versuch einer Versfassung des Amor-und-Psyche-Stoffes, den er später in dem Roman *Till We Have Faces* (dt. *Du selbst bist die Antwort*) verarbeitete.

1. August: Gemeinsam mit Mrs. Moore und Maureen bezieht Lewis ein Haus in der Holyoake Road im Oxforder Vorort Headington.

4. August: Lewis legt das „Greats"-Examen in „Literae Humaniores" ab und erringt einen Abschluss erster Klasse.

Oktober: Lewis beginnt sein Studium in Englischer Sprache und Literatur.

1923

Lewis schließt auch das Englisch-Studium mit einer „First" ab. Während seiner gesamten Studienzeit schreibt Lewis weiter, vor allem Verserzählungen, von denen er einen Großteil vernichtet.

1924

März: In einem Tagebucheintrag schildert Lewis seine häusliche Situation in seiner Wohngemeinschaft mit den Moores: „Leider fiel in dieser Zeit meine erste kreative Frühjahrsflut mit *Dymer* mit einem Ausbruch von Marmeladenherstellung und Frühjahrsputz seitens Mrs. Moore zusammen, und danach ging es ohne Pause mit Packen weiter. Ich schaffte es, in den Pausen zwischen Küchenarbeiten und Botengängen eine ganze Menge zu schreiben. ... Ich wahrte sogar fast die ganze Zeit meine Fassung. Häusliche Plackerei ist eine vorzügliche Alternative zum Müßiggang oder zu hasserfüllten Gedanken – was vielleicht für die arme Mrs. Moore der Grund ist, dass sie einem ständig noch mehr davon auflädt; als Alternative zu der Arbeit, die man gerne tun möchte und (*zu dieser Zeit* und weiß der Himmel wann wieder) tun kann, macht sie einen wahnsinnig. Dafür kann keiner was; es ist der Fluch Adams."

Oktober: Lewis tritt seine erste befristete Stelle an der Universität Oxford an und übernimmt für ein Jahr die Vertretung für E. F. Carritt, Tutor für Philosophie am University College. Seine erste Vorlesungsreihe trägt den Titel „Das Gute – seine Stellung unter den Werten".

1925

20. Mai: Lewis wird zum Fellow für Englische Sprache und Literatur am Oxforder Magdalen College gewählt – diese Position wird er bis 1954 innehaben. Er beginnt zu unterrichten, Vorlesungen zu halten und Prüfungen abzunehmen und zu beurteilen. Von der Qualität seiner Studenten ist er nicht sonderlich beeindruckt, aber er ist froh, endlich ein festes Einkommen zu haben. Seine College-Wohnung befindet sich in herrlicher Lage oberhalb des berühmten Hirschparks, und von seinem Schreibtisch aus ist er in einer Minute auf dem Addison's Walk und kann sich am Ufer des Cherwell die Beine vertreten.

In diesen Jahren findet er eine Reihe von Freunden, die später zu den Inklings gehören – darunter J. R. R. Tolkien, Nevill Coghill, H. V. D. Dyson und A. C. Harwood.

Zu seinem normalen Tagesablauf gehört ein Besuch zu Hause, zunächst in Headington und später in dem Anwesen „The Kilns" Headington Quarry, etwa fünf Kilometer östlich von Magdalen. Dort isst er zu Mittag, geht mit den Hunden auf dem Shotover Hill spazieren, hilft Mrs. Moore beim Einmachen von Birnen, Pflaumen, Äpfeln, Kirschen und dergleichen und schwimmt, wenn es warm genug ist, eine Runde in dem Teich zwischen dem Haus und dem bewaldeten Hügel, der zu dem Anwesen gehört.

1926

23. Januar: Lewis hält seine erste Vorlesung an der English School über „Vorläufer der romantischen Bewegung im achtzehnten Jahrhundert".

11. Mai: Erste Begegnung mit J. R. R. Tolkien.

18. September: Wiederum unter dem Pseudonym Clive Hamilton veröffentlicht Lewis *Dymer* seine Verserzählung in Buchlänge, die „Geschichte eines Mannes, der mit einer geheimnisvollen Braut ein Ungeheuer zeugt: welches Ungeheuer, sobald es seinen Vater getötet hat, zu einem Gott wird." Später sagt er, dass diese Geschichte „irgendwo um mein siebzehntes Jahr herum vollständig in meinem Kopf ankam."

21. Dezember – 8. Januar 1927: Zum letzten Mal sind Lewis, sein Bruder und sein Vater zusammen in Belfast.

1927

11. April: Warren schifft sich nach China ein, wo er als Offizier stationiert wird.

1928

2. Mai: Albert Lewis geht in den Ruhestand.

17. Oktober: Lewis beginnt eine Vorlesungsreihe über „Der Rosenroman und seine Nachfolger".

1929

25. Juli: Bei Albert wird eine Krebserkrankung festgestellt.

13. August – 22. September: Lewis nimmt sich Urlaub und reist nach Belfast, um seinen Vater zu pflegen. Während dessen letzter Krankheit bringt er ihn ins Bett, geht dann im Garten spazieren und führt lange Gespräche mit seinem Jugendfreund Arthur Greeves. „Jedes Zimmer", schreibt er an Owen Barfield, „ist durchtränkt von den Schreckgespenstern der Kindheit – den fürchterlichen ‚Krächen' mit meinem Vater, den schrecklichen Aufbrüchen zurück in die Schule und auch von den alten Freuden einer ungemein nichtsnutzigen Jugend." Gleichzeitig zeigt Lewis

eine aufrichtige Wertschätzung für viele gute Eigenschaften seines Vaters.

25. September: Albert Lewis stirbt. Da Warren in China ist, arrangiert Jack die Beerdigung seines Vaters und regelt den Nachlass.

1930

16. April: Warren trifft nach dem Aufenthalt in Shanghai wieder in England ein.

23. – 24. April: Jack und Warren treffen sich zum letzten Mal in „Little Lea".

Trinity Term (März – Juni): Nach vielen Jahren der allmählichen Annäherung an eine theistische Weltsicht fällt Lewis in seiner College-Wohnung auf die Knie und gibt zu, „dass Gott Gott ist". (Frühere Biografien, einschließlich der Autobiografie *Überrascht von Freude*, datieren dieses Ereignis ein Jahr früher auf den Trinity Term 1929, aber Alister McGrath hat in seiner Biografie von 2013 überzeugend dargelegt, dass Lewis selbst sich in der Chronologie geirrt haben muss, als er ein Vierteljahrhundert später seine Erinnerungen niederschrieb.)

11. Oktober: Lewis und die Moores ziehen in „The Kilns" ein.

1931

19. September: Bei einem langen nächtlichen Gespräch mit Tolkien und Hugo Dyson kommt Lewis zu der Überzeugung, dass das Christentum ein „wahrer Mythos" ist – eine Geschichte, die auf die Hörer oder Leser dieselbe Wirkung hat wie die von ihm so geliebten Mythen der Antike, nur mit dem Unterschied, dass sie sich in Zeit und Raum wirklich ereignet hat.

28. September: Während einer Fahrt im Beiwagen von Warrens Motorrad nach Whipsnade in den Zoo kommt Lewis zu der Überzeugung, dass Jesus Christus Gott ist. „Als wir aufbrachen, glaubte ich nicht, dass Jesus Christus der Sohn Gottes sei, und als wir den Zoo erreichten, glaubte ich es."

1932

18. Januar: Lewis beginnt eine Vorlesungsreihe über „Prolegomena zur mittelalterlichen Dichtung".

15. – 29. August: Während eines Irland-Aufenthalts zu Gast bei Arthur Greeves schreibt er *The Pilgrim's Regress* (dt. *Das Schloss und die Insel*), eine allegorische Erzählung, in der er seinen Weg vom Atheismus zum Christentum nachzeichnet. John, der Held der Geschichte, erblickt in einer Art Vision eine unerreichbare, unsagbar liebliche Insel und geht auf eine lange Reise, um sie zu finden.

21. Dezember: Warren scheidet aus dem Royal Army Service Corps aus und zieht in „The Kilns" ein.

1933.

25. Mai: *The Pilgrim's Regress* erscheint.

Ein Klub am University College namens „The Inklings", dem Lewis und Tolkien seit 1930 angehörten, löst sich auf. Die beiden übernehmen den Namen für einen informellen Freundeskreis, der sich um die beiden schart.

1934

31. Juli – 31. August: Lewis, Mrs. Moore und Maureen verbringen einen Urlaub in Irland.

26. August: Mrs. Moore trifft die Familie Lewis.

1936

21. Mai: Lewis veröffentlicht *The Allegory of Love: A Study in Medieval Tradition*. Dieses Buch macht ihn als Literaturwissenschaftler weithin bekannt und bringt ihm den Hawthornden Prize ein. In einer Rezension im *Observer* heißt es: „Aus der Vielzahl der Bände über Literaturkritik entsteht ein- oder zweimal in einer Generation ein wirklich großes Werk. Ein solches ist, glaube ich, diese Studie."

Im Vorfeld der Veröffentlichung liest Charles Williams, der als Lektor im Verlag Oxford University Press arbeitet, die Korrekturfahnen, während Lewis Williams' Roman *The Place of the Lion* (dt. *Die Stätte des Löwen*) liest. Die beiden Männer schreiben sich gegenseitig Briefe, die sich kreuzen, und beginnen eine lebhafte Korrespondenz.

1938

Out of the Silent Planet (dt. *Jenseits des schweigenden* Sterns) erscheint, ein Science-Fiction-Roman über einen (in mancher Hinsicht Tolkien nachempfundenen) Philologen, der von einem gewissenlosen Wissenschaftler entführt und in einem Raumschiff zum Mars gebracht wird, wo ihm die Aufgabe zufällt, die unschuldigen Bewohner des Planeten vor dem verderblichen Einfluss der Eindringlinge von der Erde zu bewahren.

1939

Lewis veröffentlicht *The Personal Heresy: A Controversy*, eine Debatte mit E. M. W. Tillyard über die Frage, ob Dichtung als Ausdruck der Persönlichkeit des Dichters gelesen werden sollte. Lewis sprach sich dafür aus, Gedichte und andere literarische Werke eigenständig und unabhängig von der Dichterpersönlichkeit zu betrachten. *Rehabilitations and Other Essays* erscheint, eine Sammlung von Aufsätzen über englische Autoren, über das britische Bildungswesen und andere Themen.

September: Der Zweite Weltkrieg beginnt. Warren wird in den aktiven Dienst zurückberufen. In „The Kilns“ treffen die ersten zum Schutz vor möglichen Bombenangriffen evakuierten Kinder ein. Auch die Oxford University Press verlegt ihr Quartier aus London ins sicherere Oxford. So kommt auch Charles Williams nach Oxford und stößt zu den Inklings. Zwischen Lewis und Williams beginnt eine enge Freundschaft, die bis zu Williams' Tod bestehen bleiben wird.

Oktober: Warren wird im französischen Le Havre stationiert.

1940

25. April: An diesem Donnerstag findet das erste wöchentliche Treffen der Inklings in Lewis' College-Wohnung statt. Von nun an treffen sich die Inklings regelmäßig dort und dienstags zum Frühschoppen in einem Pub namens „Eagle and Child", landläufig auch „Bird and Baby" genannt.

Mai: Warren wird von Dünkirchen nach Wales evakuiert.

Juli: Lewis hat die Idee zu *The Screwtape Letters* (dt. *Dienstanweisung für einen Unterteufel*), bestehend aus Briefen, „die ein älterer, nicht mehr tätiger Teufel an einen jungen Teufel schreibt, der gerade erst begonnen hat, an seinem ersten „Patienten" zu arbeiten" (siehe Brief an Warren vom 20. Juli).

16. August: Warren wird in Reserve versetzt und kehrt nach Oxford zurück.

18. Oktober: *The Problem of Pain* erscheint, eine Abhandlung über die Theodizee-Frage nach der Güte und Allmacht Gottes angesichts des Leides in der Welt. Mit diesem Buch tritt Lewis erstmals als Apologet des christlichen Glaubens in Erscheinung.

1941

April: Lewis hält den ersten von vielen Vorträgen über christliche Themen vor Angehörigen der Royal Air Force.

2. Mai: Der erste Screwtape-Brief erscheint in der Wochenzeitschrift *The Guardian* (die heute nicht mehr existiert; nicht zu verwechseln mit der gleichnamigen Tageszeitung).

8. Juni: Lewis hält in der Universitätskirche St. Mary's in Oxford seine berühmte Predigt „Das Gewicht der Herrlichkeit".

6. – 27. August: Lewis hält bei der BBC vier Radiovorträge zum Thema „Right and Wrong: A Clue to the Meaning of the Universe", die später den ersten Teil seines Buches *Mere Christianity* (dt. *Pardon, ich bin Christ*) bilden.

Dezember: In Oxford wird der „Socratic Club" gegründet, ein Debattierklub, in dem Christen, Atheisten und Agnostiker mit ihren Ansichten aufeinandertreffen. Lewis übernimmt für viele

Jahre die Präsidentschaft und wird mit seinen Referaten und Diskussionsbeiträgen zur Hauptattraktion des Klubs.

1942

11. Januar – 15. Februar: Die BBC sendet Lewis' Vorträge über das Thema „What Christians Believe" aus, die später den zweiten Teil von *Mere Christianity* bilden.

26. Januar: Der Oxford Socratic Club tritt erstmals zusammen.

9. Februar: *The Screwtape Letters* erscheint als Buch. Aus dem Erlös dieses ungemein erfolgreichen Buches wird eine gemeinnützige Stiftung gegründet, in die fortan zwei Drittel aller Tantiemen von Lewis einfließen.

13. Juli: Die ersten beiden Radio-Vortragsserien erscheinen unter dem Titel *Broadcast Talks* als Buch.

20. September – 8. November: Weitere Radiovorträge bei der BBC zum Thema „Christian Behaviour".

1943

24. –26. Februar: Lewis hält am King's College in Newcastle die Riddell Memorial Lectures. Später entsteht daraus das Buch *The Abolition of Man* (dt. *Die Abschaffung des Menschen*).

19. April: Die dritte BBC-Vortragsserie erscheint als Buch unter dem Titel *Christian Behaviour: A Further Series of Broad-cast Talks*. Später wird daraus in überarbeiteter Form der dritte Teil von *Mere Christianity*.

20. April: *Perelandra* erscheint, Lewis' zweiter Science-Fiction-Roman. Er erzählt von der Reise eines Christen und eines vom Teufel Besessenen zur Venus, einem Planeten, auf dem noch kein Sündenfall stattgefunden hat.

1944

22. Februar – 4. April. Lewis hält bei der BBC abermals sieben Radiovorträge zum Thema „Beyond Personality: The Christian Idea of God". In überarbeiteter Form bilden diese Vorträge später den vierten Teil von *Mere Christianity*.

9. Oktober: *Beyond Personality* erscheint als Buch.

10. November: In *The Guardian* erscheint die erste Episode der Traumerzählung *The Great Divorce*.

1945

15. Mai: Sechs Tage nach dem Ende des Zweiten Weltkriegs stirbt Charles Williams an Komplikationen nach einem chirurgischen Eingriff.

16. August: *That Hideous Strength: A Modern Fairy-Story for Grown-ups* (dt. *Die böse Macht*) erscheint, der letzte Band der „Ransom-Trilogie", zu der auch *Out of the Silent Planet* und *Perelandra* gehören. Er handelt von einer Organisation, die die Gesellschaft nach ihren privaten Vorstellungen umgestalten und schließlich den Menschen zu Gott machen will.

1946

14. Januar: *The Great Divorce* erscheint als Buch. Darin unternimmt eine Busladung von Menschen in der Hölle einen Ausflug an den Rand des Himmels. Obwohl sie inständig gebeten werden, dortzubleiben, lehnen sie mit einer Ausnahme die Einladung ab.

28. Juni: Lewis erhält die Ehrendoktorwürde der schottischen St. Andrews University.

In diesem Jahr erscheint auch *George MacDonald: An Anthology*, eine Hommage an den schottischen Schriftsteller, der Lewis wahrscheinlich mehr beeinflusst hat als jeder andere Autor.

1947

12. Mai: *Miracles: A Preliminary Study* (dt. Wunder) erscheint. In diesem Buch denkt Lewis darüber nach, ob Wunder grundsätzlich möglich sind und, falls ja, wie sie mit der natürlichen Welt zusammenhängen.

1948

2. Februar: Im Socratic Club übt die Philosophin G. E. M. Anscome Kritik an einem Kapitel aus *Miracles*, in dem Lewis darlegt, der

Naturalismus widerspreche sich selbst. Aufgrund ihrer Kritik wird er das Kapitel gründlich überarbeiten und erweitern. Die Neufassung erscheint 1960.

Im Sommer: Lewis beginnt mit der Niederschrift von *The Lion, the Witch and the Wardrobe* (dt. *Der König von Narnia*). Er wird zum Fellow der Royal Society of Literature gewählt.

1949

20. Oktober: Mit diesem Donnerstagabend enden die regelmäßigen abendlichen Treffen der Inklings.

1950

10. Januar: Lewis erhält den ersten Brief der amerikanischen Schriftstellerin Joy Davidman Gresham. Sowohl sie als auch ihr früherer Ehemann waren in der Kommunistischen Partei in den Vereinigten Staaten sehr aktiv gewesen, bevor sie sich aufgrund der Lektüre der Bücher von Lewis zum Christentum bekehrten. Dennoch ist ihre Ehe nach wie vor durch Bills schwere Depressionen, seinen Alkoholkonsum, seine Gewalttätigkeit und seine Seitensprünge belastet.

29. Januar: Mrs. Moore zieht um in ein Pflegeheim.

16. Oktober: *The Lion, the Witch and the Wardrobe* erscheint, die erste der sieben Narnia-Geschichten. Vier Kinder gelangen durch einen geheimnisvollen Kleiderschrank in eine andere Welt voller Fabelwesen und sprechender Tiere, die sie mithilfe des mächtigen Löwen Aslan von dem Winterzauber der Weißen Hexe erlösen müssen.

1951

12. Januar: Mrs. Moore stirbt.

Die zweite Narnia-Geschichte *Prince Caspian* (dt. *Prinz Kaspian: Die Rückkehr nach Narnia*) erscheint.

1952

Mere Christianity (dt. *Pardon, ich bin Christ*) erscheint; außerdem das dritte Narnia-Buch *The Voyage of the „Dawn Treader"* (dt. *Die Reise auf der Morgenröte*).

24. September: Erstes Zusammentreffen von Lewis und Joy Gresham beim Mittagessen im Oxforder Eastgate Hotel.

November: Joy speist zweimal mit Lewis im Magdalen College.

Dezember: Joy verbringt einen zweiwöchigen Weihnachtsbesuch mit Jack und Warren in „The Kilns".

1953

The Silver Chair (dt. *Der silberne Sessel*) erscheint, der vierte Band der Narnia-Chroniken.

3. Januar: Joy reist zurück in die USA. In den folgenden Monaten verschlechtert sich ihr Verhältnis zu ihrem Mann Bill Gresham dramatisch. Im November kehrt sie mit ihren Söhnen David und Douglas nach England zurück und bezieht eine Mietwohnung in London.

18. – 21. Dezember: Joy besucht mit ihren Söhnen die Lewis-Brüder in „The Kilns".

1954

Mit *The Horse and His Boy* (dt. Der Ritt nach Narnia) folgt der fünfte Band. Lewis widmet ihn Joys Söhnen David und Douglas.

English Literature in the 16th Century, Exluding Drama erscheint, Lewis' Beitrag zur *Oxford History of English Literature*, an dem er viele Jahre lang gearbeitet hat.

4. Juni: Lewis nimmt den Lehrstuhl für Englisch des Mittelalters und der Renaissance an der Universität Cambridge an.

5. August: Die Ehe von Joy und Bill Gresham wird geschieden.

16. September: Veröffentlichung von *English Literature in the Sixteenth Century*.

29. November: Lewis hält an seinem sechsundfünfzigsten Geburtstag seine berühmte Antrittsvorlesung unter dem Titel *De descriptione temporum* in Cambridge.

3. Dezember: Lewis' letztes Tutorium im Magdalen College.

1955

1. Januar: Nach fast dreißig Jahren in Oxford wechselt Lewis nach Cambridge ans dortige Magdalene College und übernimmt den neu geschaffenen Lehrstuhl für Literatur des Mittelalters und der Renaissance. Lewis veröffentlicht seine Autobiografie *Surprised by Joy: The Shape of My Early Life* (dt. *Überrascht von Freude*) in der er sein Leben bis zu seiner Hinwendung zum christlichen Glauben 1931 erzählt, und *The Magician's Nephew* (dt. *Das Wunder von Narnia*).

Juli: Wahl zum Mitglied der British Academy.

August: Joy und ihre beiden Söhne ziehen nach Oxford.

1956

The Last Battle (dt. *Der letzte Kampf*) erscheint, das siebte und letzte der Narnia-Bücher.

Außerdem veröffentlichte Lewis seinen Amor-und-Psyche-Roman *Till We Have Faces: A Myth Retold* (dt. *Du selbst bist die Antwort*). Er betrachtete dies als sein bestes Buch.

23. April. C. S. Lewis und Joy Davidman Gresham heiraten standesamtlich – angeblich nur, um Joy vor der drohenden Ausweisung durch das Home Office zu bewahren.

19. Oktober: Joy wird nach einem Sturz, bei dem sie sich ein Bein bricht, ins Krankenhaus eingeliefert. Bei der Untersuchung zeigt sich, dass ihre Knochen von Krebs zerfressen sind.

1957

21. März: Jack und Joy werden im Wingfield-Morris Hospital von Pfarrer Peter Bide getraut. Anschließend legt Bide der todkranken Joy die Hände auf und betet um ihre Genesung.

April: Joy wird nach Hause entlassen und zieht in „The Kilns" ein.

Dezember: Joys Zustand hat sich so weit gebessert, dass sie wieder gehen kann.

1958

Juni: Nach Aussage der Ärzte ist Joys Krebserkrankung zum Stillstand gekommen.

Juli: Jack und Joy verbringen zehn Tage in Irland.

Reflections on the Psalms (dt. *Das Gespräch mit Gott*) erscheint.

1959

Juni: Lewis arbeitet (gemeinsam mit T. S. Eliot) in einer Kommission der Anglikanischen Kirche zur Revision der Psalmen mit.

Oktober: Joys Krebserkrankung kehrt zurück.

1960

28. März: *The Four Loves* (dt. *Was man Liebe nennt*) erscheint.

3. – 14. April: Jack und Joy unternehmen gemeinsam mit Roger Lancelyn Green und dessen Frau June eine von beiden lange erträumte Reise nach Griechenland zu den Stätten der klassischen Antike.

13. Juli: Joy Davidman Lewis erliegt ihrem Krebsleiden.

August: Lewis verarbeitet seine Trauer in dem Buch *A Grief Observed* (dt. *Über die Trauer*).

1961

A Grief Observed erscheint unter dem Pseudonym „N. W. Clerk". Außerdem veröffentlicht Lewis *An Experiment in Criticism*, in dem er sich mit vielen traditionellen Methoden der Literaturbeurteilung auseinandersetzt und eine neue Methode vorschlägt.

24. Juni: Bei Lewis wird eine vergrößerte Prostatadrüse diagnostiziert. Wenige Tage später entscheiden die Ärzte, dass eine Operation zu riskant wäre.

Oktober: Lewis muss wegen seines schlechten Gesundheitszustandes seine Lehrtätigkeit ruhen lassen.

1962

April: Lewis kehrt nach Cambridge zurück.

Sommer: Er schreibt *The Discarded Image*, ein Buch über das Weltbild des Mittelalters.

1963

Januar – April: Lewis schreibt *Letters to Malcolm: Chiefly on Prayer* (dt. *Du fragst mich, wie ich bete*), sein letztes Buch, in dem er sich in einem fiktiven Briefwechsel mit dem Gebet und einer Vielzahl weiterer Themen beschäftigt.

7. Juni: Am Ende des Terms in Cambridge kehrt Lewis für den Sommer nach Oxford zurück.

15. Juli: Lewis erleidet einen Herzanfall und fällt in ein Koma. Man rechnet mit seinem Tod, aber er erholt sich noch einmal und kehrt am 6. August nach Hause zurück.

22. November: Nach dem Mittagessen legt sich Lewis hin. Gegen sechzehn Uhr will Warren ihm eine Tasse Tee bringen und findet seinen Bruder tot im Bett liegend.

Die Briefe

An seinen Bruder Warnie

Cherbourg. Gt. Malvern. [1.? Juli 1913]

Bester alter W.,

gerade erreichte mich folgende Äußerung von zu Hause: „Ich nehme an, du weißt, dass ich weiterhin und noch ärger um Warnie in Sorge bin." Was ist passiert? Sie haben dich doch nicht gefeuert, oder? Was auch immer los ist, ich wäre der Letzte, der dir vorhielte, dass die Herdplatte heiß ist, wenn du dir schon die Finger verbrannt hast. Also werden wir, so gut es geht, nach den Sonnenseiten Ausschau halten. Wir haben doch nicht zu Unrecht den Ruf, dass wir aus den deprimierendsten Umständen das größtmögliche Wohlbefinden ziehen können. Lass uns diesem Ruf gerecht werden.

Ich fürchte, P. [Papy] wird die ganzen Ferien über in sehr gedrückter Stimmung sein. Wenn wir schon kein geistiges Vergnügen aus der Atmosphäre von Leeborough[1] ziehen können, können wir immer noch auf unsere eigenen Ressourcen zurückgreifen und das Beste aus dem rein körperlichen Wohlgefühl machen, das die Ferien im schlimmsten Fall doch immer ermöglichen. Wortgefechte nach dem Nachmittagstee und reumütiges Herumwandern im Garten sind kein Vergnügen. Aber ein weiches Bett, eine genüsslich gerauchte Abdullah, ein gemächlicher Spaziergang mit Tim und ein gelegentlicher Besuch im Hippodrom oder der Oper geben Trost. Und ein ordentliches Grammofon kann ein abgestumpftes Ohr in jedem Fall beleben. Doch selbst jetzt, in einer recht düsteren Stunde, habe ich noch nicht alle Hoffnung verloren, dass P. während der Ferien noch ein wenig heiterer gestimmt sein wird. Denn wie das gütige Schicksal es wollte, hat mein Stipendium die Dinge ein wenig aufgehellt.

Bitte schreibe bald (wie oft habe ich dich schon darum gebeten, ohne je eine Antwort darauf zu bekommen) und berichte mir genau, was passiert ist. Und nenne mir auch deine Vorkehrungen für die Fahrt nach Hause. Hier endet der Schulbetrieb am Dienstag, den 29. Juli, und bei dir – so verstehe ich dich – am Mittwoch darauf. Insofern nehme ich an, dass wir am Dienstag reisen sollen. *Schreibe sofort* und sag mir diesbezüglich Bescheid. Gib nicht dein ganzes Fahrgeld aus. Kopf hoch!

Dein dich liebender
Bruder Jack

PS. Schick ein Taxi zuerst zu mir und danach zu S. H. – und zwar bitte mit *großem* Zeitpuffer. J.

An seinen Vater

Cherbourgh, Gt. Malvern. 8/7/13

Sag in einem Brief nicht, „du müsstest jetzt aufhören, ansonsten würdest du anfangen, all deine sonstigen Sorgen auszubreiten, was unfair wäre". Es wäre nicht unfair, es wäre weise. Denn zuerst einmal würdest du ein wenig Trost aus dem bloßen Vorgang ziehen, sie in Worte zu fassen. Und zweitens bin ich zuversichtlich, sie würden gewiss leichter sein, nachdem wir sie in unseren Briefen durchgesprochen hätten. Diese kleine Geste, die Dinge zu diskutieren und sie mitzuempfinden, ist alles, was ich dir gegenwärtig an Hilfe geben kann. Aber da es nun einmal so ist, gebe ich sie sehr gern, wie du weißt.

Vielleicht wird dich ja der Besuch unserer schottischen Verwandten ein wenig aufheitern. Aber zugegebenermaßen habe ich mich zu heftig und zu oft gegen Gesellschaft ausgesprochen, als dass ich nun zu ihren Gunsten predigen könnte.

Was du mir über Jordan[2] erzählt hast, hat mich sehr interessiert. Wer weiß, vielleicht verdanke ich diesen kleinen Essays aus den alten Zeiten mehr, als du und ich uns vorstellen können?

Dank dieses einfachen Briefträgers ohne formale Bildung habe ich die Theorie des Essay-Schreibens kennengelernt – wenn auch in einer sehr groben Form –, aber in einem Alter, in dem die meisten Jungs kaum die Bedeutung des Wortes kennen. Natürlich auch dank dir und der Tatsache, dass ich in eine Familie hineingeboren wurde, die reich ist an literarischem Empfinden und meisterlicher Beherrschung der eigenen Sprache, und in jene gebildete Atmosphäre, die die Studierstuben sowohl in Dundela als auch in Leeborough schon immer umweht hat. Nirgendwo sonst ist mir dieses eigentümliche Gefühl begegnet – dieser literarische Äther. Archburn könnte ihn vielleicht auch aufweisen, gäbe es die Katzen nicht. Keine Schule hat ihn je besessen, und Bibliotheken sind zu öffentlich. Gott sei Dank werde ich bald wieder von ihm umgeben und bei dir sein.

Trotzdem macht es mir keine Freude, Cherbourg Lebewohl zu sagen: Eine ganze Reihe glücklicher und unglücklicher Dinge sind hier geschehen, und ich mag den Ort.

Dein dich liebender Sohn
Jack.

An seinen Freund Arthur Greeves

[Gastons, 4. November 1914]

Lieber Arthur,

so groß ist die Selbstsucht der menschlichen Natur, dass ich mit derselben Gelassenheit aus meinem behaglichen Nest auf die schreckliche Trostlosigkeit des Krieges schauen kann wie auf die altbekannten Sorgen meiner alten Schule. Ich spüre sehr wohl, so sollte es nicht sein. Aber ich kann an meiner Wesensart ebenso wenig ändern wie an meiner Körpergröße oder meiner Haarfarbe.

Es wäre die reinste Verstellung, so zu tun, als trübte Mitgefühl mit denen, deren Los weniger glücklich ist als meins, meine Selbstzufriedenheit. Ob dies nun der Egoismus der Jugend, ein persönlicher Charakterfehler oder das allgemeine Erbe der Menschheit ist, weiß ich nicht. Wie ist deine Meinung dazu?

Ich lese derzeit zum zweiten Mal die keltischen Dramen von Yeats. Wenn ich das nächste Mal nach Hause komme, muss ich unbedingt versuchen, sie zu bekommen. Schreibe bald, und berichte mir alles, was du tust, liest und denkst.

Dein
C. S. Lewis

An Arthur Greeves

[Gastons, 10. November 1914]

Ich höre inzwischen nichts mehr von Musik oder Illustrationen! Hmm? Ich hoffe, das ist der Tatsache geschuldet, dass beides vollendet ist. Ich vermute, Erstere wurde inzwischen in der Ulster Hall aufgeführt und Letztere wurden ausgestellt – wo? Und hier endet der Satz, denn mir ist plötzlich aufgegangen, dass es in Belfast keine Bildergalerie gibt. Es ist mir vorher noch nie in den Sinn gekommen, was für eine Schande das ist. Aufgefallen ist mir auch, dass du meine Fragen nach deinem Tun und deiner Lektüre beantwortest, dich aber über das, was du denkst, in dezentes Schweigen hüllst. Es ist oft schwer mitzuteilen, nicht? Und selten ratsam, was mich über die schwierige Frage der Wahrheit nachdenken lässt. Ist es immer angebracht, die Wahrheit zu sagen? Sicher nicht, sage ich; manchmal ist es direkt kriminell. Und so nützlich diese Doktrin für das Alltagsleben sein mag, so endet man doch in traurigen Spitzfindigkeiten, wenn man ihr bis in die letzte Konsequenz folgt. Wie denkst du darüber?

Neulich war ich in Guildford (eine herrliche, alte englische Stadt mit diesen Häusern, die nach oben hin breiter werden, einer normannischen Burg, einer Straße, die auf einen lächerlichen Hügel führt, und wunderschöner Umgebung). Ich habe dort einen Band von Wm. Morris' lyrischen Gedichten in derselben Ausgabe erstanden, in der du *The Wood at the World's End*[3] besitzt. Ich war so begeistert von meinem Kauf, dass ich an den Verlag geschrieben habe, mir vom selben Autor auch *Sigurd the Volsung* zu schicken – eine epische Dichtung, wie ich dir kaum sagen muss, über Siegfried (= Sigurd) und Brunhilde, wie sie in den isländischen Sagen beschrieben werden. Die sind älter als die aus Deutschland. Was hältst du von Ainsworth? Du liest also sein *Old St. Pauls?* Ich muss gestehen, ich finde ihn öde – ein schwaches Echo von Scott, mit all dessen Fehlern an Weitschweifigkeit und Wortfülle, aber keinem seiner Verdienste an lebendiger Darstellung und sorgfältig geschmiedeter Handlung.

Du sprichst von der Schwierigkeit, die notwendigen Materialien zu beschaffen, um die eigenen Vorhaben zu verfolgen. Da bin ich dankbar, dass in meinem Fall die Mittel – Papier und Stift – leicht zu finden sind, wenn sich eine Gelegenheit zum Schreiben ergibt. Wohingegen du unglücklicherweise ein Klavier brauchst oder einen Farbkasten samt einem Zeichenblock.

Herzlich, dein
Jack Lewis

An Arthur Greeves

[Gastons, 17. November 1914]

Mein lieber Arthur,

du klagst über Einsamkeit, wo du doch von einer großen Familie und einem ausgedehnten Freundeskreis umgeben bist. Ich frage mich, was du an meiner Stelle tätest.

Außer mit meinem „Schinder" und seiner Frau habe ich diese Woche noch mit keiner Seele gesprochen. Nicht, dass es mir etwas ausmacht, und ich will schon gar nicht klagen, im Gegenteil. Ich stelle fest, dass Menschen, deren Gesellschaft ich meiner eigenen vorziehe, rar sind und dass ich auch sie nur in großen Abständen ertrage. Die Einzige dieser Art in Bookham hütet noch das Haus, obwohl man mir sagt, es ginge ihr wieder besser.[4] Natürlich halten sie mir zu Hause vor, diese Einsamkeit sei eine Art Egoismus. Und doch weiß ich nicht, ob das tatsächlich stimmt. Die übliche Vorstellung ist die: Wenn jemand nicht mit Menschen reden will, tut er das, weil er die anderen für intellektuell unterlegen hält. Aber es ist keine Frage intellektueller Minderwertigkeit: Wenn jemand mir eine halbe Stunde lang etwas über Golf, den Krieg und Politik erzählt, weiß ich, dass sein Geist auf anderes ausgerichtet ist als der meine. Ob er besser oder schlechter ist, das ist nicht der Punkt.

Momentan bedauere ich nur eines: dass ich County Down nicht im Winter sehen kann. Ich bin sicher, ein paar unserer Lieblingsplätze sehen jetzt sehr prächtig aus. Wir sind hier schon die ganze Woche lang eingeschneit, und der Nadelwald mit seinen weißen Schneemassen unweit von hier bietet einen wunderschönen Anblick. Man erwartet fast, jeden Moment müsse ein „Zug der Zwerge" hindurchmarschieren![5] Wie gern würde ich in eine Welt entfliehen, wo solche Dinge wahr sind; diese reale, harte, schmutzige, montagmorgenmäßige, moderne Welt ist beklemmend. Mach Fortschritte im Blick auf deine Gesundheit, Stimmung und

Musik! Schreibe bald und teile mir all deine Gedanken, Unternehmungen, Lektüre und örtlichen Klatsch mit!

Herzlich, dein
Jack Lewis

An Arthur Greeves

[Gastons, 8. Juni 1915]

Am Samstag bin ich dem hübschesten Mädchen begegnet, das ich je in meinem Leben gesehen habe (keine Angst, du musst dir keine weitere Liebesaffäre anhören). Aber ich wollte nicht darüber reden, wie hübsch sie ist, sondern über die Tatsache, dass sie genauso ist wie dieser ernste Satz in der *Ungarischen Rhapsodie* (oder ist es der „Tanz"?), den ich so liebe.[6] Dir muss ich natürlich nicht erklären, inwiefern eine Person einem Musikstück gleichen kann – du wirst es verstehen. Und wenn du diese Schallplatte abspielst und versuchst, die Musik in eine Person umzuwandeln, wirst du genau wissen, wie sie aussah und geredet hat. Gerade mal 18 und auf dem Sprung in irgendeinen lächerlichen Kriegseinsatz als Pflegerin oder etwas in der Art, und das ausgerechnet in Dover – was für eine Schande!

Übrigens, das wäre doch ein recht interessanter Zeitvertreib, wenn wir versuchen würden, musikalische Interpretationen für alle unsere Freunde zu finden. Gordon zum Beispiel ist wie der Pilgerchor aus dem *Tannhäuser*, Kelsie ein wenig wie die Walküren, nur nicht so laut, Gundred wie der tänzerische Satz in *Danse Macabre* und Bob wie ein Choral der Heilsarmee. Wir könnten dich selbst als Mazurka von Chopin ergänzen, wild, etwas traurig und abgehackt, und Lily wie – ein Stück von Grieg mit dem Titel „Wächterlied", das du nicht kennst. Ich glaube, ich muss darüber ein Buch schreiben.

Übrigens (wie es scheint, beginnen alle meine Sätze so) tut es mir sehr leid, dass dies ein wenig spät kommt, aber gestern Abend habe ich an meinen Vater und meinen Bruder geschrieben. Also, gute Nacht, Galahad[7], und sei brav und rede vernünftig, wenn du mir das nächste Mal die Ehre gibst, mit mir zu streiten.

Dein
Jack

An Arthur Greeves

[Gastons, 8. Februar 1916]

Ich stimme dir durchaus zu: Das Grammofon verdirbt einen dafür, Opern zu hören. Die wirkliche Schwierigkeit besteht darin, herauszufinden, wofür das Grammofon einen *nicht* verdirbt. Sicher, es verbessert den musikalischen Geschmack und gibt Gelegenheit, Dinge zu hören, die man sonst nie kennenlernen würde. Aber was nützt das, wenn es einen sofort darauf lehrt, einen Qualitätsstandard der Aufführung zu erwarten, den man nirgends bekommt? Oder einen mit den besten Dingen übersättigt, sodass sie schal geworden sind, bevor man sie nur einmal auf der Bühne gehört hat? Mit anderen Worten, wie alles andere auch ist es eine Enttäuschung. Wie jedes andere Vergnügen entgleitet es einem, wenn man gerade glaubt, man sei seiner habhaft geworden. Das eindrücklichste Beispiel dafür sind die Ferien: Man freut sich das ganze Semester lang auf sie, und ruckzuck sind sie vorbei, während man noch darüber nachdenkt, wie man sie am besten genießt.

Aus all dem wirst du entnehmen, dass ich übler Laune bin: Ja, das bin ich. Dieser verdammte kleine Bastard von Mitstudent hat sich nach oben geschlichen, um ein Bad zu nehmen; ich kann hören, wie er es genießt, und ich weiß, dass für mich kein warmes

Wasser mehr da sein wird. Heißes Wasser gibt es hier bloß einmal im Monat.

Wie dem auch sei. Liest du Ruskin überhaupt noch? Bestimmt nicht. Tja, ich lese gerade ein Buch von ihm mit dem Titel *A Joy for ever* – ein bezauberndes Buch, auch wenn ich nicht sicher bin, dass du es mögen würdest. An den Wochenenden beschäftige ich mich noch immer mit der *Fairie Queene*.[8] Ich bin bei den drei letzten Büchern angelangt, die voll guter Dinge stecken, auch wenn sie gewöhnlich nicht viel gelesen werden. Wenn ich damit fertig bin, will ich mir einen weiteren Roman von Morris besorgen oder seine Übersetzung einer Heldensage – vielleicht die von *Grettir the Strong*. Die bekommt man entweder für 5 Shilling in der Library Edition (wie mein *Sigurd the Volsung*) oder für drei Shilling Sixpence in der Silver Library (wie mein *Pearl Maiden*[9]). Zu welcher Ausgabe würdest du mir raten?

Übrigens, warum datiert dein Brief vom Mittwoch? Er traf heute, Dienstagabend, hier ein – soll ich es also so verstehen, dass du ihn morgen eingeworfen hast oder dass du ihn schon eine ganze Woche in der Westentasche herumträgst?

An Arthur Greeves

[Gastons, 7. März 1916] Dienstag

Mein lieber Galahad,

ich war sehr froh, deinen interessanten Brief zu bekommen – glücklicherweise war er länger als manch andere. Ich fing schon an, mich zu fragen, was aus dir geworden ist. Ich denke, deine „Entgleisung“ während des Trimesters steht auf einer Stufe mit der meinen vom letzten Term. Wir können also ein Patt ausrufen und zugeben, dass wir beide Sünder sind.

Diese Woche habe ich eine großartige literarische Erfahrung gemacht. Ich habe einen weiteren Autor für unseren Zirkel entdeckt – ganz von unserem Schlag. Seit ich zum ersten Mal *The Well at The World's End* gelesen habe, habe ich noch kein Buch so genossen. Ich denke tatsächlich, mein neuer „Fund" ist ebenso gut wie Malory oder Morris selbst. Das Buch, um zum Punkt zu kommen, ist George Macdonalds „Märchenroman" *Phantastes*. Ich fand es eher zufällig in einer recht müden Everyman-Ausgabe – übrigens, ist es nicht seltsam, dass sie jetzt 1 Shilling, 1 Pence kosten? Jedenfalls letzten Sonntag in unserem Bahnhofsbuchladen. Hast du es gelesen? Ich vermute nicht, denn wenn doch, hättest du ja gar nicht anders gekonnt, als mir davon zu erzählen. Egal, welches Buch du gerade liest, dieses *musst* du dir sofort besorgen – und es lohnt sich auch, es in einer besseren Ausstattung zu haben.

Zu versuchen, es dir zu beschreiben, ist natürlich hoffnungslos. Aber wenn du dem Helden Anodos jenen kleinen Fluss entlang in den Feenwald gefolgt bist, wenn du von dem schrecklichen Eschenbaum gehört hast und davon, wie der Schatten dieser knorrigen, fleckigen Hand auf das Buch fällt, das der Held liest, wenn du vom Feenpalast – genau wie auf dem Bild in dem Dulac-Buch – gelesen und die Episode von Cosmo gehört hast, wirst du mir zustimmen, das weiß ich. Vom ersten Kapitel darfst du nicht enttäuscht sein, das ist ziemlich konventioneller Märchenstil, aber danach wirst du nicht mehr aufhören können, bis du es ausgelesen hast. Es gibt das eine oder andere Gedicht darin – wie in den Morris-Erzählungen, die du kennst. Sie sind bis auf ein oder zwei Ausnahmen erschreckend schlecht, *versuch* also erst gar nicht, sie zu mögen. Es ist nur ein Zeichen dafür, nicht wahr, dass manche Genies nicht in metrischer Form arbeiten können; die Brontës sind auch ein Beispiel dafür.

Was du über das Bücherkaufen schreibst, darin stimme ich dir sehr zu, und ich liebe all das Planen und Überlegen im Vorfeld und wie – wenn sie mit der Post kommen – das adrette kleine Päckchen auf dem Tisch in der Diele wartet und man nach oben stürmt und sich in die Privatheit des eigenen Zimmers zurückzieht. Manche

Leute, mein Vater zum Beispiel, lachen darüber, wie wir unsere Vergnügungen so ernst nehmen können. Aber ich denke, man kann nichts wirklich genießen, wenn man es nicht ernst nimmt, oder? Was ich an dir allerdings nicht verstehen kann: Wie kannst du ein schönes neues Buch bekommen und ungerührt bei dem bleiben, das du gerade liest? Ich will ein neues Buch immer an dem Tag beginnen können, an dem ich es erhalte. Deshalb warte ich auch mit dem Kauf eines neuen, bis das alte ausgelesen ist. Aber natürlich hast du so viel mehr Geld als ich, mit dem du um dich werfen kannst.

Wo wir beim Zu-Ende-Lesen von Büchern sind: Ich bin jetzt endlich mit der *Fairie Queene* durch. Und auch wenn ich „endlich" sage, so wünschte ich doch fast, er hätte lange genug gelebt, um – wie er gehofft hatte – noch weitere sechs Bände zu schreiben, so gut hat es mir gefallen. Die beiden Gesänge über die „Mutabilitie" [Unbeständigkeit], mit denen es endet, sind vielleicht das Beste darin. Du solltest sie lesen, wenn du es noch nicht getan hast, sobald du etwas Zeit erübrigen kannst.

Ich bestelle jetzt mit derselben Post auch ein Buch mit dem Titel *British Ballads* (Everyman) in der schokoladenfarbenen Bindung, die ich früher so wenig mochte. Du siehst, allmählich lasse ich mich zu all deinen Ansichten bekehren. Vielleicht machst du eines schönen Tages sogar noch einen Christen aus mir. Ja, ich habe endlich auch von Osbornes Ladenmädchen gehört; aber ich halte es mit dem Balladensänger bei Scott:

Vielleicht wünscht' er den Segen ihm verwehrt[10], denn die Rechnung lässt mich ein wenig taumeln, ich denke daran, sie meinem Bruder zu senden, damit er sie bezahlt. Um meine Finanzen steht es gegenwärtig nicht rosig.

Den herrlichen Spaziergang, von dem du sprichst, werde ich nicht vergessen. Wie wir da sonnendurchtränkt auf dem „Moos" lagen, für kurze Zeit vollkommen glücklich – ein Zustand, der selten genug ist, weiß Gott. Wie Keats sagt: „Oh wie selten kommst du, Geist des reinen Glücks."[11] Ich hoffe sehr, wir werden noch viele solcher vergnüglichen Stunden erleben. Die Tage rennen jetzt so rasch dahin, es macht mich traurig, wenn ich daran denke, dass ich nur noch zweimal Ferien im guten alten Stil verleben werde. Denn im November kommt mein 18. Geburtstag, das Militäralter und die „weiten Ebenen“[12] Frankreichs, die zu betreten ich keinen Ehrgeiz verspüre. Wenn das Wetter gut ist und du in den nächsten Ferien ein paar Tage frei bekommst, sollten wir öfter vor dem Frühstück spazierengehen – die Morgenluft ist so herrlich. Ich weiß nicht, wann ich damit rechnen darf, nach Hause zu kommen.

Jack

An Arthur Greeves

[Gastons, 14. März 1916] (Das Datum solltest du wissen.)

Ich glaube, du und ich, wir sollten unsere Briefe veröffentlichen (sie würden übrigens ein kolossal interessantes Buch ergeben), und zwar unter dem Titel „Klagelieder“; schließlich palavern wir immer über unsere Kümmernisse.

Nein, Kelsies Buch habe ich noch nicht gesehen. Ich könnte mir denken, sie weiß nicht, dass ich an solchen Dingen Interesse habe. Und du hast das Glück, als Kenner zu gelten, was dir die Türen zu allen Bibliotheken in Belmont öffnet – auch wenn es davon nicht viele gibt. Ich fürchte, unser Galahad wird zu einem schwerfälligen Geist werden, wenn er nichts liest außer Trollope und Goldsmith und Austen. Natürlich sind die alle sehr gut, aber ich glaube, ich selbst könnte eine derartige Dosis an Behäbigkeit nicht ertragen. Ich nehme an, du wirst erwidern, ich sei zu sehr das Gegenteil und werde zu einem unausgeglichenen Geist werden, wenn ich nichts lese außer Lyrik und Märchen. Ich glaube, du hast recht, aber ich finde es so schwer, einen neuen Roman anzufangen – ich habe den trägen Wunsch, noch einmal mit den alten Lieblingstiteln herumzutrödeln. Ich denke, du wirst mich an der Hand nehmen und auf eine „richtige Spur“ setzen müssen, wenn ich heimkomme.

Was ist übrigens inzwischen aus dem Piano und dem Grammofon geworden? Es scheint, wir reden derzeit kaum noch über Musik – natürlich kennst du dich auf diesem Gebiet viel besser aus als ich, und ich kann nur den Geschmack eines Kunstbanausen äußern. Gehst du noch zu Walker? Was mich betrifft, so habe ich meine musikalische Seele wiedergefunden – du wirst erleichtert sein, das zu hören –, diesmal in den Präludien von Chopin. Ich nehme an, du hast sie mir sicher schon vorgespielt, aber richtig wahrgenommen habe ich sie zuvor noch nie. Sind sie nicht wunderbar? Mrs. K. spielt sie nicht gut, und doch sind sie so leidenschaftlich, so hoffnungslos, dass ich beinahe in Tränen ausbrechen könnte: Sie sind mehr, als ich ertragen kann. Ich werde die Nummern der Stücke, die ich meine, herausfinden, und in den nächsten Ferien werden wir darin schwelgen.

Ach ja, in deinem letzten Brief sprichst du über den Unterschied zwischen Musik und Büchern. Ich meine (um auf eine alte Auseinandersetzung zurückzukommen), der Unterschied ist derselbe wie der zwischen Freundschaft und Liebe. Eines ist ein ruhiges und unbekümmertes Wohlgefühl, das andere eine Art Verrücktheit: Wir nehmen Besitz von einem anderen, der andere nimmt Besitz von uns. Das eine ist immer wohltuend, das andere in seinen größten Momenten schmerzhaft. Aber vielleicht bewerte ich Bücher und Freundschaft zu gering, denn Dichtung und große Romane bewegen einen manchmal fast so sehr wie Musik – die großen Liebesszenen in Shirley etwa, oder die besten Stellen bei Swinburne etc.

Dein
Jack

An Arthur Greeves

[Gastons, 14. Juni 1916]

Ich habe nun mehr Erzählungen von Chaucer gelesen, als ich je lesen wollte, und habe den Eindruck, ich darf das Buch als abgeschlossen betrachten. Manche sind ganz unmöglich. Bis auf ein oder zwei großartige Ausnahmen wie der Erzählung des Ritters und des Freisassen ist er insgesamt enttäuschend, wenn man ihn kennenlernt. Er hat die meisten Schwächen des Mittelalters – Geschwätzigkeit und Derbheit –, ohne den romantischen Zauber, den wir im *Grünen Ritter* oder bei Malory finden. Nun, ich hatte auch erwartet, dass ich nur einige Erzählungen genießen würde, und für die hat es sich gelohnt, das Buch zu besorgen, denke ich.

... Ich hoffe übrigens, du arbeitest weiter an *Alice* oder beginnst etwas Neues. Du verfügst über jede Menge Vorstellungskraft; was du brauchst ist Übung, Übung, Übung. Es ist nicht entscheidend, was wir in unserem Alter schreiben (zumindest sehe ich das so), solange wir nur immer so gut schreiben, wie wir können. Jedes Mal, wenn ich mit ganzem Bemühen eine Seite geschrieben habe, sei es Prosa oder Lyrik, und selbst wenn sie im nächsten Moment ins Feuer geworfen wird, habe ich den Eindruck, ich sei so viel weitergekommen.

An Arthur Greeves

[Gastons] (am 12. Oktober, glaube ich) [1916]

Mein lieber Arthur,

es war ungeschickt, dass ich ein Wort wie „Verzückung“ gewählt habe. Es wird so oft in Verbindung mit Religion verwendet und hat dir einen falschen Eindruck davon vermittelt, was ich meine.

Ich werde versuchen, es noch einmal zu erklären: Hast du je spät am Abend am Feuer gesessen, wenn du müde und zerstreut bist und es zwecklos ist zu versuchen, weiterzulesen? Alles erscheint wie ein Traum, du bist absolut zufrieden und „der Welt entrückt“. Alles scheint möglich, und jede Menge sonderbare Ideen ziehen dir durch den Kopf und lassen dich leise erschauern, aber nur ganz sanft und ruhig. Für Stimmungen dieser Art passen die bizarren alten mystischen Abschnitte bei Malory genau. Man kann ein Kapitel oder zwei lesen wie in einer Art Traum und die Wälder von *Logres & of Lyonesse* sehr annehmbar finden – zumindest geht es mir so.

Was die andere Frage nach der Religion angeht, so hat es mich betrübt, deinen Brief zu lesen. Du fragst nach meinen religiösen Ansichten. Ich denke, du weißt, dass ich an keine Religion glaube. Es gibt absolut keinen Beweis für irgendeine davon, und von einem philosophischen Standpunkt aus ist das Christentum nicht mal die beste. Alle Religionen, das heißt alle Mythologien, um sie angemessen zu bezeichnen, sind nichts als die Erfindung des Menschen – Christus ebenso sehr wie Loki. Der primitive Mensch fand sich umgeben von allerlei schrecklichen Dingen, die er nicht verstand – Donner, Pest, Schlangen usw. Was lag also näher als anzunehmen, dass all dies von bösen Geistern belebt sei, die es darauf anlegten, ihn zu quälen? Er hielt sie sich vom Leib, indem er vor ihnen niederfiel, Gesänge sang und Opfer brachte etc. Allmählich wurden diese vermeintlichen Wesen aus bloßen Naturgeistern zu ausgefeilteren Vorstellungen erhoben, wie etwa die alten Götter. Und als der Mensch kultivierter wurde, gab er vor, diese Geister seien ebenso gut wie mächtig.

So wuchs die Religion, will sagen: die Mythologie heran. Oft wurden auch große Männer nach ihrem Tod als Götter betrachtet – Herakles etwa und Odin. Auch ein hebräischer Philosoph namens Jeshua (dessen Namen wir zu Jesus verunstaltet haben) wurde nach seinem Tod als Gott angesehen, es bildete sich ein Kult, der später wiederum mit der alten hebräischen Jahweverehrung verbunden wurde, und so entstand das Christentum – eine

Mythologie unter vielen anderen, allerdings die, in der wir zufälligerweise aufwuchsen …

Natürlich schreibe ich es nicht als Gewissheit fest, dass es außerhalb der materiellen Welt nichts gibt. Angesichts der Entdeckungen, die allenthalben gemacht werden, wäre das töricht. Alles *kann* existieren. Aber bis wir wissen, dass es das auch tut, können wir keinerlei Hypothesen aufstellen. Das Universum ist ein absolutes Mysterium. Der Mensch hat schon viele Vermutungen darüber angestellt, aber die Antwort steht noch aus. Wann auch immer ein neues Licht auf diese Angelegenheiten zu erhalten ist, werde ich es freudig begrüßen. Inzwischen aber werde ich nicht in die Unfreiheit zurückfallen, irgendeinem alten (und bereits im Verfall begriffenen) Aberglauben anzuhängen.

Siehst du! Ich habe drei Viertel meines Briefs auf diese bleichen Knochen verschwendet. Aber, mein Guter, du hast mit dem Thema angefangen, und ich musste auch meinen Senf dazugeben dürfen. Ja, ich wünschte, du hättest mich tatsächlich auf meinem Gang in die Friday Street begleitet. Wie hätten wir beide, nur du und ich, in diesen Wäldern und Tälern gejubelt! Aber eines Tages werden wir hinfahren und eine Woche im dortigen Gasthaus verbringen, um fünf Uhr morgens aufstehen und um acht zu Bett gehen und in der Zwischenzeit am See sitzen und mit den Dohlen reden.

An seinen Vater

University College, Oxford. Poststempel: 22. Juli 1917

Mein lieber Papy,

ich habe dir für zwei Briefe zu danken und für verschiedene Gelder. Anfangs gab es keinen Sold, außer für die altgedienten Soldaten. Aber nun hat das Kriegsamt endlich unsere Existenz entdeckt, und am Freitag habe ich 7 Shilling erhalten, das erste Geld, das ich verdient habe. Es sollte an eine Uhrkette gehängt werden.

Du sagst, du solltest mit mir „nicht über die Muse" reden. Tatsächlich trifft genau das Gegenteil zu, denn ich unternehme jede Anstrengung, an dem alten Leben mit Büchern festzuhalten in der Hoffnung, dass ich meine Seele lebendig halten kann und nicht zu einem großspurigen, hohlköpfigen, eingebildeten militärischen Schnösel werde. Ich stelle fest, dass das militärische Ideal in unserer Armee sich vom deutschen nur dem Grad, nicht aber dem Wesen nach unterscheidet. Der Sergeant Major erklärte uns kürzlich, „die Soldaterei ist mehr als Rumprotzen. Ihr müsst lernen, loszumarschieren, als ob die verdammte Straße euch gehört. Verstanden?" Wir werden außerdem auf alle erdenkliche Weise ermutigt, Pharisäer zu sein und uns auf die Schulter zu klopfen, weil wir in Khaki herumlaufen, und verächtliche Blicke auf junge Männer zu werfen, die wir in Zivil antreffen. Ich hoffe, dass weder ich noch einer meiner Freunde – und im Blick auf Freunde habe ich es hier gut getroffen – jemals diesen Grad von Soldatentum erreichen. Der versprochene viertägige Urlaub wird in etwa vierzehn Tagen stattfinden; es tut mir leid, dass ich es dir nicht genauer sagen kann. Ich werde selbstverständlich auf dem schnellsten Weg nach Hause kommen, da es keine Frage des „Mammons" ist, wenn die väterliche Regierung einen mit einem Passierschein ausstattet.

Was deinen Vorschlag im Blick auf die Artillerie angeht, kann ich dir, fürchte ich, nicht folgen. Sagen wir es klipp und klar: Ich habe mich zunächst für die Artillerie eingeschrieben, dann für die Infanterie. Anschließend habe ich auf den Rat meiner Freunde hin in Klammern noch hinzugefügt „King's Own Scottish Borderers". Natürlich wird das nichts ändern, wenn sie vorhaben, mich zur Artillerie zu stecken. Aber wie ich bereits erwähnt habe, beharren sie ausdrücklich auf einer gewissen Kenntnis der höheren Mathematik. Es stimmt, dass du mich durch Beziehungen da unterbringen könntest. Aber wäre es nicht allein aus Sicherheitsgründen falsch, mich in eine verantwortungsvolle Position zu schieben, für die ich, wie ich weiß, absolut ungeeignet bin? Wenn du das Glück hast (und wie wenige Väter haben das heutzutage), einen Sohn auf einem vollkommen sicheren Posten zu haben[13], meinst du, wir sollten dann versuchen, den natürlichen Lauf der Dinge im Interesse des anderen zu ändern? Ich darf vielleicht als weniger gewichtige Überlegung noch hinzufügen, dass mir die Vorstellung der K. O. S. B. mittlerweile sehr zusagt, denn zwei meiner Freunde werden zur gleichen Zeit dorthin gehen. Wenn du dir die Sache hast durch den Kopf gehen lassen, bin ich sicher, dass du nicht versuchen wirst, mich umzustimmen.

An seinen Vater

[Keble College] Poststempel: 27. August 1917

Mein lieber Papy,

du wirst dich schon fragen, was wohl mit mir los ist, aber die sehr ausgefüllte Zeit, die ich erlebe, seit ich von zu Hause fort bin, dürfte eine gewisse Entschuldigung bieten. Zuallererst kam die Woche in Warwick – ein Albtraum. Mit fünf anderen war ich im Haus eines Bestatters und Grabsteinmachers einquartiert. Es gab drei Betten für uns sechs, natürlich kein Bad, und die Verpflegung war scheußlich. Der kleine Hof voller Grabsteine, den wir „das Viereck" nannten, war dem winzigen Esszimmer mit Rosshaarsofa und Familienfotos unbedingt vorzuziehen. Wenn wir alle sechs dort beim Essen saßen, gab es kaum Platz, um zu essen, ganz zu schweigen davon, dass das sprichwörtliche Blatt Papier zwischen uns gepasst hätte. Alles in allem war es eine denkwürdige Erfahrung.

Wir kamen am Samstag zurück, und die folgende Woche verbrachte ich mit Moore in der Unterkunft seiner Mutter, die sich, wie ich erwähnte, in Oxford aufhält. Ich mag sie ungeheuer und habe mich ausgesprochen gut unterhalten.

Am Mittwoch war Warnie hier, wie du weißt, und wir hatten einen höchst vergnüglichen Nachmittag und Abend zusammen, im Wesentlichen in meiner Wohnung in der Uni. Wie sehr wünschte ich, du hättest auch hier sein können. Aber so Gott will, werde ich dich in Oxford sehen und dir meine „heilige Stadt" in glücklicheren Zeiten zeigen können.

An seinen Vater

[Frankreich] 13. Dezember 1917

Der Brief, den du mir in Kopie geschickt hast, ist eine ziemliche Überraschung, und ich hoffe, meine Antwort darauf wird dich nicht enttäuschen. Seit wir zuletzt zusammen waren, sind einige Argumente aufgetaucht, die dafür sprechen, in der Infanterie zu bleiben. An erster Stelle muss ich zugeben, dass ich mich diesem Regiment sehr verbunden fühle. Ich habe hier etliche Freunde, die ich nur ungern verlassen würde, und ich fange gerade an, meine Leute zu kennen und die Aufgabe zu begreifen.

Zweitens, wenn der Hauptgrund dafür, zu den Kanonieren zu gehen, ihre vermeintliche Sicherheit ist, dann reicht das, wie ich meine, kaum aus. An diesem Teil der Front ist die Artillerie fast ebenso heftigen Granatenangriffen ausgesetzt wie die Infanterie (und die Granaten zählen weit mehr als Gewehrfeuer). Wenn sie also weniger Verluste hat, muss es daran liegen, dass ihre Gesamtstärke so viel geringer ist. Außerdem: Niemand hegt hier Hoffnungen, ich würde durch den CO empfohlen werden. Er würde ganz sicher (und nicht ohne Berechtigung) erwidern, es wäre teuer und verschwenderisch, einen bereits halb ausgebildeten Infanterieoffizier nach Hause zu schicken und einen Artilleristen aus ihm zu machen. Unser CO – ein Lt. Colonel Majendie – ist ein feiner Kerl, für den ich große Bewunderung empfinde. Es täte mir leid, in seinen Augen eine so ärmliche Figur abzugeben, wie es der Fall wäre, wenn ich versuchte auszusteigen, wo ich doch gerade dem eigentlichen Teil meines Jobs näherkomme. Natürlich ist mir klar, dass es ziemlich spät ist, um so zu reden; und neben dem Recht, das dir zusteht, mich in jeder Hinsicht zu lenken, hast du ausreichend Gründe, darauf zu bestehen, dass ich unsere Abmachung einhalte. Dennoch denke ich, du wirst für das, was ich oben gesagt habe, Verständnis aufbringen.

Zurzeit bin ich in einem arg mitgenommenen Städtchen irgendwo hinter der Front. Es ist recht behaglich, aber natürlich ist die Arbeit hart und (was schlimmer ist) unregelmäßig. Ich habe gerade *Adam Bede* beendet, es hat mir immens gefallen. Aber bitte schick mir nichts mehr von ihr[14]; ich kenne hier ein Geschäft (oder eher eine Kantine), die ihre Bücher hat – in der Tauchnitz-Edition.

Übrigens schulde ich dir noch Geld für die Dinge, die du gekauft hast und für die ich von meinem ersten Sold hier hätte zahlen sollen. Ich lege einen Blanko-Scheck bei, um das auszugleichen.

Gute Nacht. Versuch dich nicht zu sorgen und schreibe bald.

Dein dich liebender Sohn
Jack

An seinen Vater

[Liverpool Merchants Mobile Hospital, Étaples]
4. Mai [1918]

Mein lieber Papy,

vielen Dank für die Zigaretten und auch für den Brief, über den ich mich besonders gefreut habe, da ich schon so lange nichts von dir gehört hatte. Es tut mir sehr leid – und macht mich zornig –, dass du viele unnötige Sorgen und Ängste durchstehen musstest, nur weil irgendein Idiot im Kriegsamt nachlässig war und dir – wie ich von Arthur erfuhr – berichtet hat, ich sei in beide Arme und ins Gesicht getroffen worden.

Tatsache ist, getroffen wurde ich von hinten in die linke Hand, ins linke Bein kurz über dem Knie und links in den Brustkorb direkt unter der Achsel. Nur drei Fleischwunden. Der Mythos, ich sei im Gesicht verletzt, kam auf, so erkläre ich es mir, weil ich viel Dreck ins linke Auge bekommen hatte, sodass es ein paar Tage lang verbunden wurde, aber inzwischen ist alles wieder in Ordnung. Ich kann noch immer nicht auf der Seite liegen (weder auf der schlimmen noch auf der anderen), aber ansonsten führe ich das Leben eines gewöhnlichen Sterblichen, und meine Körpertemperatur ist normal. Es gibt also überhaupt keinen Grund zur Besorgnis.

Vorgestern wurde ich durch den Besuch von zwei Damen überrascht – eine Miss McConnell mit ihrer Freundin. Anscheinend kennst du ihren Bruder. Sollte ich auch? Beim besten Willen kann ich mich an keinen dieser Namen erinnern. Wer auch immer sie ist, sie war ein sehr angenehmer Besuch, und es täte nichts zur Sache.

Meine Briefkontakte – Mrs. Moore und ein Mann namens Johns aus Somerset – denken anscheinend, dass etliche Briefe an mich an meine Heimatadresse gingen, als ich nach Le Treport kam. Wenn Briefe für mich bei dir ankamen, würdest du sie mir bitte nachsenden? Ich nehme an, sie waren nicht so dumm, auch meinen Koffer nach Hause zu schicken, oder?

Warnie hat mich hier unten besucht und scheint gesund und guten Mutes zu sein. Wenn es nur endlich wieder Urlaub gäbe, könnte er es hinkriegen, mit mir zusammen zu Hause zu sein, denn sein Urlaub ist fällig.

Ich hoffe, es geht dir gut und du sorgst dich nicht um mich, denn wie du siehst, komme ich ausgezeichnet zurecht.

Dein dich liebender Sohn
Jack

An seinen Vater

Selbe Adresse. [Étaples] 14/6/18 [14. Mai 1918]

Mein lieber Papy,

danke für den Brief, die Anlagen und die anderen „weit gereisten" Briefe. Ich muss gestehen, als Warnie hier auftauchte, war mir nicht klar, welche möglichen Schwierigkeiten oder Strapazen er hinter sich haben könnte. Jetzt verstehe ich „video proboque"[15].

Ich gehe davon aus, dass ich in ein paar Tagen über den Kanal geschickt werde, natürlich auf einer Trage. Tatsächlich würden sie mich in jedem Fall so transportieren müssen, egal, wie es mir ginge, denn ich habe keine Kleidung. Das ist hier drüben ein Insider-Witz – diese Manie der Leute in den Kleiderkammern, einem Verwundeten seine Kleider vom Leib zu schneiden, ob das nun sein muss oder nicht. In meinem Fall war der Uniformrock vermutlich nicht zu retten, aber ich muss zugeben, dass ich das unverdiente Schicksal meiner Hose beklage. Leider war ich bewusstlos, als das Sakrileg begangen wurde, und konnte meinen Standpunkt nicht vertreten.

Mir geht es außerordentlich gut, und ich kann wieder auf der rechten Seite liegen (auf der linken natürlich nicht). Nach ein paar Wochen nur in Rückenlage ist das ein echter Genuss. In einer Hinsicht war ich in meinem letzten Brief bezüglich meiner Verwundung ungenau: Die Wunde unter meinem Arm ist nicht nur eine Fleischwunde. Vielmehr sitzt der Splitter, der eingedrungen ist, jetzt ziemlich weit oben in meiner ausgewiesenen „Hühnerbrust". Dies ist aber kein Grund zur Sorge, denn dort kann er keinen Schaden anrichten. Sie werden ihn dort sitzen lassen, und man sagt mir, ich könnte ihn für den Rest meines Lebens ohne irgendwelche schlimmen Folgen mit mir herumtragen.

Tante Lily[16] setzt mich mit Literatur unter Dauerbeschuss – Browning, Emerson, Mill (*Die Unterwerfung der Frauen*)[17] und *The Scotsman*. Warum um Himmels willen sollte mich *The Scotsman* interessieren? Nun, es gibt hier unter den Patienten den einen oder anderen Schotten, an die ich ihn weitergebe, und so kann ich ihr wahrheitsgemäß berichten, dass die Zeitung „gelesen und sehr geschätzt“ wird.

Meine Freundin Mrs. Moore ist in großer Unruhe – Paddy wird seit über einem Monat vermisst, und es ist fast sicher, dass er tot ist. Von all meinen guten Freunden in Keble wurde er als Erster rübergeschickt, und es zerreißt mir das Herz, wenn ich daran denke, dass er überzeugt war, er würde durchkommen[18].

Trotz der Bibliothek von Tante Lily habe ich mich noch an anderer Kost gelabt. *Die Presbyterianer*[19], was ich enttäuschend fand, und jetzt *Die Türme von Barchester*,[20] was mich begeistert. Das bringt mich auf Marthas Hochzeit. (Die Verbindung ist folgende: „Wie schade, dass sie nicht auch einen Bischof geheiratet hat, da sie eine Diözese mindestens so gut leiten könnte wie Mrs. Proudie.“)[21] Richte ihr von mir aus, was dir passend erscheint.

In der Hoffnung, es geht dir gut und du bist guter Dinge, bin ich

dein dich liebender Sohn,
Jack

An Arthur Greeves

[Liverpool Merchants Mobile Hospital, Étaples] 23. Mai 1918]

Du wirst überrascht und, wie ich annehme, auch ein wenig amüsiert sein zu hören, dass meine Ansichten im Blick auf die Begierden des Fleisches beinahe monastisch werden. Wie mir scheint, erweitern sie die Herrschaft des Materiellen über uns. Und hier draußen, wo ich beobachte, dass der Geist ständig kuscht vor dem Materiellen (Granaten, Kommandos, animalische Ängste, animalische Schmerzen), habe ich meine eigene Gleichung aufgestellt: Materie=Natur=Satan. Und auf der anderen Seite Schönheit, das einzig Spirituelle und Nicht-Natürliche, das ich bisher gefunden habe. Langweilt dich das alles? ...

Steht es dir übrigens zurzeit frei, dich ungehindert treppauf und treppab zu bewegen? Falls ja, erschiene es mir als eine sehr gute Idee, wenn du sozusagen als Bibliothekar [für mich] tätig werden könntest, wenn ich für meine Bußzeit zurückkehre. Was ich meine: Der Schlüssel liegt im Bücherschrank, und ich würde es begrüßen, wenn du dort häufig vorbeigehen und nach dem Rechten sehen & alles, was du willst, ausleihen oder in Augenschein nehmen könntest & außerdem jeden neuen Band, den ich dir zuschicke, an einem geeigneten Platz unterbringst. Auf diese Weise bliebe ich in gewissem Maß in Kontakt mit meinen Büchern, und der Raum würde davor bewahrt, ungenutzt zu wirken, wenn ich zurückkomme. Was sagst du?

Gestern Abend hätte ich eigentlich nach England zurücktransportiert werden sollen, aber es gab heftige Bombenangriffe, die jeglichen Verkehr zum Stillstand brachten. Interessant, festzustellen, dass der Fliegeralarm mich mehr geängstigt hat als irgendetwas, womit ich an der Front konfrontiert war. Im Bett fühlt man sich so hilflos. Man weiß, man kann nicht wegrennen, selbst wenn man es nach draußen schafft. Wenn sich dasselbe nicht noch einmal ereignet, werde ich wahrscheinlich (morgen) auf die Reise gehen, oder zumindest dann einen Tag später. Ich nehme an, es kommt nicht in Frage, dass du mich für ein paar Tage im Krankenhaus in England besuchen kommst? Es wäre etwas Großartiges, auf das ich mich freuen könnte & dir würde es die Gelegenheit geben, Mrs. Moore kennenzulernen.

Jetzt bin ich müde, alter Knabe, nach einer sehr gestörten Nacht und einem erstickend heißen Tag. Also werde ich meinen Redefluss ausklingen lassen & nur noch ein kleines Lied anhängen, das ich neulich geschrieben habe und das hoffentlich deine Anerkennung findet –

immer dein
Jack

Gesang[22]

In den Wäldern müssen Feen
und Satyrn fröhlich sich ergeh'n.
Tritons Schwar im Sommermeer –
Dass der toten Dinge Heer
So viel Lieblichkeit besitzt?
Dass Sternenstaub, der funkelnd blitzt
Durch die kalte Winternacht,
Solches Glück in dir entfacht,
Das allen Sorgen dich entführt
Und durch ein Traumland, gottberührt,
Dahin zieht, was dem Herzen teuer. …
Wär nicht jedes flücht'ge Feuer
Vieler Seligkeiten Hort
Und der ew'gen Gärten Ort,
Wo in sommergrüner Pracht
Goldener Früchte Fülle lacht,
Wo über sanftes Rasengrün
Himmlische ihre Wege ziehn?
Nie erweckte toter Stein
Unser Herz zu solchem Schein,
Wär all dieser Schönheit Licht
Teil der ew'gen Schönheit nicht,
Voll der Geister, die gestanden,
Wo sie in den Himmelslanden
Leuchtend Gottes Fußspur fanden.

An Arthur Greeves

[Ashton Court, Bristol] Mittwoch [7. August 1918]

Mein lieber Arthur,

der Umstand, dass man versucht, ein Buch zu veröffentlichen, lässt einen Verlage sofort in ganz neuem Licht sehen. Wenn man sich hinsetzt, um zu überlegen, wem man es zuerst schicken will, erkennt man sofort das enorme Prestige von Macmillan – wenn man es recht überlegt, erlangt jeder, der dort veröffentlicht wird, allein durch diese Tatsache eine gewisse Bedeutung. Von ihnen akzeptiert zu werden erschien mir zwar als ein fast aussichtsloses Vorhaben, aber ich habe mein MS zuerst dorthin geschickt. Natürlich kam es zurück, mit folgendem Begleitschreiben: „Verehrter Sir, Ihr Manuskript mit dem Titel „Spirits in Prison: A Cycle of Lyrical Poems“ von Clive Staples haben wir ordnungsgemäß erhalten. Mit Bedauern müssen wir Ihnen mitteilen, dass wir uns eine Veröffentlichung nicht vorstellen können. Einige der kürzeren Naturgedichte haben, wie uns scheint, durchaus Charme, aber wir haben nicht den Eindruck, dass die Sammlung als Ganze eine ausreichend große Leserschaft ansprechen würde. Wir bitten daher, Ihnen Ihr Manuskript mit Dank zurücksenden zu dürfen. Wir verbleiben mit freundlichen Grüßen Macmillan and Co. Ltd.“

Das ist zumindest höflich und nicht sehr entmutigend. Aber vielleicht versüßen sie ihre Absagen immer mit einem kleinen Kompliment. Wie auch immer, ich bin entschlossen, nicht den Mut zu verlieren, bis ich es nicht bei allen Häusern probiert habe, die ich ausfindig machen kann. Als Nächstes sende ich es an Heinemann – sie verlegen anscheinend ein gut Teil neuerer Lyrik. …

An seinen Vater

Ashton Court, Long Ashton, Clifton. 3. September 1918

Es ist jetzt vier Monate her, seit ich aus Frankreich zurück bin, und meine Freunde machen schon ihre spöttischen Bemerkungen, „mein Vater in Irland“, von dem ich ihnen erzähle, sei ein Fabelwesen wie Mrs. Harris.[23]

Was meine Entscheidung angeht, so denke ich, du wirst mir zustimmen: Sie hat sich bereits selbst bestätigt. Ich bin fast einen Monat über meine Zeit, und selbst wenn ich morgen gemustert würde, wäre das so sehr zum Guten. Beim gegenwärtigen Bedarf an Männern würde es natürlich eine sehr rasche Rückkehr nach Frankreich bedeuten, wenn ich wieder als einsatztauglich eingestuft werden würde. Ich fürchte, auf einen „Heimatjob“ infolge meiner Verwundung, wie du angenommen hattest, besteht nicht viel Aussicht. Ich bin noch nicht ganz gesund, aber doch fast „fit“ in einem militärischen Sinn des Wortes. Und für einen weiteren Verbleib im Hospital vertraue ich auf die Vergesslichkeit der Behörden. Natürlich hat das nichts zu tun mit meinem Urlaub.

Ich hoffe, es ist alles in Ordnung, und ich werde bald wieder von dir hören und dich hier sehen. Ich weiß, welche Schwierigkeiten dem im Weg stehen, aber ich nehme an, sie sind jetzt nicht ernster als damals, als Warnie zu Hause war.

Mit besten Grüßen bin ich
dein dich liebender Sohn
Jack.

An seinen Vater

Ashton Court, Long Ashton, Clifton. 9. September 1918

Mein lieber Papy,

ich schreibe in Eile, um dir Neuigkeiten mitzuteilen, die dich hoffentlich ebenso freuen werden wie mich. Du weißt, dass ich mich nun seit einigen Jahren damit amüsiert habe, Verse zu schreiben, und ein Notizbuch mit diesen Versen hat mich durch Frankreich begleitet. Seit meiner Rückkehr habe ich sie revidiert, sie mit einigen Ergänzungen abtippen lassen und versucht, sie zu veröffentlichen. Nach einer Absage von Macmillan wurden sie, zu meiner Überraschung, von Heinemann angenommen. Wm. Heinemann meint, es wäre „wohl gut, die Einbeziehung von ein oder zwei Stücken, die vielleicht mit den besten meiner Arbeiten nicht mithalten können, noch einmal zu bedenken“. Ich habe ihm einige neuere als Ersatz dafür geschickt, und die Dinge laufen gut, auch wenn er nun erst einmal für zwei Ferienwochen nicht in der Stadt ist. Das bedeutet natürlich eine Verzögerung, bis wir zu einer definitiven Übereinkunft im Blick auf das Finanzielle kommen.

Ich weiß nicht, wann ich tatsächlich hoffen kann, das Buch zu sehen. Aber natürlich werde ich dir sofort ein Exemplar schicken. Es heißt *Spirits in Prison: A Cycle of Lyrical Poems von Clive Staples.* Papier und Druck werden vermutlich abscheulich sein, wie heutzutage immer. Dieser kleine Erfolg bereitet mir ein Vergnügen, das vielleicht kindisch sein mag und doch mit Größerem verwandt ist …

An Arthur Greeves

[University College, Oxford, 26. Januar 1919]

Mein lieber Arthur,

ich war angenehm überrascht, so bald von dir zu hören; vielleicht wirst du ebenso überrascht sein zu hören, dass ich deine Aufträge bereits ausgeführt habe, wenn auch nicht zu deiner, so doch immerhin zu meiner höchsten Befriedigung. Ich fand zwei komplette Ausgaben des *Larger Temple Shakespeare*[24], eine neue und eine gebrauchte für 36 Shilling. In beiden Fällen wollten sie keine Einzelbände verkaufen. Ich habe daher die 36-Shilling-Ausgabe für mich selbst erworben – mit diebischer Freude! Einige Bände sind ein wenig mitgenommen, aber innen absolut sauber; sie haben die echte Vorkriegsgoldprägung und intakte Kanten. Ich muss sie nach und nach neu binden lassen, so wie ich es mir leisten kann.

Vom Gibbon[25] zeigte man mir Musterbände von zwei Ausgaben, beide von Methuen: Die größere zu 10 Shilling Sixpence pro Band hatte etwa das Format deines *British Empire*, dem sie auch in Papier und Satzbild sehr gleicht; der Einband war ein eher unerfreuliches geripptes Blau mit aufwändiger Goldprägung auf dem Rücken – nicht unähnlich meinem Benedetto Croce. Die kleinere war die, die mein Vater hat, wunderbar frisch und sauber. Ich habe daher darum gebeten, diese Ausgabe zu bestellen, und erklärt, das hätte nur Zweck, wenn sie für dich auch die Gesamtausgabe besorgen könnten. Man schien diesbezüglich sehr zuversichtlich. Ich nehme an, das wolltest du gern erledigt haben? Ich beneide dich um eine so schöne Ausgabe, wenn sie tatsächlich *alle* Bände beschaffen. Wo willst du sie hinstellen? Mit meinem Shakespeare bin ich tatsächlich höchst zufrieden.

Jetzt zu einem Bericht über mich und mein Tun und Lassen. Mein Tag verläuft folgendermaßen: 7.30 Uhr Wecken, Bad, Morgenandacht und Frühstück – in der Halle.* Aufgrund des Mangels an Kohle und Personal finden in diesem Trimester alle Mahlzeiten in der Halle statt. Im nächsten Trimester hoffen wir zum traditionellen und viel angenehmeren Arrangement zurückzukehren, Frühstück und Mittagessen in unseren eigenen Räumen einzunehmen. Nach dem Frühstück arbeite ich (in der Bibliothek oder einem Seminarraum, die beide warm sind) oder besuche Vorlesungen bis um eins, dann radle ich raus zu Mrs. Moore.

Sie sind in unserem „eigenen Mietshäuschen"[26] untergekommen (wie Paulus, nur ohne tägliches Predigen und Lehren). Die Besitzerin des Hauses ist noch nicht ausgezogen, und wir zahlen etwas weniger als für das ganze Häuschen, weil sie noch einen Raum darin bewohnt. Sie ist eine ältere unverheiratete Dame und, das ist kein Scherz, eine Heilige. Sie steht jeden Morgen sehr früh auf und geht zur Kirche – sehr hochkirchlich anglikanisch –, durch bitteren Frost. Allen Protesten zum Trotz bringt sie Mrs. Moore morgens eine Tasse Tee; sie lässt sich kaum davon überzeugen, ihre eigene Küche zu nutzen, die, so ist die Absprache, von uns beiden benutzt werden darf. Insgesamt eine höchst bemerkenswerte Person – und sehr darauf aus, „gute Werke" zu tun. In einem anderen Haus, das wir uns angesehen haben, trafen wir eine Miss Tennyson, eine Nichte des Dichters.

Nach dem Lunch arbeite ich bis zum Tee, dann wieder bis zum Abendessen. Danach noch etwas Arbeit, Gespräche und Muße und manchmal Bridge. Um 11 mit dem Rad zurück ins College. Ich zünde mir ein Feuer an und lese bis um 12. Anschließend ziehe ich mich zurück, um den Schlaf des Gerechten zu schlafen. In diesem kleinen Tagesabschluss habe ich drei Akte von *König John* gelesen, was mir ausgesprochen gut gefällt. In dieser Phase seines Lebens schrieb er [Shakespeare] viel einfacher, das Versmaß fließt untadelig, und die Figuren sind leicht zu verstehen. Bist du nicht auch angetan von Constance, besonders von ihrer Rede über den Tod und der anschließenden Szene zwischen Pandulph & dem Dauphin? Jedenfalls, ob ich nun arbeite oder nicht, ich beende den Tag immer mit einem Blick in Bridges. Er ist so friedlich und hat für jede Stimmung etwas zu bieten.

(Von diesem Punkt an könntest du den Brief meinem Vater vorlesen, wenn du willst.) Hier ist es bei diesem Wetter schöner denn je. Jeden Morgen, wenn ich geweckt werde, sehe ich vor meinem Fenster ein herrliches Bild: einen Turm mit seinen Zinnen und drei kahle Bäume gegen das frostige Rot des Morgens. Wenn man dann ganz hinaussieht, sieht man den Rasen des Innenhofs, weiß bestäubt, und das alte Gemäuer der Dächer, ebenfalls weiß und im Griff der Kälte. Aber in der Bibliothek oder dem *Junior Common Room* kann es einem recht warm werden – natürlich arbeite ich in Ersterer. Wenn man dort rauchen dürfte, wäre es ideal. Gegen die Versuchung, seine gesamte Zeit mit Streifzügen durch die interessanten modernen Bücher & die großartigen alten, wurmstichigen Folios zu verbringen, muss man sich nachdrücklich zur Wehr setzen.

Nun zu einem Glücksfall: Zweimal in der Woche besuche ich die Vorlesung von Gilbert Murray über *Die Bakchen* des Euripides. Zum Glück habe ich das Stück vorher gelesen und kann ihm so meine ungehinderte Aufmerksamkeit schenken. Es ist ein recht sonderbares Stück. (Du hast Murrays Übersetzung gelesen, oder?) Der Mann ist eine echte Inspiration – ebenso gut wie seine besten Bücher, wenn er sich nur nicht so scheußlich kleiden würde, schlimmer noch als die meisten Dons. Ich gehe ins Christchurch [College], um ihn zu hören, und ins Balliol, um einen Mann namens Bailey über Lukretius zu hören, der sehr unterhaltsam ist.[27] Er begann mit der Bemerkung: „Ich hoffe, Gentlemen, niemand von Ihnen besitzt eine Ausgabe meines Buches[28], denn es wurde in meinen unerleuchteten Tagen geschrieben."

Eines der Dinge, die mich hier beunruhigen, ist, dass jeder Dozent, zu dem man geht, einem ungefähr fünf Bücher nennt, „zu denen Sie Zugang haben sollten". Das wird teuer. Natürlich bekommt man manches gebraucht; mein bevorzugter Buchhändler hat seine Secondhand-Abteilung in einer Krypta aus dem 12. Jahrhundert, in der einst Guy Fawkes herumspukte. Etliches vom Besten in Oxford findet man anscheinend unterirdisch – gut versteckt unter prosaischen Lebensmittelläden, Hotels und Tabakkiosks.

Was mir sonst noch zu schaffen macht, ist die schreckliche Unabhängigkeit, mit der man hier arbeiten muss. Ich sehe meinen Tutor nur einmal in der Woche. Und zu Zeiten ist es recht belastend, wenn man sich am Ende eines langen Tages fragt, ob man vielleicht seit dem Aufstehen schlicht und einfach nur Zeit vertan hat. Aber im Großen und Ganzen komme ich gut zurecht & das Ausmaß an Lektüre, die ich bereits betrieben habe, kommt mir zugute. Natürlich bleibt nur sehr wenig Zeit für das gewöhnliche Lesen – es muss, wie damals bei Kirk's, auf die Wochenenden beschränkt werden. Momentan bin ich noch an dem Philosophenbuch. Es ist ausgezeichnet.

Ich habe einen alten Freund wiedergefunden. Edwards war auch bei meinem letzten Besuch hier, und weil er [im militärischen Sinn] „untauglich" ist, seither die ganze Zeit. Es ist gut, wieder hier zu sein und etwas zu tun, das einen interessiert. Wenn ich nachts im Bett liege und höre, wie es die Stunden schlägt, danke ich meinem glücklichen Schicksal. Ein Glockenschlag übernimmt vom anderen, alle mit unterschiedlichen Tönen, leiser und leiser, als drehe sich die ganze große Stadt in der frostkalten Nacht um und sänke in den Schlaf. Ich hoffe, deine Galligkeit hat sich gelegt und du kommst mit deinen verschiedenen Arbeiten gut voran. Irgendwas Neues in Sachen Schreiben?

Herzlich,
Jack

* Ich meine nur das Frühstück in der Halle, nicht Bad und Andacht.

An seinen Vater

University College, Oxford, 5. März 1919

Ich glaube nicht, dass irgendjemand, der sich die Mühe macht, mein Buch durchzulesen, es blasphemisch nennen wird, auch wenn er aus künstlerischen Gründen Kritik anbringen mag.[29] Äußert er auch diese nicht, müssen wir uns um seine Sicht nicht weiter kümmern. Natürlich weiß ich, dass etliche Leute es zufällig in ein paar der düstersten Abschnitte in Teil 1 aufschlagen, als „Swinburne'sche Balladen" abtun und nie wieder einen Blick hineinwerfen werden. Aber was würdest du tun? Wenn man überhaupt schreibt – vielleicht sehen viele wie Talleyrand „keine Notwendigkeit dafür" –, muss man ehrlich sein. Du weißt, wer dieser Gott, den ich schmähe, ist, und dass es nicht der Gott ist, den du oder ich noch irgendein Christ sonst verehren. Aber über das alles haben wir schon früher gesprochen ...

An seinen Vater

22 Old Cleeve, Washford, Somerset. 4. April 1920

Mein lieber Papy,

ich freue mich, dass ich mit ein paar guten Nachrichten beginnen kann. Ich habe schließlich doch ein „First" bekommen. Und das ist leider schon alles, was ich berichten kann, denn sie nennen die Namen in jeder Klasse nur in alphabetischer Ordnung, und ich sehe keine Möglichkeit, eine Rangfolge oder Noten zu erkennen. Zu unseren Fahrten: Da dies die kürzesten Ferien sind und ich das Bedürfnis nach ein wenig „Erfrischung" verspürte, hielt ich es für eine günstige Gelegenheit, eine Verabredung mit einem Mann einzulösen, der mich schon seit einiger Zeit bittet, mit ihm

„wandern“ zu gehen.[30] Momentan sind wir hier in diesem kleinen Dorf in einem idealen Häuschen (für seine Leute sozusagen das Teigh-na-mara), unserem Basislager. Von hier aus brechen wir auf, wenn das Wetter besser wird.

Wir sind ziemlich allein und leben sehr idyllisch von Eiern, Corned Beef und einem ausgezeichneten Schinken, den Tante Lily glücklicherweise geschickt hat – ein himmlischer Genuss. Die Landschaft ist herrlich – Hochmoore, durchzogen von entzückenden Tälern voller Obstgärten –, und alles ein weißes Blütenmeer, an der Grenze zwischen Somerset und Devon. Unsere Adresse wird natürlich mobil sein, aber Briefe, die hierhergeschickt werden, erreichen mich mit einiger Verzögerung. Es tut mir leid, dass ich dich für den Augenblick im Stich lasse, aber es musste früher oder später einmal eingelöst werden.

... Ich habe den Anlass gefeiert, indem ich ein Gedicht an das Hibbert Journal geschickt habe. Aber ich bezweifle, dass sie von einem Unbekannten, wie ich es bin, etwas annehmen werden. Wahrscheinlich werden sie ungefähr einen Monat brauchen, um zu beratschlagen.

Für die beiden Schecks danke ich dir herzlich. Ich hoffe, die Zähne machen jetzt keine Probleme, und auch, dass die offizielle Jagdsaison in Belfast noch nicht begonnen hat. Bedeutet der letzte Mord, dass die von den Orangenen nun antworten?[31]

Dein dich liebender Sohn
Jack

An seinen Vater

[University College] 23. April [1921]

Deine Empfindungen angesichts der Beerdigung des armen Kirk kann ich verstehen. Entblößt von allem, womit Glaube und

Tradition ihn umkleidet haben, erscheint der Tod grimmiger, frostiger und entsetzlicher, selbst in den Augen der Nüchternsten. Das ist traurig, aber gleichzeitig wäre es doch nicht nur traurig, sondern schockierend, hätte man über Kirk Worte gesprochen, die er nicht geglaubt, oder Riten vollzogen, die er selbst als sinnleer verworfen hätte. Und doch ist es, wie du sagst: So, wie man ihn kannte, ist er dem Geist so unauslöschlich eingeprägt, so oft in den eigenen Gedanken präsent, dass es ganz undenkbar ist, er könnte seine eigene Auslöschung akzeptiert haben. Ich habe den Tod recht oft gesehen. Und bisher konnte ich es nie anders empfinden, als dass er außerplanmäßig und recht unfasslich ist. Die eigentliche Person ist so sehr real, so offensichtlich lebendig und anders als das, was zurückbleibt, dass man nicht glauben kann, dass sich hier etwas in nichts verwandelt hat. Es ist nicht Glaube, es ist nicht Vernunft – nur ein „Gefühl“. Auf lange Sicht sind „Gefühle“ ein recht gutes Pendant für das, was wir unsere Glaubensüberzeugungen nennen. …

An seinen Vater

University College, Oxford Wednesday [21. Juni 1922]

Mein lieber Papy,

ich habe ein paar Tage gewartet, um die Dinge aus der Vogelperspektive und mit einigem Abstand zu betrachten, bevor ich dir etwas berichte – nur um festzustellen, wie schwierig es ist, mir irgendeine Meinung zu dem zu bilden, was ich geleistet habe. Mit den Geschichtsarbeiten ist es einfacher, da kann ich Fakten nachschlagen und sehen, wie nah dran oder weit weg ich war, und hier habe ich recht gut abgeschnitten – in einem Fall sogar sehr viel besser, als ich erwartet hatte. Aber mein langfristiges Anliegen ist die Philosophie, und hier ist es so, als versuche man einen

Essay zu kritisieren, den man eine Woche zuvor geschrieben und danach nicht mehr gesehen oder noch einmal überflogen hat. Manchmal habe ich das Gefühl, ich habe versagt, dann wieder, dass ich brillant war. Aber gestern Abend wurde mir von meinem Tutor ein kleines Licht aufgesteckt. Er wiederholte mir das folgende Gespräch, das er mit einem der Prüfer geführt hatte. „Einer unserer jungen Leute scheint der Ansicht zu sein, dass Plato stets im Unrecht ist." – „Oh! Ist es Simpson?" – „Nein." – „Blunt? Hastings?" – „Nein, ein Bursche namens Lewis. Jedenfalls scheint er ein fähiger Kopf zu sein." Das ist also soweit gut.

Insgesamt darf ich zusammenfassen: Ich bin ahnungslos, ob ich ein „First" bekommen habe oder nicht, aber zumindest weiß ich, dass es wohl kein Debakel gegeben hat. Natürlich steht mir das VIVA [mündliches Examen] noch bevor, und darin wird mir das Familientalent, im Schriftlichen zu bluffen, nichts nützen. Im mündlichen Examen kann man mit Runenschrift nicht punkten. Glücklicherweise hatten wir während der Prüfungen einige kühle Tage. Das ist ein großer Segen, wenn man sechs Tage hintereinander sechs Stunden am Tag schreiben soll. Ich hoffe, dir geht es gut,

Dein dich liebender Sohn
Jack

An seinen Vater

[University College, Oxford] 28. [Oktober 1922]

Ich weiß deine Nachfrage zu schätzen, ob mein Gehalt angemessen ist. Und ich beeile mich, dir zu versichern, dass es nicht, wie du annimmst, zu irgendwelchen Entbehrungen kommt. Ich werde ganz offen sein. Es ist unterdurchschnittlich. Dafür werde ich es über eine längere Zeit erhalten. Es lässt mir keinen Spielraum für

Überflüssiges, aber ich habe das Glück, günstige Quellen aufgetan zu haben. Und da meine Vorlieben schlicht und meine Freunde weder reich noch zahlreich sind, komme ich gut zurecht – insbesondere, da du immer mehr als bereitwillig jegliche außerordentlichen Forderungen beglichen hast. Ich bin sehr dankbar für die lange Einarbeitungszeit, die du mir ermöglicht hast – und ich habe diesbezüglich keinerlei Vorwürfe zu machen. Im Gegenteil, ich bedauere oft, dass ich eine Laufbahn eingeschlagen habe, die es mir nur derart zeitverzögert ermöglicht, für mich selbst geradezustehen. Auch deinetwegen wäre ich froh, auf einem lukrativeren Weg zu sein. Aber ich glaube, ich kenne meine eigenen Grenzen. Ich bin sicher, dass eine akademische oder literarische Karriere das Einzige ist, worin ich hoffen kann, über das gewöhnliche Mittelmaß hinauszuwachsen. ...

Du meinst, ich sähe schlecht aus? Ich bin nicht mehr der pausbäckige Junge, sondern werde zu einem schlankeren Mann. Aber das ist keinesfalls eine Folge davon, dass ich auf Brötchen verzichte. ...

Das Angelsächsische pauke ich wie verrückt, und es macht mir großen Spaß. Man beginnt mit einer Auswahl, die dem löblichen Prinzip folgt, fast alle Texte in einem Dialekt und fast das ganze Glossar in einem anderen zu präsentieren. Du kannst dir vorstellen, welch glückliche Stunden dies dem jungen Studenten beschert – so liest man etwa im Text ein Wort wie „WADO“. Im Glossar wird dann angegeben: WEDO, WAEDO, WEODO, WAEDO oder WIEDU. Kluger Kopf, der Mann, meinst du nicht? Insgesamt macht die Sprache den Eindruck einer schlecht geschriebenen Parodie auf das Englische. So kann einen das Wort CWIC irritieren, bis man sich an „the quick and the dead“ [die Lebenden und die Toten] erinnert und plötzlich begreift, dass es „lebendig“ bedeutet. Oder TINGUL für Stern, bis man an „Twinkle, twinkle little star“ denkt. [Funkle, funkle, kleiner Stern, ein englisches Wiegenlied.] ...

An seinen Vater

[University College] 1. Juli [1923]

Mein lieber Papy,

dein Brief hat mich ungewöhnlich schnell erreicht, und ich beantworte ihn jetzt, nachdem ich eine Nacht darüber geschlafen habe. Ich möchte dir herzlich für alles danken, was er enthält. Ich hoffe, eines Tages kann ich dir diese langen Jahre meiner Ausbildung zurückerstatten, und zwar auf die einzige Weise, wie das geschehen kann – durch Erfolg und Auszeichnung in der Lebensform, auf die sie abzielten. Aber das liegt zum Teil in der Hand des Schicksals. Bis dahin kann ich nur berichten, dass ich nicht töricht genug bin, all dies für selbstverständlich zu halten, und dass mich der Gedanke daran, wie viel du für mich tust, oft und nachdrücklich beschäftigt.

Wie du wohl in der *Times* gelesen hast, wurde die Exeter Fellowship vergeben, allerdings nicht an den jungen Mann, den die Gerüchteküche dafür ausersehen hatte, und außerdem nicht mal an einen aus Exeter. Der Gewinner ist einer von Balliol, und man sagt mir, er sei in irgendwelche archäologischen Arbeiten in Athen involviert. Diese Tatsache – dass er bereits eine feste Anstellung hat, die seinen Aufenthalt im Ausland und darüber hinaus Geld erfordert – muss natürlich ganz zu Recht zu seinen Gunsten ins Gewicht gefallen sein und ihn zu einem beinahe fatalen Rivalen für den Rest von uns gemacht haben. Das Fazit ist dann aber: Das Gerücht war falsch, und diese Fellowship wurde aufgrund berechtigter Verdienste vergeben. Unserer Eitelkeit hätte es wohl mehr geschmeichelt, wenn die Gerüchte sich bewahrheitet hätten.

... Ich wäre nicht dein Sohn, wenn die Aussicht, mit dreißig noch auf der Straße zu stehen und ohne feste Anstellung zu sein, mir nicht oft durch den Kopf gegangen wäre. Denn natürlich endete die Neigung unserer Familie, sich zu sorgen, nicht mit deiner Generation. Und, um Jeremy Taylor zu zitieren, „wir wurden mit dieser auferlegten Traurigkeit geboren".[32] Aber wenn ich alles abschüttele, was das Temperament vorgibt oder was momentanen Anfällen von Optimismus und Pessimismus geschuldet ist, kann ich die Situation nur folgendermaßen darstellen: Ich habe schon jetzt Qualifikationen und werde noch weitere erwerben, die mir aller Wahrscheinlichkeit nach eine erträgliche Schuldirektorenstelle so gut wie sicher gewährleisten, sollten wir irgendwann jede Hoffnung auf Oxford aufgeben.

Dieselben Qualifikationen verleihen mir aber auch einen hohen Stellenwert unter den Kandidaten für die akademischen Positionen hier. Die Leute von Magdalen sagten meinem Tutor kürzlich, sie hielten meine Arbeit in ihrem Kollegium für ebenbürtig mit der eines Mannes, der den letzten Posten bekam, nur dass sie „ausgereifter" sei. Natürlich ist die Anzahl weiterer hungriger Anwärter mit Qualifikationen wie den meinen vielleicht nicht allzu groß, aber doch groß genug, um für jeden Fall ein gut besetztes „Spielfeld" zu ergeben. Und wie überall sonst hängt es von jeder Menge Zufälle ab, wie viele offene Stellen es gibt. Alles läuft auf Folgendes hinaus: Es gibt hier eine ziemlich gute Chance, die sich durch ein paar weitere Jahre meiner Anwesenheit vor Ort noch verbessern würde, in denen ich Zeit hätte, bekannter zu werden und weitere Abschlüsse zu erwerben, etwa einen BA litt. oder einen Dr. phil. Diese Chance wäre vielleicht auf unbestimmte Zeit oder dauerhaft verloren, wenn ich jetzt ginge. Andererseits sehe ich, auch abgesehen vom finanziellen Aspekt der Situation, sehr deutlich die Gefahren, sich zu lange an etwas zu klammern, was sich letzten Endes nie verwirklicht.

Wenn ich einmal nur für mich selbst sprechen darf: Ich würde drei Jahre als angemessene Wartezeit empfinden, bevor ich mich geschlagen gebe. Natürlich würden wir darauf hoffen, dass sich vor Ablauf dieser Frist etwas auftut, aber drei Jahre würde ich als eine faire Chance betrachten. Zudem denke ich, dass sich innerhalb dieser Zeit an der Uni neue Stellen ergeben werden. Es ist unglücklich – jedenfalls empfinde ich das so –, dass ich dich, während wir noch über diese Dinge im Gespräch sind, um etwas Geld für Ausgaben bitten muss, die ich zu begleichen habe. Manche Außenstände bestehen schon lange, andere habe ich bezahlt. Im Einzelnen geht es um Rechnungen für Bücher (6 Pfund, 15 Shilling), neue Schuhe und Reparaturen für alte (2 Pfund, 7 Shilling), graue Flanellhosen (1 Pfund, 2 Shilling, Sixpence), Prüfungsgebühren (5 Pfund), und zwei Trimestergebühren für Miss Wardale (8 Pfund,15 Shilling,1 Pence). Ich fürchte, da hat sich eine ganz schöne Summe angesammelt, aber ich glaube nicht, dass irgendetwas davon vermeidbar war.

Das Englischseminar habe ich nun hinter mir, ich muss nur noch das VIVA bestehen. Dass ich diesen Kurs in verkürzter Zeit durchlaufen habe, hat mir die Sache natürlich ziemlich erschwert. Und das Examen ist in vieler Hinsicht so anders als die anderen Prüfungen, die ich schon hinter mir habe, dass ich keine Vorhersage wage. Ich habe die Aussicht auf ein kleines Interview für einen Job bei der *Oxford Local* irgendwann im nächsten Monat. Es wird sehr wenig Geld bringen, dafür jede Menge unerfreulicher Arbeit. Aber ich werde annehmen, weil es die Leute an mich erinnern und mir vielleicht eines Tages die Tür zu etwas lukrativerer Arbeit öffnen wird.

An seinen Vater

[University College] Poststempel: 28. August 1924

Als ich an die Stelle deines Briefes kam, an der du davon sprichst, dass Gott für das geschorene Lamm den Wind besänftigt, habe ich ihn glatt aus der Hand gelegt, so musste ich lachen. Ein Witz in einem Brief hat selten diese Wirkung: Gewöhnlich erscheint er als bloßes Gespenst eines Witzes, der erzählt wird – er erreicht den Verstand, ohne dass sich das Gesicht verzieht. Aber die Vorstellung von Warnie als „geschorenem Lamm“ und seiner Miene, mit der er sagen würde: „Was soll das heißen?“, wenn man ihm erklären wollte, *warum* er als geschorenes Lamm so komisch ist, war zu viel für mich. Doch auch wenn du es nicht erwähnst, weiß ich sehr gut, *wer* in diesem Fall den Wind besänftigt hat. Ich plage mich weiter mit meinen 14 Vorlesungen – ich bin bei Nummer 5, vielmehr habe ich sie gerade abgeschlossen. Ich glaube, ich habe schon erwähnt, dass ich sie nicht alle *in extenso* ausformuliere, ich mache mir nur Stichworte. Das bringt ein Element der Improvisation in den Vortrag, das für einen Anfänger gefährlich ist. Aber *vorgelesene* Vorträge bringen die Hörer zum Einschlafen. Und ich denke, ich muss mich gleich von Beginn an ins kalte Wasser stürzen und lernen zu *reden*, nicht zu rezitieren. Ich übe ständig, ergänze meine Notizen für ein imaginäres Publikum, aber es ist natürlich schwierig abzuschätzen, was eine Stunde füllen wird. Vielleicht werde ich dich als Versuchskaninchen benutzen, wenn ich nach Hause komme! Der mühsame Teil ist das ständige Nachweisen von Quellen und das *Zitieren*. Wie sagt Johnson: „Ein Mann kann wohl recht schnell schreiben, wenn er nur seinen eigenen Geist bemüht, aber er wird eine halbe Bibliothek wälzen, um ein Buch zu vollenden.“[33]

Und wenn man versucht zu *unterrichten*, kann man natürlich nichts als selbstverständlich voraussetzen. Bisher habe ich immer für Menschen gelesen oder gesprochen, zu denen ich sagen konnte: „Du erinnerst dich an Bradleys geniale Aussage über das Urteilsvermögen“ oder: „Etwas in der Art, wie man es zu Anfang von Kant findet.“ Aber natürlich komme ich damit jetzt nicht mehr durch – und das Vertrackte daran ist, wenn man die Stelle dann tatsächlich nachschlägt, stellt man regelmäßig fest, dass dort entweder mehr oder weniger gesagt wird, als man möchte. Entsprechend verbringe ich meine Tage damit, von Bibliothek zu Bibliothek zu rennen oder die Dinge in einem Buchregister nach dem anderen aufzuspüren. ...

An seinen Vater

Univ. Coll. Wednesday. Poststempel: 15. Oktober 1924

Mein lieber Papy,

meine gestrige Antrittsvorlesung hat sich gut angelassen – die einzige Schwierigkeit war die Zuhörerschaft. Man hatte mir eine Zeit zugewiesen, zu der anderswo eine sehr viel bedeutendere Vorlesung eines etablierten Dozenten stattfand. Und durch einen Druckfehler war die Vorlesung in Pembroke angekündigt, nicht im Univ[ersity College]. Unter diesen Umständen hätte man sich nicht wundern müssen, wenn überhaupt niemand gekommen wäre. Tatsächlich sind *vier* Leute erschienen! Natürlich ist das nicht gerade ermutigend. Aber ich werde mir deswegen keine schlaflosen Nächte machen. Bessere als ich haben ebenso angefangen, und man muss Geduld haben. Solange Mr. Pritchards höchst unverzichtbare Vorlesungen zur selben Zeit stattfinden wie meine, kann ich kaum erwarten, dass irgendjemand zu mir kommt. Mach dir diesbezüglich keine Sorgen.

Alles andere läuft seinen guten Gang. Meine neuen Kollegen sind die Freundlichkeit in Person, und jeder tut sein Bestes, damit ich mich wohlfühle – vor allem der gute alte Poynton. Die Tutorentätigkeit finde ich derzeit einfach (obwohl ich am Ende des Tages erstaunlich müde bin), und unter meinen Schülern sind mir schon ein paar recht gute Jungs aufgefallen.

An seinen Vater

[University] College Poststempel Donnerstag, 11. Februar 1925

Meine Vorlesungen in diesem Trimester sind deutlich besser verlaufen, auch wenn es noch immer ein Fall von „würd'ge Hörer, wenn auch wen'ge"[34] ist. Mein beharrlichster Hörer ist ein betagter Pfarrer (ich habe keine Vorstellung, wo er herkommt), der fleißig mitschreibt und mich hin und wieder mit seinen Blicken erdolcht. Jemand hat vermutet, er sei ein Spitzel, den der Fakultätsrat auf junge Dozenten ansetzt, um sie bei einer Häresie zu ertappen – und dass er immer wieder auftaucht, weil er glaubt, wenn er mir nur ausreichend Spielraum lässt, werde ich mir über kurz oder lang selbst die Schlinge um den Hals legen. Dann gibt es da noch ein Mädchen, das die ganze Zeit Zeichnungen macht – nun ja, das habe ich selbst auch schon getan!

An seinen Vater

Univ. Coll., 26. Mai 1925

Mein lieber Papy,

zuerst lass mich dir von ganzem Herzen danken für deine großzügige Unterstützung über nun schon sechs Jahre. Nur sie hat es mir ermöglicht, bis hierher durchzuhalten. Im Lauf der Zeit habe ich gesehen, wie Männer von mindestens meinen Fähigkeiten und Qualifikationen aufgeben, weil es ihnen an [solcher Unterstützung] fehlt. „Wie lange kann ich es mir leisten zu warten?", das hat sich jeder gefragt. Und wenige hatten Menschen im Rücken, die sowohl in der Lage als auch willens waren, sie so lange im Rennen zu halten. Du hast gewartet – nicht nur ohne jeden Vorwurf, sondern voller Ermutigung, während eine Chance nach der anderen sich zerschlug, und auch noch dann, als das Ziel dem Blick am weitesten entschwunden war. Danke und nochmals danke. Es war eine nervenzehrende Geschichte. Und ich habe noch kaum Zeit gehabt, mein Glück bedächtig und mit Genuss zu verkosten.

Wie ich dir schon berichtet habe, dachte ich zuerst, ich hätte meinen eigenen Tutor Wilson zum Konkurrenten, was die Dinge hoffnungslos gemacht hätte. Aber das stellte sich bald als unbegründetes Gerede heraus. Dann schrieb ich an Wilson und Gordon (den Professor für Englische Literatur) und bat sie um Empfehlungsschreiben. Ich verließ mich ganz auf sie als meine stärksten Befürworter. Innerhalb von vierundzwanzig Stunden hatte ich von beiden die gleiche Antwort. Es täte ihnen sehr leid. Wenn sie gewusst hätten, dass ich mich bewerbe ... sie dachten, ich hätte Englisch definitiv zugunsten der Philosophie aufgegeben. So aber hatten sie sich bereits für meinen Freund Coghill aus Exeter eingesetzt. Wie gesagt, täte es ihnen sehr leid, und sie verblieben mit freundlichen Grüßen etc.

Das war wohl ausreichend, um jeden verzweifeln zu lassen, aber nun pass auf, wie die Sterne manchmal für uns kämpfen. Zwei Tage später kam die Nachricht, dass Coghill von seinem eigenen College ein Fellowship angeboten worden war und er sich aus dem Feld der Bewerber abgemeldet hatte. Wilsons Empfehlungsschreiben – ein sehr gutes – kam mit der nächsten Post. Gordon sagte, er würde nichts schreiben, da die Leute von Magdalen ihn persönlich konsultieren würden, aber er würde mich *unterstützen*. Das war natürlich noch besser als die Empfehlung. Trotzdem habe ich mir selbst kaum gestattet zu hoffen. Dann kam ein Brief von Gordon. *Vertraulich*. „Gestern fragte man mich nach meiner Meinung zu den Kandidaten, und ich habe auf Sie gesetzt. Ich glaube, Ihre Chancen stehen gut, aber natürlich weiß in solchen Dingen niemand, wie die Würfel am Ende fallen." Dies, sagte ich mir, ist zumindest näher am Ziel als je zuvor, aber mach dir keine Hoffnungen, setz nicht darauf.

Dann kam eine Einladung zum Dinner im Magdalen am Sonntag vor vierzehn Tagen. Das signalisierte nur, dass ich in der engeren Wahl war. Und die *kleinen* Probleme folgten, die so groß scheinen, wenn sie auftauchen. War Magdalen ein College, wo man weiße Krawatte und Frack trug, oder trug man Abendanzug und schwarze Krawatte? Ich fragte den Farq. [vermutlich Farquarson], der mir zu weißer Krawatte und Frack riet – und natürlich traf ich alle in Abendanzug und schwarzer Krawatte an, als ich erschien. Diese Dinnerabende zur Begutachtung [von Bewerbern] sind nicht gerade die angenehmste Weise, seine Abende zu verbringen, wie du dir vorstellen kannst. Man kann kaum sagen: „Er wird es genießen, wenn er erst mal da ist." Aber ich muss sagen: Dafür, dass die Situation für den Gastgeber ebenso so belastend sein dürfte wie für die Gäste, haben sie sich gut geschlagen. So weit, so gut.

Dann kamen ein paar Tage mit Gewitterwetter, das einen nervös und reizbar machen kann, selbst wenn einen sonst nichts beschwert – und die Nachricht, dass Bryson und ich die beiden ernsthaften Kandidaten waren. Bryson kommt von zu Hause und kennt Arthur, aber natürlich erwähne ich seinen Namen hier unter strengster Geheimhaltung. An einem Nachmittag in besagter Woche sah ich Bryson aus dem Magdalen kommen und (so voller Wahngebilde ist die Fantasie) spürte eine unwiderlegbare innere Überzeugung, er hätte gewonnen, und ich beschloss, mich damit abzufinden.

Am Samstag traf Warren mich auf der Straße und hatte ein unbestimmtes, aber freundliches Gespräch mit mir. Am Montag erhielt ich eine sehr unvermittelte Notiz von ihm mit der Bitte, ihn am Dienstagvormittag zu sehen, und dem rätselhaften Zusatz: „Es ist sehr wichtig." Es gefiel mir überhaupt nicht, ließ es doch irgendeinen schrecklichen Schlag vermuten. Würden sie mich über die angelsächsischen Verben examinieren oder mich über meine Sicht zu den Neununddreißig Artikeln[35] befragen? In der Nacht gab es Donner, aber nur einen schwächlichen Sturm, nicht ausreichend, um die Luft zu reinigen, und der Dienstag begann mit einem grauen, feuchten Morgen, wo man bei jeder Bewegung in Schweiß ausbricht und sich einem die großen Schmeißfliegen auf die Hände setzen. Das klingt, als wolle ich mich nun zum aufregenden Höhepunkt hinschreiben, aber es *war* ein scheußlicher Morgen, und es *war* für mich zu dem Zeitpunkt schon aufregend genug.

Ich kam ins Magdalen, und er ließ mich – unerhört – *eine halbe Stunde* warten, bevor er mich empfing. Im nahen Turm probten die Chorknaben. Unser Gespräch bestand letzten Endes nur aus Förmlichkeiten. Sie würden morgen wählen, und er hielte mich für den „stärksten und geeignetsten Kandidaten". Und ob ich annehmen würde, *falls* ich gewählt würde. Und ob ich darauf vorbereitet wäre, es zu tun. Und ob ich verstünde, dass die Fellowship mit diesen und jenen Erfordernissen verbunden war. Das Einzige, was nur im Geringsten von Bedeutung wäre: „Wäre ich bereit, zusätzlich zu den Englischstudenten auch in der Philosophie auszuhelfen?" (Ich nehme an, das wirkt sich günstig für mich aus: Wahrscheinlich hat keiner der anderen Kandidaten einen Abschluss in Englisch und Philosophie.) Ich muss wohl kaum betonen, dass ich zugesagt hätte, eine Gruppe von balzenden Truthähnen im Innenhof zu unterrichten. Aber ich gab mich sehr einsichtig und bedachte alle seine Punkte, und ich hoffe, ich ließ keinerlei Unterwürfigkeit erkennen. Dann hielt er mir noch eine lange Rede über die besonderen Bedürfnisse der Undergraduates in Magdalen – als ob sie so anders wären als alle anderen! Ganz, als wäre ich bereits gewählt, aber ohne mir zu sagen, dass ich es war. Während des Gesprächs war er kalt und trocken und nicht halb so verbindlich, wie ich ihn am Samstag erlebt hatte. Endlich entließ er mich mit der Bitte, ich solle mich am folgenden Nachmittag im Univ. aufhalten für den Fall, dass man mich rufen ließe.

Und am nächsten Tag – gegen 14.30 Uhr – riefen sie dann an und fragten nach mir, und ich ging hinunter. Warren sah mich, sagte mir, ich sei gewählt worden, und schüttelte mir die Hand. Seither habe ich einen sehr freundlichen Gratulationsbrief von ihm erhalten, in dem er schreibt, er glaube, sie könnten sich selbst beglückwünschen. An unserem Maßstab gemessen ist es eine ausgezeichnete Position: ein Einstiegsgehalt von 500 Pfund im Jahr mit „einer Zusage für Unterkunft, einer *Pension* und Verpflegungszuschuss". Dass die Wahl zunächst nur auf fünf Jahre erfolgt, bedeutet natürlich, dass sie in fünf Jahren die Chance haben, einen loszuwerden, wenn sich herausstellt, dass man „wohl kaum zu unseren Erfolgen" zählt. Man hofft, dass man nach dem gewöhnlichen Lauf der Dinge wiedergewählt wird.

An Arthur Greeves

[Magdalen College, 26. Juni 1927]

Wir haben hier in Oxford einen kleinen isländischen Klub namens „Kólbitar“[36], was wörtlich „Kohlenbeißer“ bedeutet; es ist ein isländisches Wort für gute alte Freunde, die so dicht um ein Feuer herumsitzen, dass es aussieht, als bissen sie in die Kohlen. Bisher haben wir die Jüngere Edda und die Völsunga Saga gelesen, im nächsten Trimester werden wir die Laxdæla Saga lesen. Du wirst dir vorstellen können, welch eine Freude dies für mich ist und wie, selbst wenn ich nur in den Seiten meines isländischen Wörterbuchs blättere, der bloße Name eines Gottes oder Riesen, auf den mein Blick fällt, mich manchmal fünfzehn Jahre zurückversetzt in einen wilden Traum von nördlichen Himmeln und Walkürenmusik – nur dass die jetzt, wo ich sie durch den Nebel der Erinnerung sehe, noch schöner sind. Du weißt um diese so *ergreifende* Wirkung von Eindrücken, die man aus der eigenen Vergangenheit *wiedergewinnt*.

Ich habe großes Verständnis für deine Situation zu Hause und kann es mir gerade an diesem nassen Sonntagvormittag, an dem ich schreibe, genau vorstellen – die Glocken von St. Markus läuten in der Ferne und „die O'Mulligans“ traben los zur Kirche.

An seinen Bruder

[Perranporth, Cornwall] 3. September [1927]

Ich kam aus Cambridge zurück und bin fast direkt mit Minto[37], Maureen, Florence de Forest und Baron Papworth [dem Hund] nach Perranporth (Cornwall) aufgebrochen, von wo ich nun schreibe. Am Sonntag (heute ist Freitag) werde ich mich auf den Weg nach P'daitaheim[38] machen. Ob ich meine Tage damit verbringen werde, endlos auf den friedhofsgleichen Wegen eines Hydrogartens umherzuwandern oder um zwei Uhr nachmittags kübelweise Sherry im Arbeitszimmer zu trinken, weiß ich noch nicht. Denn natürlich ist es völlig unsicher, ob man ihn dazu bringen kann, sich von der Stelle zu bewegen oder nicht.

In der Zwischenzeit sitze ich hier mit Blick auf einen ockerfarbenen Sandstreifen (vier Meilen lang, aber ich sehe ihn von hier aus nicht ganz) und die blaueste, glitzerndste See, die ein Stubenhocker wie ich je gesehen hat – eins vom anderen getrennt durch etwa zwanzig Meter Chinesischweiß durchsetzt mit etwas wie Champagner – Welle über Welle mächtiger atlantischer Brecher. Dahinter ist das Meer auch nicht von einem einzigen Schaumtupfer getrübt, außer an einem Punkt (etwa drei Meilen rechts von wo ich sitze), und dort sieht man das Weiß an den Felsen senkrecht in die Höhe stieben. Außer der Fischerflotte, die alle drei Tage auf dem offenen Meer kommt und geht, ist von hier aus kaum je ein Schiff zu sehen. Vom höchsten Kliff aus habe ich ein- oder zweimal einen Dampfer gesehen, gewöhnlich bei Sonnenuntergang, der anscheinend unbeweglich vor dem Ende der Welt ankert.

Natürlich hat Cornwall seine Schattenseiten. An der ganzen Küste ist das Baden lebensgefährlich, außer bei Flut, was bedeutet, dass wir auf ein Bad pro Tag beschränkt sind (denn wer kann denn tatsächlich um 6 Uhr morgens und um 6.20 Uhr abends baden), wenn man doch nur allzu gern „den Tag zu einem einz'gen langen Bade machte“[39]. Im ganzen Leben habe ich noch in keiner solchen Brandung gebadet, nicht so sehr hier, aber ein paar Meilen südwestlich bei St. Agnes' Cove, wohin wir fast jeden Tag fahren. Wenn man bis zum Bauch im Wasser steht, brechen sich die Wellen bereits – eine solide Mauer aus Schaum, etwa einen halben Meter hoch (über dem Wasserspiegel auf dieser Seite) und fast drei Meter breit. Du tauchst klatschend mit dem Kopf ein und prustend wieder auf, und dann wird es ernst. Man ist tief drin, zwischen zwei Wellen, und sie rollen an manchen Stellen höher als mannshoch heran. Es sind freundliche Geschöpfe, wenn man sie richtig zu nehmen weiß, und täglich lasse ich mich in kippende Brecher gleiten, die ich zunächst für gefährlich gehalten hätte. Der Spaß besteht darin abzuschätzen, wann sie kippen. Du siehst diese Wassermassen in hellem Flaschengrün vor dir, und du legst dich hinein wie eine Möwe, die sich treiben lässt, und das Wasser spart sein Tosen auf, bis es dich überrollt hat. Meist bricht es, kurz bevor du den Kamm erreichst, und du wirst strampelnd und spuckend zurückgeschleudert, bis du schließlich viel weiter landwärts Grund gewinnst und das sich beruhigende Wasser deine Knöchel umspült. Aber wenn du tatsächlich genau dann springst, wenn die Welle bricht, kann alles passieren. Gewöhnlich reißt es dich tief hinunter, und wenn du zu schwimmen versuchst, wirbelt es dir die Arme rasant im Kreis herum – anscheinend ist die Bewegung im Inneren einer Welle kreisförmig. Aber neulich wandte ich mich sehr rasch mit dem Rücken zu einer brechenden Welle und machte die außergewöhnliche Erfahrung, dass mein Kopf sich tatsächlich *in* dem Hohlraum unter dem Kamm befand (den man so oft von außen gesehen hat): Ich sah also für Sekunden das glitzernde Wasser vor meinem noch *trockenen* Gesicht, ganz ähnlich wie ein Tourist, der zwischen den Felsen und dem Wasser unter den Niagarafällen hindurchgeht. ...

Baron Papworth hat sich am Meer für immer vom Vorwurf befreit, feige zu sein. Solange nur die Mädchen und ich im Wasser sind, gibt er sich damit zufrieden, am Wassersaum hin- und herzujagen und aus vollem Hals zu bellen. Wenn Minto dann einen Moment später auch hineingeht, sieht man ihn in ihrem Schlepptau schwimmen, wobei er durch jede einzelne Welle *hindurch*pflügt wie ein Frachtschiff; das Fell ist von der Schnauze aus nach hinten gespült und zeigt, wie dünn und spitznasig er ist, und lässt ihn eher wie einen Torpedo aussehen oder wie einen Ameisenbär auf dem Weg in die hohe See. Nichts kann ihn aufhalten, auch wenn er unzählige Male überspült wird und unter Wasser gerät. Diese heroische Übung macht ihn so viel liebenswerter, als die Nase ihn in Erinnerung hat; außer wenn ihre segensreichen Wirkungen durch die Tatsache zunichte gemacht werden, dass er entdeckt, dass Meerwasser bei ihm als sehr kräftiges Purgativum wirkt. Das

Einzige, was ich sonst noch über das Meer an sich zu sagen habe, ist 1. dass ich durchaus zustimme: Man würde einen Großteil des Vergnügens am Baden im Meer verlieren, wenn man den *Klang* des Badens missen müsste, 2. dass Florence in ihrem Badeanzug eine fast perfekte Figur des molligeren Typs abgibt. …

Da Truro eine Kathedrale hat, hatte ich angenommen, es müsse dort zumindest eine Schicht kirchlicher Intellektueller geben, und wenn es sich so verhielte, auch eine anständige Buchhandlung. Wie sich herausstellte, gab es nur eine Filiale von Smith's und einen vernachlässigt wirkenden Laden, der zur Hälfte ein Zeitungskiosk zu sein schien. In dessen Tür hielt ich einen älteren Priester an und fragte ihn, ob dies und Smith's die einzigen Buchhändler am Ort seien. Er sagte, dem sei so. Ein paar Augenblicke später kam er zurück, auf Zehenspitzen, wie es manche Priester an sich haben, und summte mir leise (er trug einen Bart) ins Ohr: „Etwas weiter die Straße runter gibt es ein S.P.C.K. Depot[40]." Das fügt meiner Welt beinahe einen neuen Typ Mensch hinzu: Von nun an wird es unter meinen Schmähbegriffen keinen geben, der tiefer steht als: „Er ist ein Mann von der Sorte, die ein S.P.C.K. Depot als Buchhandlung bezeichnen würde."

Ich entdeckte dann aber, dass mein wenig verheißungsvoller Buchladen noch eine antiquarische Abteilung im Obergeschoss hatte. Dies war zunächst deprimierend, denn sie schien aus nur zwei Bereichen zu bestehen: „Bücher über Cornwall" und „Secondhand Rewards". Ich nehme an, dass ein Kind in Truro nach ausreichend vielen Studienjahren in einem S.P.C.K. Depot von einem durch seinen Bart flüsternden Kirchenmann auf Zehenspitzen examiniert wird und bei Erfolg eine „Secondhand Reward" bekommt (das Angebot gebrauchter Bücher reichte von Paley's *Evidences* bis zu *Queen of the upper Fourth*, es kann sich also nicht beklagen). Jedenfalls entdeckte ich schließlich noch eine Dachkammer, in der es endlich ein paar *Bücher* gab. Ich hatte sehr wenig Geld, und die Auswahl war kümmerlich. Unter anderem kaufte ich *The Poetical Work of Armstrong, Dyer and Green* mit Lebensläufen und Vorworten zu allen dreien von Rev. Gilfillan. Er lebte im frühen

19. Jahrhundert und schrieb Lebensläufe und Vorworte für jeden, der in *British Poets* erwähnt wird – jene langen, dünnen Bände mit grauschwarzem Rücken („von denen Hundert ich in meiner Zelle hab") und der herrlich großen Schrift jener Zeit, als Bücher noch großzügig und elegant waren und gerade erst begannen, ihre Schönheit zu verlieren. Gilfillan ist unglaublich.

An seinen Vater

Magdalen, 31. März [1928]

Meine Beschäftigung mit dem 16. Jahrhundert – du wirst dich erinnern, dass mir ein Buch über Erasmus vorschwebte – hat mich weiter zurückversetzt, als ich vorhersehen konnte. Es ist in der Tat der Fluch und die Faszination der Literaturgeschichte, dass es keine eigentlichen Anfänge gibt. Nimm irgendeinen beliebigen Zeitpunkt als Beginn eines neuen Kapitels in Geist und Vorstellungskraft des Menschen an, und du wirst ausnahmslos feststellen, dass es immer ein wenig früher begonnen hat. Oder vielmehr, es erwächst so unmerklich aus etwas anderem, dass du gezwungen bist, es bis zu diesem anderen zurückzuverfolgen. Der einzig befriedigende Ausgangspunkt für jegliche Studie ist das erste Kapitel der Genesis.

Das Fazit all dieser Dinge ist, dass das Buch sehr anders ausfallen wird, als ich im Sinn hatte. Und ich hoffe, in einer meiner Vorlesungen im nächsten Jahr eine Art Probelauf durchführen zu können. Inzwischen verbringe ich meine Vormittage in der Bodleian [Bibliothek] und die Abende mit dem Versuch, zum hundertsten Mal eine wirklich praktikable Kenntnis der deutschen Sprache zu erwerben, denn ich stelle fest, dass meine Unkenntnis derselben mich in meiner momentanen Beschäftigung auf Schritt und Tritt behindert. So ist zum Beispiel sämtliche Literatur über das mittelalterliche Latein in Deutsch. Die maßgebliche Ausgabe einer alten französischen Dichtung, über die ich lesen soll, ist in Deutsch. Und so weiter. Aber ich mache Fortschritte.

Wenn man rauchen dürfte und es gepolsterte Stühle gäbe, wäre die Bodleian einer der wunderbarsten Orte dieser Welt. Ich sitze in „Duke Humphreys Bibliothek", dem ältesten Teil, einem Gebäude aus dem 15. Jahrhundert, über mir eine kunstvoll bemalte Holzdecke, zu meiner Linken ein kleines Stabkreuzfenster, durch das ich in den Garten von Exeter [College] hinabschaue und beobachte, wie die plötzlichen Wind- und Regenböen die ersten Blüten von den Obstbäumen fegen und den Rasen damit beschneien. Am Ende des Raumes eine vergoldete Büste von Charles I., gestiftet von Laud, Auge in Auge mit einer vergoldeten Büste von Strafford – der arme Strafford.[41]

Die Bibliothek selbst – ich meine die Bücher – befindet sich zum größten Teil in einem Kellerlabyrinth unter den benachbarten Plätzen. Aber dieser Raum hier ist voller Bücher (Duplikate, wie ich annehme, oder Überzähliges) in niedrigen, rechtwinklig zur Wand stehenden Regalen, sodass immer zwei eine Art Nische bilden – wie man sie in Gaststätten findet –, und in diesen Nischen sitzt man und liest. Eine glückliche Vorsehung sorgt dafür, dass jede Menge Bücher, die man bestellt, abends auf dem ausgewählten Tisch hinterlegt werden, damit man am nächsten Morgen mit ihnen weiterarbeiten kann: Auf diese Weise sammelt man allmählich seinen Stapel so bequem an wie in den eigenen Räumlichkeiten. Anders als in modernen Bibliotheken gibt es hier keine unfreundlichen gerahmten Ermahnungen, die „Ruhe" schreien. Ganz im Gegenteil dazu nur eine deutlich bescheidenere Bitte: „Reden Sie wenig und treten Sie leise auf." Tatsächlich sind die Räume immer vom leisen Gemurmel halb geflüsterter Gespräche zwischen angrenzenden Nischen erfüllt. Das stört niemanden. Mir gefällt dieses Summen im Stock eher, und es freut mich, wenn jemand in meine Nische tritt und sagt: „Hallo, *Sie* sind hier?"

Wie du dir vorstellen kannst, begegnet man unter seinen Lesegenossen auch etlichen Kuriositäten – Leute, die ich nie irgendwo anders getroffen habe und die aussehen, als würden sie sich über

Nacht mit den anderen Beständen hier einschließen lassen. Der einzige echte Nachteil des Ortes liegt darin, dass Schönheit, ehrwürdiges Alter und zu hohe Heizungstemperaturen einen Zauber erzeugen, der sich viel eher zum Träumen eignet als zum Arbeiten. Aber ich widerstehe ihm mit besten Kräften und vertraue darauf, dass ich mit der Zeit dagegen immun werde.

An seinen Vater

Magdalen. Sonntag [19. Mai 1929]

Die letzten vier Tage war ich nicht in Oxford. Mit meiner üblichen Wandertruppe – Freunden aus Studienzeiten – sind wir von Salisbury nach Lyme Regis gewandert. Salisbury muss ich dir ja zum Glück nicht beschreiben. Nur so viel: Ich habe es jetzt zum dritten Mal erkundet, und mit jedem Mal wuchs meine Bewunderung. Allerdings habe ich den Fehler gemacht, eine Wochentagsvesper zu besuchen. (Wir hatten uns am Nachmittag in Salisbury getroffen, um am nächsten Morgen loszuwandern.) Es gab keine Musik, die Psalmen wurden gelesen. Vier fette, schwammige Geistliche, zwei auf jeder Seite, in einer kleinen Wochentagskapelle hinter dem Hauptaltar. Sie hetzten mit albernem Grinsen durch ihren Job, sodass es mich wirklich anwiderte. Ist es vielleicht zu viel verlangt, in den Lesungen von Leuten, die das jeden Tag machen, nur einen Funken an geistlichem Tiefgang zu erwarten? (Überhaupt: Warum sind sie in der Kirche, wenn die Sache ihnen so wenig bedeutet?) Ich meine, man darf mit Recht und als Gebot des Anstands eine klare und ungekünstelte Aussprache und eine allgemeine Wertschätzung der nur literarischen Qualitäten des Gottesdienstes erwarten, die jedem gebildeten Menschen eigen sein sollte. Ich jedenfalls würde mich schämen, auch nur ein Kochrezept so scheußlich zu lesen wie sie die Psalmen. Anschließend habe ich mich in der Kathedrale umgesehen. Der Kontrast zwischen denen, die sie erbauten, und denen, die jetzt darin amtieren, war ziemlich krass.[42]

An Arthur Greeves

[The Kilns, Kiln Lane, Headington Quarry, Oxford]
24. Dez. 1930

Ich denke, mein Problem ist, dass es mir *an Glauben mangelt*. Ich habe keine *rationalen* Gründe dafür, die Argumente zurückzunehmen, die mich von der Existenz Gottes überzeugt haben. Aber der irrationale Ballast meiner gewohnten früheren Skepsis, der Geist der Zeit und die Sorgen des Alltags rauben mir jede lebendige Empfindung der Wahrheit. Und wenn ich bete, frage ich mich oft, ob ich nicht gerade Briefe an eine Adresse schicke, die nicht existiert. Wohlgemerkt: Das ist nicht das, was ich *denke*. Aber es ist das, was ich oft *empfinde*. Wie auch immer, man kann nichts anderes tun, als nicht lockerzulassen. Man fällt so oft, dass es kaum der Mühe wert scheint, sich aufzurappeln und von vorn zu beginnen (eine Farce!), als könnte man hoffen, je wieder zu laufen. Trotzdem ist diese scheinbare Absurdität das einzig Vernünftige, das mir zu tun bleibt. Also muss ich es fortsetzen. Auf der anderen Seite, der imaginativen Seite (der Märchenengel), erhalte ich die ganze Zeit solche Einblicke und flüchtige Erinnerungen, dass es mir den Atem nimmt. Als sagten sie mir: „Sieh doch, was du verlierst" – als wollten sie mir keine Entschuldigung offenlassen.

Wie gut ich darüber *reden* kann und wie wenig ich sonst tue. Ich frage mich: Wäre es besser, über solche Dinge nicht miteinander zu sprechen? Ist das Reden nur ein Ersatz für das Tun?

An Arthur Greeves

[The Kilns] 22. Sept. 31

Letzten Sonntag konnte ich dir nicht schreiben, da ich einen Wochenendgast hatte – einen Mann namens Dyson, der Englisch an der Universität Reading lehrt. Ich treffe ihn vielleicht vier-, fünfmal im Jahr und fange an, ihn als einen meiner Freunde der zweiten Riege zu betrachten – nicht auf dem Stand von dir oder Barfield, aber auf einer Ebene mit Tolkien[43] oder Macfarlane.

Er hat die Nacht bei mir im College verbracht – ich habe dort geschlafen, um bis tief in die Nacht reden zu können, wie man es hier draußen kaum könnte. Tolkien kam auch vorbei und ist erst morgens um 3 gegangen; und nachdem wir ihn bis zu dem kleinen Ausfalltor an der Magdalen Bridge begleitet hatten, fanden Dyson und ich immer noch mehr, was wir einander mitzuteilen hatten, während wir den Kreuzgang des Neuen Gebäudes auf und ab spazierten, sodass wir nicht vor 4 ins Bett kamen. Es war wirklich ein denkwürdiges Gespräch! Angefangen haben wir (auf Addisons Pfad direkt nach dem Abendessen) mit Metaphern und Mythen – unterbrochen von einem Windstoß, der so plötzlich durch den stillen, warmen Abend schoss und so viele Blätter von den Bäumen schweben ließ, dass wir dachten, es regne. Wir hielten alle den Atem an, die beiden anderen genossen die Ekstase dieses Erlebnisses fast so sehr, wie du es getan hättest. Dann sprachen wir (in meinem Zimmer) über das Christentum: ein gutes, langes, befriedigendes Gespräch, in dem ich eine Menge lernte. Wir diskutierten über den Unterschied zwischen Liebe und Freundschaft – und drifteten dann wieder zurück zu Lyrik und Büchern[44]. ...

Ich bin so froh, dass du einen weiteren Morris genießen konntest. Ich empfinde es gewissermaßen so wie du, mit diesem einen Vorbehalt: dass ich nicht meine, dass Morris die Bedeutung bewusst war, weder hier noch in irgendeinem seiner Werke, ausgenommen *Love is Enough*, wo die Flamme sozusagen durch den

Rauch schlägt. Ich habe mehr und mehr das Gefühl, dass Morris mich Dinge gelehrt hat, die er selbst nicht verstanden hat. Diese ergreifend schönen Gefilde, die irgendwie nie ganz befriedigen; diese Leidenschaft, dem Tod zu entfliehen, und gleichzeitig das sichere Wissen, dass das Leben seinen ganzen Charme der Sterblichkeit verdankt – all dies treibt einen zu den wahren Dingen, weil es einen mit Sehnsucht erfüllt und zugleich klar beweist, dass in Morris' Welt diese Sehnsucht nie erfüllt werden kann.

Die Macdonald'sche Auffassung des Todes [„Alles, was nicht Gott ist, ist Tod"] – oder, um es noch korrekter auszudrücken, die Auffassung des heiligen Paulus[45] – ist eigentlich die Antwort auf Morris. Er ist ein unfreiwilliger Zeuge der Wahrheit. Er zeigt, *wie weit* man gehen kann, ohne Gott zu kennen, und das ist weit genug, um einen dazu zu zwingen (wenn auch nicht den armen Morris selbst), noch weiter zu gehen. Wenn du jemals in Versuchung gewesen bist, dich auf einen profanen Standpunkt zurückzuziehen – dass dein Buch, deine Pfeife und dein Sessel ausreichen, um glücklich zu sein –, dann braucht es nur eine oder zwei Seiten von Morris, um dich wieder zu unkontrollierter Sehnsucht aufzuwecken und dir das Gefühl zu geben, dass alles wertlos ist außer der Hoffnung, eines seiner Lande zu finden. Doch wenn du einen seiner Romane ganz durchliest, dann wird dir das Land schon vor dem Ende langweilig. Alles, was er getan hat, ist, die Sehnsucht zu wecken; aber dies so stark, dass du die wahre Befriedigung finden musst. Und dann wird dir klar, dass der Tod an der Wurzel der ganzen Angelegenheit liegt, und warum er das Thema des irdischen Paradieses gewählt hat, und dass die wirkliche Lösung eine ist, die er nie gesehen hat. …

Hier ist der perfekte Herbst – gelbe Farbtupfer an allen Bäumen und herrliche Düfte. Wir sind den ganzen Tag draußen gewesen und haben Bäume beschnitten.

An Arthur Greeves

[The Kilns] 1. Okt. 31

Danke für alles, was du über die Briefe im Allgemeinen sagst. Meine siehst du mit einem zu freundlichen Blick. Für mich ist jetzt, wo ich sie noch einmal lese, ihr hervorstechendstes Merkmal ihr Egoismus: manchmal in Form von Snobismus, intellektuellem und sogar sozialem, oft in Form von affektiertem Gehabe (wie es scheint, posiere und protze ich in jedem einzelnen Brief) und immer in der Form völliger Absorbiertheit mit uns selbst. Ich habe dir zu danken, dass es zumindest „uns selbst" heißen kann und nicht ausschließlich „mir selbst". Ich kann nun aufrichtig sagen, dass ich dich um die viel weniger kunstvollen Briefe beneide, die du mir in jenen Tagen geschrieben hast. Sie hatten alle zumindest den Charme von Bescheidenheit und Warmherzigkeit. Wie ausgesprochen ironisch, dass ausgerechnet die Dinge, auf die ich in meinen Briefen stolz war, mir das erneute Lesen jetzt zur Demütigung geraten lassen.

Daraus musst du nicht schließen, dass ich die andere Seite darin nicht genossen habe – die herrlichen Erinnerungen, die sie wecken. Ich denke, ich bin darüber hinweg, mir die Vergangenheit zurückzu*wünschen*. Ich sehe es so: Die Wonne jener Tage wurde uns gegeben, um uns in die Welt des Geistes zu locken, so wie sexuelle Verzückung dazu da ist, um zu Nachkommen und Familienleben zu führen. Es waren hochzeitliche Freudentaumel. Zu wünschen, dass sie wiederkehren oder erhalten blieben, ist so, als wünsche man sich verlängerte Flitterwochen in einem Alter, in dem ein Mann eher daran interessiert sein sollte, welche Laufbahn seine Söhne einschlagen. Sie haben ihren Zweck erfüllt, jene Tage, und zu Besserem geführt. Die ganze „Heimeligkeit" (für mich die wichtigste Lektion von dir) war die Hinführung zur christlichen Tugend der Wohltätigkeit und Liebe. Manchmal gelingt es mir jetzt, in einen Zustand zu geraten, in dem ich an alle meine Feinde denken und aufrichtig sagen kann, dass ich an allen etwas

Liebenswertes finde (und wenn es nur eine Marotte ist). Und dein Verständnis von „Heimeligkeit" ist überwiegend der Weg, auf dem ich dies erreicht habe. Umgekehrt hat sich das ganze „Befremden" (meine Lektion für dich) als nur ein erster Schritt zu weit tieferen Geheimnissen herausgestellt.

Wie tief, das beginne ich gerade erst zu sehen, denn ich bin soeben vom Glauben an Gott weitergegangen zum Glauben an Christus – an das Christentum, definitiv. Ich werde ein andermal versuchen, es zu erklären. Mein langes nächtliches Gespräch mit Dyson und Tolkien hatte viel damit zu tun. ...

An Arthur Greeves

[The Kilns] 18. Okt. 1931

Was ich zum Christentum meinte: Zum einen beschlich mich beim Lesen deiner Antwort das Gefühl, ich hätte vielleicht in meinem letzten Brief zu viel gesagt und wäre mir vielleicht über dieses Thema nicht annähernd so im Klaren, wie ich dich glauben machte. Jedenfalls habe ich mich ganz sicher *ein bisschen* bewegt, auch wenn sich herausstellt, dass dieses bisschen kleiner ist, als ich dachte.

Was mich zurückgehalten hat (jedenfalls im letzten Jahr oder so), war weniger eine Schwierigkeit zu glauben als eine Schwierigkeit zu verstehen, was die Glaubenslehre *bedeutet*: Man kann nicht an etwas glauben, solange man nicht genau weiß, was es eigentlich ist. Mein Problem war die ganze Lehre von der Erlösung: In welchem Sinn haben Leben und Tod Christi die Welt „gerettet" oder ihr „das Heil zugänglich gemacht"? Ich konnte einsehen, dass eine wunderbare Erlösung notwendig sein könnte, da genügt die Lebenserfahrung, um zu begreifen, wie Sünde (etwa im Fall eines Trinkers) einen Menschen an einen solchen Tiefpunkt bringen kann, dass er schon in diesem Leben in der Hölle (d.h.

völligem Verfall und Elend) landen muss, wenn nicht etwas eingreift, das jenseits natürlicher Möglichkeiten oder Bemühungen liegt. Und ich konnte mir gut vorstellen, dass eine ganze Welt in diesem Zustand genauso auf ein Wunder angewiesen ist. Was ich nicht verstehen konnte, war, wie das Leben und der Tod irgendeines anderen (wer immer er auch war) vor 2.000 Jahren uns hier und heute helfen sollte – außer in dem Sinn, dass sein *Vorbild* uns half. Und dieses Vorbildgeschäft, obwohl wahr und wichtig, ist nicht das Christentum: Mitten im Zentrum des Christentums, in den Evangelien und beim heiligen Paulus, wird immer wieder etwas ganz anderes und sehr Mysteriöses zum Ausdruck gebracht – in den Formulierungen, die ich so oft belächelt habe („Versöhnung" – „Opfer" – „das Blut des Lammes") – Begriffe, die ich nur auf eine Weise interpretieren konnte, die mir entweder dümmlich oder schockierend erschien.

Was nun Dyson und Tolkien mir zeigten, war Folgendes: Wenn mir der Gedanke des Opfers in einer heidnischen Geschichte begegnete, nahm ich daran überhaupt keinen Anstoß. Oder wenn ich auf die Vorstellung eines Gottes stieß, der „sich selbst sich selbst" opfert (vgl. das Zitat gegenüber der Titelseite des *Dymer*), gefiel mir das sehr und hat mich geheimnisvoll angerührt. Oder die Idee des sterbenden und wieder auferstehenden Gottes (Balder, Adonis, Bacchus), die mich ebenso bewegte, vorausgesetzt, sie begegnete mir irgendwo, *nur nicht* in den Evangelien. Der Grund ist der: Bei den heidnischen Geschichten war ich bereit, den Mythos als tiefgründig und voller Bedeutungen zu empfinden, die mein Begreifen übersteigen – auch wenn ich nicht in klaren Worten sagen konnte, „was er bedeutet".

Nun ist die Geschichte von Christus schlicht ein wahrer Mythos: ein Mythos, der auf dieselbe Weise auf uns wirkt wie die anderen, aber mit dem ungeheuren Unterschied, dass *er tatsächlich passiert ist*. Und man muss sich damit begnügen, ihn auf dieselbe Weise zu akzeptieren, und im Blick behalten, dass es Gottes Mythos ist, während die anderen Mythen der Menschen sind. D. h. die heidnischen Geschichten sind Gott, der sich selbst durch den Geist der Dichter äußert, indem er eben die Bilder verwendet, die er dort findet. Das Christentum dagegen ist Gott, der sich durch das äußert, was wir „Tatsachen" nennen. Deshalb ist es *wahr*, nicht in dem Sinn, dass es eine „Beschreibung" Gottes wäre (die könnte kein endlicher Geist begreifen), sondern in dem Sinn, dass es die Weise ist, die Gott gewählt hat, um sich unseren Möglichkeiten zu erkennen zu geben (oder die Weise, wie er sich uns nur zu erkennen geben *kann*). Die „Dogmen", die wir aus dem wahren Mythos *ableiten*, sind natürlich *weniger* wahr: Sie übersetzen in unsere *Begriffe* und *Vorstellungen*, was Gott bereits in einer viel angemesseneren Sprache ausgedrückt hat, nämlich in der tatsächlichen Menschwerdung, Kreuzigung und Auferstehung. Läuft dies alles nun auf einen Glauben an das Christentum hinaus? Jedenfalls bin ich mir sicher, a) dass man sich der christlichen Geschichte in gewisser Weise so nähern muss, wie ich mich anderen Mythen nähere, b) dass sie die wichtigste ist und voller Sinn steckt. Ich bin außerdem *beinahe* sicher, dass sie tatsächlich passiert ist.

An Arthur Greeves

[The Kilns] 10. Jan. 1932

Ich verstehe durchaus die *Stimmung*, in der man auf Detektivgeschichten zurückgreift, wenn es mir auch nie gelungen ist zu verstehen, wie diese Stimmung zu Detektivgeschichten führen kann. Ich meine, aus eigener Erfahrung kenne ich den Geisteszustand gut, in dem man sich sofortigen und sicheren Genuss aus einem Buch wünscht, und zwar umsonst – d. h. ohne den Preis jener leisen Beharrlichkeit, jener fast unmerklichen Tendenz, *nicht* weiterzulesen, die, um ehrlich zu sein, das Lesen eines guten Buches fast immer begleitet. Und übrigens nicht nur begleitet, sondern (stimmst du mir zu?) tatsächlich einen Teil des Genusses ausmacht. Eine *kleine* Anmutung von Arbeit ist für alle perfekten

Vergnügungen notwendig, denke ich, so wie es (jedenfalls für meinen Gaumen) keinen wirklich köstlichen Geschmack ohne einen Hauch von Herbheit gibt – das „Brennen“ alkoholischer Getränke, den Widerstand für die Zähne bei Nüssen oder Fleisch, die Säure im Obst, die Bitterkeit von Minzsoße. Der Apfel darf nicht *zu* süß sein, der Käse nicht *zu* mild. Aber ich kenne auch die andere Stimmung, wenn man nach einem Buch verlangt, das reines Vergnügen ist.

Tatsächlich befand ich mich kürzlich in dieser Stimmung. In den Ferien musste ich den ganzen Tag hart arbeiten, und an den Abenden wollte ich Entspannung. Dementsprechend habe ich *The Wood Beyond the World* und Rider Haggards *Volk des Nebels* gelesen, und nun bin ich bei Kingsleys *Hereward the Wake*. Wenn ich in dieser Geistesverfassung bin, will ich weniger ein „leichtes“ Erwachsenenbuch (für mich gewöhnlich die schwerste Art von Lektüre), sondern vielmehr ein Jugendbuch für Jungs – ferne Länder, einzigartige Abenteuer, Geheimnisse nicht von der Art der Amerikaner, sondern der Ägypter. Was Detektivgeschichten für dich so anziehend macht, ist natürlich der Umstand, dass sie eine deiner „ersten Lieben“ waren, als du vorbeikamst, um dir von meinem Vater *Sherlock Holmes* auszuleihen. Deswegen hast du, wenn du sie jetzt liest, das Gefühl einer *Rückkehr*. Du schlüpfst zurück wie in einen bequemen alten Schuh – und das ist sicher etwas vom Wesentlichen für diese Art des Lesens. Nur zur Entspannung würde man niemals ein Buch eines neuen Genres lesen. Und vielleicht ist das *nochmalige Lesen* eines alten Freundes – einen Scott, in dem man viele Seiten überblättert – das Allerbeste. Ich glaube, du betreibst dieses Wiederlesen nicht ausreichend – ich tue es zu oft, das weiß ich. War es seit meinem letzten Brief an dich, dass ich *Wuthering House*[46] wiedergelesen habe? Ich fand es großartig. Ist es nicht (trotz der Unwahrscheinlichkeit) ein exzellenter Kunstgriff, alles durch den Mund einer schlichten, prosaischen alten Dienstbotin zu erzählen, deren Bodenständigkeit und Mutterwitz als abkühlendes Hilfsmittel dient, um die wilde, schreckliche Geschichte erträglich zu machen? Auch Burkes *Reflections on the French*

Revolution habe ich noch einmal gelesen und festgestellt, dass ich fast alles vergessen hatte.

An Arthur Greeves

[The Kilns] Feb. 1932

Ich bin so froh zu hören, dass du mit Froissart[47] angefangen hast. Wenn ich das Buch hier hätte (ich bin draußen in The Kilns – kam erst gestern an) könnten wir einzelne Abschnitte vergleichen. Was ich vom ersten Teil noch hauptsächlich in Erinnerung habe, sind die schottischen Kriege und die eigentümliche Weise, in der nur ein paar wenige Worte mir einen Eindruck von der Gegend vermittelten – die langen feuchten Täler und die Moore. Wie interessant auch zu entdecken, dass vieles an Ritterlichkeit, das sich in den Romanen findet, in den Kriegen dieser Epoche tatsächlich gelebt wurde – z. B. die Szene, in der Sir Thing-um-a-bob (wie du siehst, bist du nicht der Einzige, der mal was vergisst) die Lady of Hainault ehelicht. Oder auch bei der Belagerung von Hennebont (?), wo man tatsächlich eine Ritter*in* im Kampf hat, genau wie Britomart in der *Fairie Queene*.

Ich stelle fest, um ein Buch wie dieses wirklich zu genießen, muss ich es als eine Art Hobby betrachten, das ich ernsthaft betreibe. Ich beginne, indem ich mir auf eine der Vorsatzseiten eine Karte zeichne. Vielleicht füge ich einen oder zwei Stammbäume hinzu. Dann versehe ich jede Seite mit einer fortlaufenden Überschrift, und schließlich erfasse ich hinten in einem Register alle Stellen, die ich aus irgendeinem Grund unterstrichen habe. Ich frage mich oft – angesichts der Tatsache, wie sehr es Menschen erfreut, ihre Fotos zu entwickeln oder Sammelalben zu erstellen –, warum so wenige sich in dieser Weise das Lesen zum Hobby machen. Ich habe auf diese Art schon viele andernfalls öde Bücher genossen, die ich lesen musste, mit einem fein gespitzten Bleistift in der Hand: Die ganze Zeit *schafft* man etwas, und ein Buch, das man auf diese Weise liest, gewinnt den Charme eines Spielzeugs, ohne den eines Buches zu verlieren.

Übrigens, wenn du mich (in Verbindung mit Froissart) bittest, „für dich zu beten", weiß ich nicht, ob du das ernst meinst. Aber die Antwort ist: Ich tue es. Es mag dir vielleicht nicht viel nützen, aber mir dafür umso mehr. Denn ich kann nicht darum bitten, dass sich in dir etwas verändert, ohne festzustellen, dass eben dieselben Dinge auch in mir geschehen müssen. Das baut mich auf, und indem es uns alle in dasselbe Boot setzt, hält es jegliche Tendenz zur Selbstgefälligkeit in Schach.

Während ich das Bett hüten musste, hatte ich eine regelrechte Scott-Orgie – *Das Kloster, Der Abt, Der Altertümler, Das Herz von Midlothian*[48], da stecke ich gerade mittendrin. *Das Kloster* und *Der Abt* habe ich bisher nur einmal gelesen – vor sehr langer Zeit, lange, bevor du und ich Freunde wurden –, sodass sie jetzt für mich wie Neuland waren. In keinem dieser Bücher ist Scott in Hochform – tatsächlich ist *Das Kloster* so etwa das Schlechteste, was ich bisher gelesen habe –, aber beide lohnen sich zu lesen. *Der Altertümler* habe ich immer wieder mal gelesen, und der alte Oldbuck ist mir fast so vertraut wie Johnson. Was für ein *Genuss* er ist mit seinen Folios und seinem Gobelin-Zimmer und seiner Abhandlung über Kastrometrie und seinem: „Ich esse nie zu Abend ohne die Zuversicht, dass ein Trunk Bier mit einem Toast und einem gebratenen Hering, um den Magen zu schließen, nicht unter diese Einschränkung fallen"[49] (ganz wie mein Vater und sein „kleiner Schluck Whiskey").

Ich denke, alte Lieblingsbücher noch einmal zu lesen gehört zu den Dingen, in denen wir unterschiedlicher Meinung sind, oder? Du tust das nur selten. Ich vermutlich zu oft. Es gehört zu meinen größten Vergnügungen. Tatsächlich kann ich mir nicht vorstellen, dass jemand ein Buch wirklich genießt und es nur einmal liest. *Bitte* versuch es noch einmal mit einem von den alten Scott-Titeln. Es wird sich als Erholung in den Pausen zwischen etwas wie Froissart, was wirklich Arbeit verlangt, sehr gut bewähren.

An Arthur Greeves

[The Kilns] 4. Dez. 1932

Es ist eine tröstliche Tatsache, dass so viele Bücher über wahres Leben – Biografien, Autobiografien, Briefe etc. – einem einen Eindruck von *Glück* geben, trotz der Tragödien, die sie alle enthalten. Was könnte tragischer sein als die Hauptzüge des Lebens von Lamb oder Cowper?[50] Aber sobald man ihre Briefe aufschlägt und sieht, was sie von Tag zu Tag schrieben und welchen Genuss sie daraus zogen, beginnt man sie fast zu beneiden. Vielleicht enthalten die Tragödien des echten Lebens mehr Trost und Vergnügen und Gusto als die Komödien der Literatur?

An Arthur Greeves

The Kilns. 4. Feb. 1933

Warnie ist seit Weihnachten zu Hause und ist jetzt *im Ruhestand* (lies Lambs Essay über den Pensionär). Er ist jetzt ein ständiges Mitglied unseres Haushalts, und ich hoffe, wir werden den Rest unseres Lebens gemeinsam verbringen. Er hat sich so leicht eingelebt, wie ein Mann in einen Sessel sinkt, und zwischen Lesen und Gartenarbeit ist er von morgens bis abends beschäftigt. Er und ich legen einen Weg durch das untere Wäldchen an – zunächst entlang des Teichufers, dann davon abgehend durch die Birken, bis er oben auf den normalen Weg auf den Hügel trifft. Es ist eigentümlich und wunderbar, diese Sache gemeinsam anzugehen. Das letzte Mal, dass wir versucht haben, zusammen einen Weg zu schaffen, war auf dem Feld in Little Lea, als er in Malvern und ich in Cherbourg war. Wir haben beide das Gefühl, dass „sich ein Kreis geschlossen hat“, dass die Zeit des Wanderns vorbei ist und alles, was zwischen 1914 und 1932 passiert ist, nur eine Unterbrechung war – wenn auch nicht ohne ein Bewusstsein dafür, dass es für bloße Sterbliche gefährlich ist, von der Zukunft irgendetwas mit Zuversicht zu erwarten. Zusammen geben wir eine sehr zufriedene Familie ab …

An Arthur Greeves

Hotel Victoria, Milford-on-Sea, Hants. 12. Sept. 1933

Ich habe den ganzen Vormittag über deine Frage nach Gott und dem Bösen nachgedacht, die alles andere als „elementar" ist, für mich zumindest – vielleicht auch für die Engel. Wenn ich dich richtig verstehe, geht es dir nicht in erster Linie um ein logisches Problem von der Art, wie das Nur-Gute Böses hervorbringen oder eine Welt erschaffen kann, in der es das Böse gibt. Es geht dir um ein persönlicheres, praktischeres und vertrauteres Problem: nämlich inwiefern Gott mit unserem Bösen und mit unserem Guten mitempfinden kann – oder, um es etwas abzumildern, *ob* er das tut.

Ich glaube, ich sollte mit einem Einwand gegen einen Ausdruck beginnen, den du verwendest: „Gott muss eine Möglichkeit seines Gegenteils haben – das Böse." Dies würde ich gern ersetzen durch die Vorstellung, die jemand im Mittelalter hatte, der Gott definierte als „Das, was kein Gegenteil hat." Wir leben in einer Welt der Gegensätze: gut und böse, wahr und falsch, angenehm und schmerzhaft, Körper und Geist, Zeit und Ewigkeit etc., aber Gott ist nicht einfach *einer* der beiden Gegensätze, sondern die letzte Größe hinter ihnen allen. So wie in unserer Verfassung der König nicht der Premierminister und auch nicht der Oppositionsführer ist, sondern die Größe hinter ihnen, die allein es möglich macht, eine rechtmäßige Regierung und eine Opposition zu sein. Oder so wie der Raum weder Größe noch Kleinheit ist, sondern das, worin die Unterscheidung von Groß und Klein überhaupt erst aufkommt. Das ist also mein erster Punkt. Das Böse ist nicht etwas außerhalb und „gegenüber" von Gott, sondern *auf irgendeine Weise* in Ihm inbegriffen.

Mein zweiter Punkt scheint ein direkter Widerspruch zu diesem ersten zu sein. Es ist der folgende (in biblischer Sprache): Gott „ist der Vater des Lichts und in ihm ist keine Finsternis".[51] *In gewisser Weise* gibt es keinerlei Böses in Gott. Er ist reines Licht. All die Hitze, die in uns Lust oder Ärger ist, ist in ihm kühles Licht – ewiger Morgen, ewige Frische, ewiger Frühling: nie gestört, nie belastet. Steh an einem perfekten Sommermorgen auf, bevor die Welt erwacht ist, und sieh nicht die Sache selbst, aber ihr materielles Symbol.

Das sind also unsere beiden Startpunkte. *In einer Hinsicht* (unsere alte Formulierung!) schließt Gott das Böse ein, in anderer Hinsicht tut er es nicht. Was sollen wir nun als Nächstes tun? Ich beginne dieses „Nächste", indem ich eine weitere Bemerkung von dir bestreite, wo du sagst: „Kein Gutes ohne das Böse." Das ist in meiner Sicht absolut unzutreffend, aber das Gegenteil: „Kein Böses ohne das Gute" ist absolut wahr. Ich versuche, mit einer Analogie zu erklären, was ich meine.

Nehmen wir an, du führst einen Hund an der Leine durch ein Drehkreuz oder an einem Laternenpfahl vorbei. Du weißt, was passiert (außer seinen gewöhnlichen Verrichtungen, wenn er an einem Pfahl vorbeikommt!). Er versucht es auf der falschen Seite und wickelt die Leine um den Pfahl. Du siehst, dass er so nicht vorwärtskommt, und deshalb ziehst du ihn zurück. Du ziehst ihn *zurück*, weil du ihm ermöglichen willst, *vorwärtszukommen*. Er will genau dasselbe, nämlich *vorwärts*kommen. Aus diesem Grund widersetzt er sich dem Zug *zurück*. Oder, falls es ein gehorsamer Hund ist, beugt er sich ihm zögernd als einer Pflicht, die für ihn im kompletten Gegensatz zu seinem eigenen Willen steht, obwohl *in Wahrheit* nur dieses Nachgeben dir gegenüber es ihm ermöglichen wird, dorthin zu kommen, wo er hinwill.

Wäre der Hund ein Theologe, so würde er seinen eigenen Willen als *Sünde* betrachten, zu der er versucht worden ist, und daher als etwas *Böses*. Und er könnte nun fragen, ob du dieses sein Böses verstehst und „beinhaltest". Stellte er diese Frage, könntest du nur antworten: „Mein guter Hund, wenn du mit deinem Willen das meinst, was du wirklich willst, nämlich auf der Straße vorwärtszukommen, dann verstehe ich diesen Wunsch nicht nur, sondern ich teile ihn sogar. Vorwärts ist genau die Richtung, in du laufen sollst. Wenn du aber mit deinem Willen meinst, dass du an der Leine zerrst und versuchst, dir den Weg in eine Richtung zu erzwingen, die sinnlos ist – nun, dann *verstehe* ich das natürlich. Aber gerade weil ich es verstehe (und darüber hinaus die ganze Situation, die du nicht verstehst), kann ich diesen Wunsch unmöglich teilen. Es ist sogar so: Je mehr ich deinen *eigentlichen* Wunsch – den Wunsch vorwärtszukommen – verstehe, umso weniger kann ich mit deinem Widerstand sympathisieren (im Sinn von ‚ihn teilen' oder ‚ihn akzeptieren'), denn ich sehe, dass er die Erfüllung deines Wunsches tatsächlich unmöglich macht."

Ich weiß nicht, ob du sofort zustimmst, dass dies eine Parallele der Situation zwischen Gott und Mensch ist. Aber ich nehme einmal an, du tust es, und führe sie weiter aus. Gehen wir zurück zur Ausgangsfrage: Ob und wenn ja in welchem Sinn schließt Gott meinen bösen Willen in sich ein oder „versteht" ihn? Die Antwort ist: Gott versteht nicht nur den Wunsch, der die Wurzel all meines Bösen ist, er *teilt* ihn sogar – den Wunsch nach vollkommenem und ekstatischem Glück. Er hat mich zu keinem anderen Zweck geschaffen, als dies zu genießen. Aber er, und nicht ich, weiß, wie dieser Wunsch wirklich und dauerhaft erfüllt werden kann. Er weiß, dass die meisten *meiner* persönlichen Versuche, dieses Glück zu erreichen, es tatsächlich für mich immer unerreichbarer machen. Daher kann er mit diesen Versuchen nicht sympathisieren oder sie „akzeptieren" – sein Verständnis für meinen eigentlichen Wunsch macht das unmöglich. (Er mag meine fehlgeleiteten Bemühungen *bemitleiden*, aber das steht auf einem anderen Blatt). Daraus folgen zwei praktische Ergebnisse.

1. Wenn ich auf irgendeine vergangene Sünde zurückschaue, spüre ich vielleicht immer, dass im Kern meiner bösen Leidenschaft etwas lag, das Gott gutheißt und von dem er will, dass ich es mehr und nicht weniger empfinde. Nehmen wir eine Sünde der Lust. Der überwältigende Durst nach *Seligkeit* war gut und sogar göttlich; er muss nicht ungesagt gemacht und zurückgenommen werden. Aber auf die Weise, wie ich ihn zu stillen versuche, wird er nie gestillt werden. Wenn ich davon Abstand nehme – wenn ich dem Zug an der Leine folge und auf die richtige Seite des Pfostens komme –, wird Gott mich, so schnell er kann, dahin leiten, wo ich bekomme, was ich die ganze Zeit wirklich wollte. Es wird nicht genau das sein, wovon ich jetzt denke, ich wolle es, aber es wird dem doch mehr entsprechen, als manche annehmen. In jedem Fall wird es das Echte sein, kein Trostpreis oder Ersatz. Wenn ich es hätte, müsste ich meine Sinnlichkeit nicht als etwas Unreines bekämpfen. Ich würde mich vielmehr spontan davon abwenden als von etwas Ödem, Kaltem, Abstraktem und Künstlichem. Ich denke, so lässt sich die Doktrin auf zurückliegende Sünden anwenden.

2. Wenn wir nun andererseits an eine Sünde in der Zukunft denken, d. h. wenn wir versucht werden, dürfen wir nicht vergessen: *Gerade weil* Gott für uns das will, was wir wirklich wollen, und weil er den einzigen Weg kennt, es zu bekommen, darum muss er in gewissem Sinn schonungslos gegen die Sünde vorgehen. Er ist nicht wie irgendeine menschliche Autorität, die man durch Betteln umstimmen oder bei der man einen nachgiebigen Augenblick abpassen könnte. Je mehr er liebt, umso entschlossener muss er dich von deinem eigenen Weg, der nirgendwo hinführt, wegziehen auf seinen Weg, der dahin führt, wo du hinwillst. Daher Macdonalds Formulierung: „Der *all-bestrafende, all-vergebende* Vater." Du nimmst vielleicht wieder den falschen Weg, und er vergibt dir wieder, so wie der Herr des Hundes den Hund befreien wird, wenn er die ganze Leine um den Pfahl gewickelt hat. Aber es gibt keine Hoffnung, *letztendlich* dorthin zu gelangen, wo du hinwillst, außer indem du Gottes Weg nimmst. Und was heißt hier „*letztendlich*"?

Das ist eine schreckliche Frage. Wenn endlos lange Zeit uns wirklich hilft, den richtigen Weg zu gehen, dann glaube ich, uns wird endlos lange Zeit gegeben werden. Aber vielleicht weiß Gott, dass Zeit nichts ändert. Vielleicht weiß er: Wenn du in 60 oder 70 Jahren auf diesem Planeten (einem Ort, der wahrscheinlich von göttlicher Kunstfertigkeit zu eben dem Zweck konstruiert wurde, um dich zu unterweisen) den Weg nicht lernen kannst, dann wirst du ihn nie lernen. Es könnte ihm dann nichts anderes übrig bleiben, als dich zu vernichten (das wäre das Freundlichste), *wenn er denn kann.*

Ich denke, man kann sich der alten, stets lauernden Verdächtigung entledigen – die in jeder Versuchung ihr Gesicht zeigt –, es gäbe etwas anderes als Gott. Irgendein anderes Land (Mary Rose … Mary Rose[52]), das zu betreten er uns nicht gestattet. Eine Art von Genuss, die er nicht gutheißt oder einfach zu verbieten beschließt, die aber tatsächlich ein Genuss wäre, wenn uns nur erlaubt wäre, sie uns zu verschaffen. So etwas *gibt es einfach nicht.* Was immer wir ersehnen, ist entweder etwas, das Gott uns, so schnell er nur kann, zu geben versucht, oder es ist ein falsches Bild von dem, was er uns zu geben versucht – ein falsches Bild, das uns keinen Augenblick erstrebenswert erschiene, wenn wir das Echte sehen könnten. Daher schließt Gott in gewissem Sinn tatsächlich das Böse in sich ein – d. h. er schließt in sich ein, was die wirklich motivierende Kraft hinter all unserem bösen Begehren ist. Er weiß, was wir wollen, selbst in unseren widerwärtigsten Handlungen. Und es verlangt ihn danach, es uns zu geben. Er schaut nicht von außen auf irgendeinen neuen „Geschmack" oder ein „besonderes Verlangen, das uns eigen ist". Nur, weil er für uns die *wahren* Güter bereithält, die wir begehren sollen, sind wir imstande, auf Abwege zu geraten, indem wir sie uns auf gierige, fehlgeleitete Weise schnappen. Die Wahrheit ist: Das Böse ist überhaupt nichts Echtes. Nicht wie Gott. Es ist schlicht und einfach Gutes, das *verdorben* wurde. Und deshalb sage ich, es kann das Gute ohne das Böse geben, aber nicht das Böse ohne das Gute. Du weißt, was die Biologen unter einem Parasiten verstehen – ein

Tier, das auf einem anderen Tier lebt. Das Böse ist ein *Parasit*. Es existiert nur, weil das Gute existiert, das verdorben und durcheinandergebracht werden kann.

So magst du sehr wohl empfinden, dass Gott unsere Versuchungen versteht – und zwar besser als wir selbst. Aber vergiss wieder Macdonald nicht: „*Nur Gott versteht das Böse, und er hasst es.*“[53] Nur der Herr des Hundes weiß, wie sinnlos es ist, weiterzurennen, wenn die Leine um den Laternenpfahl gewickelt ist. Und deswegen müssen wir uns darauf gefasst machen zu entdecken, dass Gott etwas unerbittlich und unnachgiebig verwehrt, was uns als Bagatelle oder Trivialität erscheint. Aber er weiß, ob die Dinge wirklich unbedeutend und trivial sind. Wie unbedeutend erscheint manches, was Ärzte verbieten, einem Unkundigen.

Ich nehme an, ich habe all diese Dinge schon früher gesagt. Falls es so ist, hoffe ich, ich habe den Brief jetzt nicht vergeudet. Ach! Sie sind so leicht auszusprechen, aber so schwer, so *nahezu unmöglich zu empfinden*, wenn es hart auf hart kommt …

Als ich angedeutet habe, du hättest dich verändert, meinte ich nicht im Verhältnis zu mir. Ich meinte: Ich dachte, dein Interessenschwerpunkt habe sich vielleicht stärker verlagert als der meine. Das führt uns zu deiner Aussage, du seist ein bloßer Spiegel für andere, in den jeder Freund der Reihe nach sein Spiegelbild hineinwerfen kann. Sicherlich ist dies das, was aus dir werden *könnte*, so wie ich in Gefahr stehe, ein verhärteter Eiferer zu werden, der alle niederbrüllt, bis er keinen einzigen Freund mehr hat. Mit anderen Worten: *Mitgefühl* ist deine Stärke, wie meine die *Standfestigkeit* ist – falls ich überhaupt eine Stärke habe, was sich bezweifeln lässt. Oder *Schwäche* ist deine Gefahr wie meine der *Stolz*. Du machst dir keine Vorstellung, wie viel Zeit ich damit verbringe, Leute zu *hassen*, denen ich nicht zustimmen kann – auch wenn ich sie nur aus ihren Büchern kenne –, und Gespräche mit ihnen zu erfinden, in denen ich sie vorführe. Mit anderen Worten: Wir haben alle unsere Lasten zu tragen und müssen das tun, so gut wir es vermögen. Ich weiß nicht, was von beidem schlechter ist, wir müssen es auch nicht wissen: Wenn nur jeder von uns den anderen nachahmen könnte ...

An Arthur Greeves

[The Kilns] 29. Dez. 1935

Ich bin heute nicht zur Kirche gegangen, sondern mit einer Erkältung in der Brust zu Hause geblieben. Es scheint also eine gute Gelegenheit zu sein, deinen Brief zu beantworten.

Was die Neuigkeiten von dir anbetrifft – mein Mitgefühl und meine Glückwünsche. Mitgefühl für den Schmerz des Abschieds und die Lücke, die er hinterlassen wird, Glückwünsche dazu, das Richtige getan und ein Opfer gebracht zu haben.[54] Ich denke, was uns in solchen Zeiten am meisten tröstet, ist, dass das Ergebnis, wie unangenehm es auch sein mag, doch eine Art Erleichterung mit sich bringt nach einer Zeit, in der man gesagt hat: „Muss ich wirklich – nein, ich tu's nicht – oder vielleicht besser doch." Es liegt immer eine Art von Frieden darin, sich dem Richtigen gebeugt zu haben. Verdirb ihn dir nicht mit Sorgen über die *Folgen*, wenn du kannst. Es ist nicht deine Aufgabe, erfolgreich zu sein (niemand kann sich dessen sicher sein), sondern das Richtige zu tun. Wenn du das getan hast, liegt der Rest bei Gott – und bei Will!

Ich glaube nicht, dass du auch nur im Geringsten übertreibst, wenn du berichtest, wie es sich anfühlt. Freundschaft ist schließlich das größte unter allen irdischen Gütern – auch wenn unsere Romane dies derzeit ignorieren. Für mich ist sie ganz bestimmt das größte Glück im Leben. Wenn ich einem jungen Mann raten sollte, welchen Wohnort er wählen soll, dann denke ich, ich sollte sagen: „Opfern Sie nahezu alles andere, wenn Sie in der Nähe Ihrer Freunde leben können." Ich weiß, dass ich in dieser Hinsicht sehr glücklich dran bin und du weit weniger gut. Aber selbst für mich würde es einen großen Unterschied machen, wenn du (und ein oder zwei andere) in Oxford wohntest.

An Charles Williams

[Magdalen College] 11. März 1936

[Lieber Mr. Williams]

Ich bin mir nie sicher, ob ich einem Autor schreiben soll. Wenn Sie älter sind als ich, möchte ich nicht impertinent erscheinen; sind Sie jünger, möchte ich nicht gönnerhaft wirken. Aber ich habe das Gefühl, ich muss es riskieren.

Manchmal läuft einem ein Buch über den Weg, das so sehr dem Klang der eigenen Muttersprache in einem fremden Land gleicht, dass es einem beinahe unhöflich vorkommt, wenn man nicht als Reaktion eine Flagge schwenkt. Ich habe gerade Ihr *Die Stätte des Löwen* gelesen, und es gehört für mich zu den wichtigen literarischen Ereignissen meines Lebens, vergleichbar mit meiner ersten Entdeckung von George Macdonald, G. K. Chesterton oder Wm. Morris. Es gibt dabei so viele Ebenen – zunächst das Vergnügen, das jede gute Fantasy-Story mir bereitet. Sodann, was selten (aber doch nicht so sehr selten) damit einhergeht, das Vergnügen eines echten philosophischen und theologischen Stimulus. Drittens die Figuren. Viertens, was ich weder erwartet noch gesucht hatte, nachhaltige Erbauung.

Letzteres meine ich vollkommen ernst. Ich kenne „Damaris“ sehr gut, war in der Tat schon auf dem Kurs, Damaris zu werden (aber Sie haben mich gestoppt). Dieser Pterodaktylus ... ich weiß alles über ihn und darüber, nicht einfach Frieden zu wollen, sondern (puh!) „Frieden für meine Arbeit“. Nicht nur Ihre Diagnose ist gut. Die Art, wie Sie einen zwingen, die Dinge zu betrachten, ist auch schon der Anfang einer Heilung. Ganz ehrlich, ich hatte nicht geglaubt, dass zurzeit irgendjemand in England lebt, der dies hätte zuwege bringen können.

Coghill aus Exeter hat mich auf das Buch angesetzt, ich nun wiederum Tolkien (Professor für Angelsächsisch und ein Papist) und meinen Bruder. Es gibt nun also drei College-Dozenten und einen Soldaten, die vor begeisterter Bewunderung glühen. Wir haben hier eine Art informellen Club, die Inklings. Die Qualifikationen dafür (wie sie sich eben ganz zwanglos entwickelt haben) sind eine Neigung zum Schreiben und christlicher Glaube. Können Sie im nächsten Trimester irgendwann einmal herkommen (möglichst *nicht* am Samstag oder Sonntag), über Nacht mein Gast im College sein, mit uns im Steakhouse speisen und sich dann bis in die Morgenstunden mit uns unterhalten? [55]

Inzwischen tausend Dank,
[C. S. Lewis]

An Owen Barfield

[The Kilns] 28. Juni 1936

Mein lieber Barfield

1. Ich habe *The Silver Trumpet*[56] an Tolkien verliehen und höre, dass es bei seinen Kindern der größte Erfolg ist, den sie bisher kennen. Seine eigenen Märchen, die exzellent sind, haben jetzt keine Konjunktur mehr, und nach dem ersten Lesen – Kinder sind so pragmatisch! – erhob sich ein universales Gejammer: „Du wirst es doch nicht etwa Mr. Lewis wieder zurückgeben, oder?“

Alles, was die Besserwisser in unserem Kreis über Kinderpsychologie gesagt haben, als du es schriebst, hat sich als Unsinn erwiesen. „Sie mochten die traurigen Stellen“, hat Tolkien gesagt, „weil sie traurig waren, und die rätselhaften Stellen, weil sie rätselhaft waren, wie Kinder es immer tun." Der Jüngste mochte Gamboy, weil „sie clever ist, und die Schurken in Büchern sind das meist nicht". Kurz und gut: Du hast einen klaren Treffer gelandet.

2. Nach dem Bonbon jetzt die bittere Pille. Kannst du das Gedicht auf der Widmung, die du mir geschickt hast, *wiederholen?* Es hat mir außerordentlich gut gefallen, nicht nur, wie ich hoffe, wegen der Vertrautheit, sondern wegen der *Glückseligkeit* (bisher ja gewöhnlich nicht die hervorstechende Eigenschaft deiner oder meiner Werke). Aber nachdem ich es nun seit etwa zehn Tagen auf meinem Schreibtisch liegen hatte in der Absicht, es vorn ins Buch zu übertragen, kann ich es beim besten Willen nicht mehr finden. Es tut mir sehr, sehr leid.

Herzlich,
Der Alligator der Liebe[57]

An Dom Bede Griffiths

[Magdalen College, 28. Juli 1936]

Über die Mystik habe ich mir noch kein abschließendes Urteil gebildet. Zwei Dinge geben mir zu denken:

1. Dass die Ähnlichkeit zwischen christlicher und nicht-christlicher Mystik so groß ist. Ich schließe daraus durchaus nicht, dass sie unchristlich in dem Sinn ist, dass sie unvereinbar ist mit dem Christentum; aber ich bin geneigt zu denken, sie ist nichts *spezifisch Christliches* – einfach eines dieser neutralen Dinge, die der Geist in einem Menschen nutzt, wenn er sie dort zufällig vorfindet. D. h. es mag die Berufung eines bestimmten Menschen sein, Gott auf dem mystischen Weg näherzukommen, weil er diese mystische Begabung hat, aber nur in dem Sinn, wie es die Pflicht eines anderen sein kann, Gott zu dienen, indem er den Pflug führt, weil er eben ein guter Pflüger ist. Und wenn jemand versuchen wollte,

das Mystische zur *Norm* des christlichen Lebens zu machen, macht er vermutlich denselben Fehler wie jemand, der behauptete, wir müssten alle Fischer werden, weil einige Apostel das waren.

2. Was mir auffällt: Im Neuen Testament gibt es nicht sehr viel Mystisches. Ich hoffe, ich vergesse dabei nicht, was das erste und wichtigste Gebot ist – aber du würdest mir wohl zustimmen, dass der Weg des Mystikers, es zu erfüllen, nicht der einzige Weg ist.

Ich bin ganz deiner Meinung, dass die *Veränderung*, die selbst der größte Heilige im Rahmen seines Erlöst-Werdens erfahren muss (wie viel mehr dann wir), unsere Vorstellung übersteigt. Ich nehme καινη κτίσις[58] [neuer Mensch, neue Schöpfung] so ernst, wie ich nur kann. Aber 1. muss der neue Mensch in irgendeinem Sinn auch immer noch der alte sein, oder die Erlösung hat keine Bedeutung. Allein die Vorstellung von *Bekehrung* und *Wiedergeburt* unterscheidet sich ganz wesentlich von der Vorstellung der kompletten Umgestaltung. Und außerdem: Sehen wir denn nicht, dass es tatsächlich schon in diesem Leben beginnt – ich meine die Umkehrung eben derselben Neigungen, die zuvor die Art der Sünde bestimmt haben?

2. Ich erhebe Einwände gegen deinen Satz: „Was in uns wirklichen Wert hat, ist das, was voreinander und *sogar vor uns selbst* verborgen ist." Ich hätte gesagt: „Vor uns selbst und *sogar voreinander*." Das will sagen: Ich denke, wenn A B liebt, obwohl As Bild von B ohne Zweifel dem erlösten B sehr unähnlich ist, so nehme ich doch an, es ist weniger unähnlich als Bs Bild von sich selbst. Denn, nicht wahr, wir waren uns doch oft einig, dass man nichts lieben kann außer dem Guten – dass Sünde darin besteht, das geringere Gut zu lieben auf Kosten des höheren. Und wenn das so ist, dann muss das, was wir an einem Freund wirklich lieben (sofern wir wirklich *ihn* lieben und nicht die Freude, die wir an ihm haben), das Gute in ihm sein. Würde daraus nicht folgen, dass der erlöste B sich von dem B, den wir jetzt kennen, nicht dadurch unterscheiden wird, dass er einfach fremdartig ist, sondern dadurch, dass er das ist, wovon wir sagen müssten: „Ah – endlich ist er er selbst?"

Übrigens (auch wenn es ein wenig irrelevant ist) bin ich erstaunt über den Lohn an *Erkenntnis,* der mir schon hier und jetzt nach auch recht schwächlichen Versuchen, Gehorsam zu üben, zuteilwird. Ich habe in letzter Zeit das eine oder andere Mal festgestellt: Wann immer es mir gelingt, meinen selbstsüchtigen Standpunkt zu überwinden, und ich einen echten Versuch mache, großherzig zu sein, werden mir die Motive und Gefühle aller anderen Beteiligten durchsichtig, und manches über sie, das man einen Moment zuvor noch nicht wusste, starrt einem förmlich ins Gesicht. Ist das Selbsttäuschung? Wenn nicht, würde ich es so formulieren: *Tout comprendre c'est tout pardonner* [Alles verstehen heißt alles verzeihen] ist eine falsche Maxime mit der starken Tendenz, eine falsche Art von Vergebung zu befördern. Die wirklich zutreffende und fruchtbringende Maxime ist die Umkehrung: *Tout pardonner c'est tout comprendre.*

Auf deine Fragen zum Gebet kann ich nicht näher eingehen. Ich kann nicht sagen, dass das Nachdenken über das Gebet (ich meine auf diese introspektive Weise) mir hilft zu beten. Das philosophische Nachdenken darüber mit dem Ziel, die gewöhnlichen Einwände dagegen zu entkräften, ist natürlich etwas anderes. Aber weißt du, im Großen und Ganzen habe ich das Gefühl, Selbstprüfung sollte sich auf die Prüfung des eigenen *Betragens* beschränken. Über den eigenen *Zustand* im Allgemeinen weiß man, wie ich finde, selbst nicht viel. Aber dies alles sage ich sehr vorsichtig.

Dein
C. S. Lewis

An A. K. Hamilton Jenkin

The Kilns, Headington Quarry, Oxford. 11. Jan. 1939

Die Wahrheit ist, ich bin viele Dinge leid: das Wetter, die Arbeit, Lesen, Schreiben, vor allem die Nachrichten. Mit anderen Worten – ich bin verschnupft. Mich darüber bei dir in deiner momentanen Verfassung zu beklagen bedeutet wohl, Eulen nach Athen zu tragen. Was die Nachrichten und die „Lage der Nation" angeht – mehr als die Gefahren beunruhigt mich, wie wir darauf reagieren, und das fängt natürlich mit meiner eigenen Reaktion an. Mit Kriegen und Zerstörungen konfrontiert zu sein ist vermutlich der normale Zustand der Menschheit: Haben je Menschen darunter so gezittert wie wir jetzt? Direkt nach der Septemberkrise saß ich mit dem alten Powick zusammen, dem Geschichtsprofessor, und habe ihn gefragt, wie sich dies zu dem verhält, was die Menschen 1914 empfunden haben. Er sagte sofort: „Der Unterschied ist der, dass man diesmal das Hochgefühl vermisst, das man damals empfand." Hochgefühl, bei Gott! Ja, ich weiß: Sie wussten damals manche Dinge noch nicht, die wir gelernt haben. Aber ich kann nicht glauben, dass das der einzige Unterschied ist. Etwas hat sich verschoben.

Dies ist ein großartig aufmunternder Brief an einen kranken Mann, nicht? Den Schnee zu erwähnen, das wird mir jetzt bewusst, war ein fataler Missgriff, denn du hast mir einmal erzählt: Wenn du mitten in der Nacht kalt und krank aufwachtest, hat es dir am meisten zu schaffen gemacht, dass du dir warme und angenehme Orte gar nicht vorstellen konntest – dass nichts vor dem inneren Auge aufsteigen wollte als kalte Felsen, auf die der Regen fällt, und eisbedeckte Teiche. Etwas in der Art passiert mir gelegentlich auch.

Aber wo wir von Orten reden – hat Barfield dir schon vorgeschlagen, dass du versuchen solltest, uns dieses Jahr auf unserer Osterwanderung zu begleiten? Ich weiß, er wollte, dass wir dich fragen. Vor den Entfernungen musst du dich nicht fürchten. Es ist meist ein Wagen verfügbar. Und wenn nicht, kannst du es mit gut geplantem Bus-Hopping hinkriegen, den ganzen Genuss zu haben, aber wenig Ermüdung. Wir werden dich zum Quartiermacher ernennen und auf Rädern vorausschicken, um die Unterkunft zu buchen. Auf diese Weise wirst du mit einer Pfeife und einem Bier in einer netten Gaststube sitzen, eine Vitrine mit einem ausgestopften Hecht an einer Wand und einen Bürokalender an der anderen und einem Shuffleboard zum Münzenschnippen, und durch das Fenster zusehen, wie wir müde zur Tür hinken – und du wirst putzmunter herauskommen und sagen: „Wo habt ihr gesteckt? Ich habe euch schon vor zwei Stunden erwartet." Zumindest wird dir das auf der Zunge liegen, aber nach einem Blick in unsere Gesichter wirst du sagen: „Was wollt ihr trinken?"

Wir wollen in den Süden, vielleicht nach Dorset. Jedenfalls irgendwohin, wo der Frühling schon überraschend weit sein wird, die Wälder fast grün, und wo es große Primelteppiche und einen Blick aufs Meer gibt. Und wir werden am halben Vormittag herrlich Rast machen, in Scheunen oder auf sonnenbeschienen Hügeln liegen. Merk dir das schon mal vor. (Du wirst übrigens wahrscheinlich der einzige Atheist sein, der mit von der Partie ist, aber wir werden Rücksicht auf dich nehmen – „Leave thou thy sister when she fails to pray/Her simple unbelief, for that's her way."[59] ...

An den Herausgeber der *Theology*

Magdalen College, Oxford. 27. Februar 1939

Sir,

in Ihrer Januarausgabe nennt Mr Mascall sechs Voraussetzungen für einen gerechten Krieg, die von „Theologen" festgelegt wurden. Ich habe dazu eine Frage und möchte etliche Probleme im Blick auf diese Regeln aufzeigen.

Die Frage ist schlicht historisch. Wer sind diese Theologen, und welches Maß an Verbindlichkeit können sie für Mitglieder der *Church of England* in Anspruch nehmen?

Schwieriger sind die Probleme. Voraussetzung 4 besagt, es müsse „moralisch sicher sein, dass die Verluste für die Krieg führenden Parteien, die Welt und die Religion nicht größer sind als die Vorteile eines Sieges". Und 6: „Es muss eine hohe Wahrscheinlichkeit bestehen, zu gewinnen." Es liegt auf der Hand, dass gleichermaßen ernsthafte Menschen ausgesprochen unterschiedlicher Meinung sein und endlos darüber streiten können, ob ein beabsichtigter Krieg diese Voraussetzungen erfüllt oder nicht. Die praktische Frage, vor die wir gestellt sind, ist daher die nach der Autorität. Wer hat die Pflicht zu entscheiden, ob diese Voraussetzungen erfüllt sind, und das Recht, seine Entscheidung dann auch durchzusetzen? In der neuzeitlichen Diskussion scheint man ohne Diskussion anzunehmen, dass die Antwort lautet: „das private Gewissen des Einzelnen", und dass jede andere Antwort unmoralisch und totalitär ist.

Nun ist in gewisser Hinsicht sicher, dass „keine Gehorsamsverpflichtung eine Sünde rechtfertigen kann", wie Mr Mascall sagt. Setzen wir voraus, die Todesstrafe sei mit dem christlichen Glauben vereinbar, dann kann ein Christ rechtmäßig Henker sein, aber er darf niemanden hinrichten, von dem er weiß, dass er unschuldig ist. Aber würde irgendjemand dies so verstehen, dass der Henker *dieselbe* Pflicht hat, die Schuld des Gefangenen festzustellen, wie der Richter? Wenn das der Fall ist, kann keine Exekutive funktionieren, und ein christlicher Staat ist nicht möglich; und das ist absurd. Ich schließe, dass der Henker seine Pflicht getan hat, wenn er seinen Teil der allgemeinen Pflicht, die für alle Bürger gleichermaßen gilt, erfüllt, dafür zu sorgen, soweit es an ihm liegt, dass wir ein gerechtes Justizwesen haben; wenn er trotzdem und unwissentlich einen unschuldigen Menschen hinrichtet, wurde eine Sünde begangen, aber nicht von ihm.

Dieser Vergleich legt es für mich nahe, dass es absurd sein muss, dem privaten Bürger *dasselbe* Recht und *dieselbe* Pflicht zuzugestehen, über die Rechtmäßigkeit eines bestimmten Krieges zu entscheiden, wie die Regierung sie hat. Und ich weise darauf hin, dass die Regeln, um zu entscheiden, wann ein Krieg gerecht ist,[60] ursprünglich Leitlinien für Fürsten waren, nicht für Untergebene. Das bedeutet nicht, dass Privatpersonen einer Regierung gehorchen müssten, die ihnen etwas befiehlt, was erkanntermaßen Sünde ist; aber vielleicht bedeutet es (und ich schreibe das mit einem gewissen Zögern), dass die letzte Entscheidung darüber, wie die Situation in einem bestimmten Moment im hochkomplexen Bereich internationaler Beziehungen gerade ist, delegiert werden muss.

Ohne Zweifel müssen wir jede Anstrengung unternehmen, die die Verfassung erlaubt, um eine gute Regierung zu gewährleisten und die öffentliche Meinung zu beeinflussen. Aber auf lange Sicht muss die Nation als Nation handeln, und dies kann sie nur durch ihre Regierung tun. (Man darf nicht außer Acht lassen, dass es Risiken in beide Richtungen gibt: Wenn Krieg jemals gerecht ist, dann ist Frieden manchmal Sünde.) Was ist die Alternative? Dass Einzelne in Unkenntnis von Geschichte und Strategie für sich selbst entscheiden sollen, ob Voraussetzung 6 („eine hohe Wahrscheinlichkeit, zu gewinnen") gegeben ist oder nicht? – Oder dass jeder Bürger, unter Absehung von seiner eigenen Befähigung und ohne Gewichtung dessen, was er leisten kann, ein Experte im Blick auf alle relevanten und oft technischen Probleme werden muss?

Entscheidungen durch das Gewissen des Einzelnen anhand der sechs Regeln von Mr Mascall würden die Christenheit spalten und zu keinem deutlichen christlichen Zeugnis gegenüber unserer ungläubigen Umwelt führen. Aber ein klares christliches Zeugnis könnte auf andere Weise erzielt werden. Wenn alle Christen einwilligten, auf Geheiß des Magistrats Waffen zu tragen, und wenn alle anschließend den Gehorsam gegenüber anti-christlichen Befehlen verweigerten, sollten wir dann nicht eine klare Sachlage bekommen? Der Mensch ist sich viel sicherer, dass er keine Gefangenen ermorden oder Zivilisten bombardieren sollte, als er je darüber sein kann, ob ein Krieg gerecht ist oder nicht. Und vielleicht ist dies der Punkt, an dem „Kriegsdienstverweigerung" beginnen sollte. Ich bin mir sicher, dass ein einziger christlicher Pilot, der erschossen wird, weil er sich weigert, feindliche Zivilisten zu bombardieren, ein weit wirksamer Märtyrer (im etymologischen Sinn des Wortes) wäre, als hundert Christen, die ins Gefängnis gehen, weil sie sich weigern, Soldaten zu werden.

Die Christenheit hat zwei Bemühungen unternommen, sich mit dem Übel des Krieges auseinanderzusetzen – Ritterlichkeit und Pazifismus. Beide waren erfolglos. Aber ich bezweifle, dass die Ritterlichkeit einen ebenso ungebrochenen Rekord im Scheitern aufweist wie der Pazifismus.

Es ist eine sehr dunkle Frage. Eine Widerlegung oder auch eine Weiterentwicklung dessen, was ich gesagt habe, wären mir gleichermaßen willkommen.

Hochachtungsvoll, Sir, Ihr ergebener Diener
C. S. Lewis

An seinen Bruder

[The Kilns] 5. Nov. 1939

Ich war erfreut zu hören, dass deine Reise so viel angenehmer verlaufen ist, als wir beide erwartet hatten. Dein Bericht über den Stromausfall im Zug und die Mondscheinfahrt war aus irgendeinem Grund seltsam anschaulich, und ich habe beinahe das Gefühl, ich hätte sie selbst erlebt. Ich nehme an, ich erfahre bald eine definitive Adresse von dir.

... Am Donnerstag hatte ich einen vergnüglichen Abend mit Williams, Tolkien und Wrenn, in dessen Verlauf Wrenn fast *allen Ernstes* dem starken Wunsch Ausdruck gab, Williams zu verbrennen, oder zumindest behauptete, dass ein Gespräch mit Williams ihn in die Lage versetzt hätte, zu verstehen, wieso die Inquisitoren es als richtig empfanden, Menschen zu verbrennen. Tolkien und ich waren uns hinterher einig, dass wir *genau* wüssten, was er meinte: So wie manche Leute beim Stocherkahnfahren besonders leicht umzuwerfen sind, so ist Williams besonders leicht entflammbar.

Der Anlass war eine Diskussion über den verstörendsten Text der Bibel („der Weg ist schmal und wenige sind es, die ihn finden")[61] und ob man wirklich an ein Universum, in dem die Mehrheit verdammt wäre, und zugleich an die Güte Gottes glauben könne. Wrenn vertrat natürlich die Ansicht, dass es exakt überhaupt keine Rolle spiele, ob dies zu unseren Vorstellungen von Güte passe oder nicht. Und an dem Punkt stellten die entflammbaren Möglichkeiten von Williams sich ihm in einem attraktiven Licht dar. Das allgemeine Empfinden bei diesem Treffen war Zustimmung zu einer Sicht im Sinn des *Pastor Pastorum* – dass die Erwiderungen des Herrn niemals direkte Antworten sind und nie bloße Neugier befriedigen, und dass, wie immer dieses Wort gemeint ist, sicher keine statistische Absicht dahintersteht.

An Schwester Penelope

Magdalen College, Oxford. 8. Nov. 1939

Verehrte Madam,

vielen Dank für Ihren Brief und das Paket.[62] Ihre Darstellung dieser Psalmen war für mich ein ziemlich neues Licht, denn ich hatte bisher nur eine sehr vage Vorstellung davon, wie sie, um es mal so zu sagen, „aufgeführt" wurden. Aber wie viel mehr bedeuten sie nun als vorher! ...

Die Hochebene[63] repräsentiert *alle* vertrockneten Geisteszustände, deren mir der hochkirchliche Anglikanismus damals eine

Ausprägung zu sein schien. Die meisten seiner Vertreter, denen ich begegnet war, waren harte Menschen, die sich selbst Scholastiker nannten und die anscheinend mehr vom Hass auf die Religion ihrer Väter inspiriert waren als von irgendetwas sonst. Diese Sicht würde ich jetzt modifizieren, aber ich bin noch immer nicht das, was Sie „hochkirchlich" nennen würden. Für mich liegt der wesentliche Unterschied nicht zwischen hoch- und freikirchlich, sondern zwischen einer Religion mit einem echten Supernaturalismus und echter Heilslehre auf der einen Seite und all den verwässerten modernistischen Versionen auf der anderen. Ich meine, der heilige Paulus hat uns wirklich gesagt, wie wir mit all den Spaltungen in der Church of England umgehen sollen: nämlich dass es mich keinen Pfifferling schert, was ich am Freitag esse, aber dass ich mich enthalte, wenn ich mit hochkirchlichen Anglikanern zu Tisch sitze, um nicht „für die Schwachen zum Anstoß zu werden".[64]

Ich sende Ihnen *The Divine Journey*[65] zurück, das ich mit Interesse gelesen habe. Mein theologisches Interesse an dem Konzept war möglicherweise größer als meine Freude an der Dichtung als solcher, aber ich wage zu behaupten, der Autor wäre mir deswegen nicht gram.

Mein Bruder, der Reservist ist, wurde nach Frankreich geschickt – eine traurige Sache für uns beide, da wir gehofft hatten, nun, da er im Ruhestand ist, hätte es ein Ende mit diesen Trennungen. Mit herzlichem Dank.

An seinen Bruder

[The Kilns] 11. Nov. [1939]

Am Donnerstag hatten wir ein Treffen mit den Inklings – du und Coghill fehlten leider. Wir waren zum Dinner im Eastgate. Noch nie im Leben habe ich Dyson so überschwänglich erlebt – „ein tosender Wasserfall von Unsinn". Anschließend stand ein Abschnitt des neuen Hobbit-Buchs[66] von Tolkien auf dem Speiseplan, außerdem ein Krippenspiel von Williams (ungewöhnlich verständlich für ihn und von allen gelobt)[67] und ein Kapitel aus meinem Buch über das Problem des Schmerzes.[68] Es hatte sich ergeben – zu erklären, warum, würde zu lange dauern –, dass die Themen der drei Lesungen beinahe eine logische Abfolge bildeten und sich zu einem wirklich erstklassigen Abendgespräch der üblichen weitgespannten Sorte entwickelten – „von ernst bis heiter, von spritzig bis schwer". Ich habe mir sehr gewünscht, wir hätten dich dabeihaben können …

Nachts lag ich einige Zeit mit Husten wach und bin mit einer üblen Erkältung aufgewacht, bin daher heute Morgen nicht zur Kirche gegangen, aber nach einer „Katzenwäsche" und dem Morgengebet, das ich für mich gelesen habe, habe ich geschrieben – den Tisch weit ins Zimmer gerückt, um die Wärme des Feuers zu genießen. Dass ich in dieser Woche nicht viel gelesen habe, hast du aus diesem Brief schon geschlossen. Ja – auch ich habe unser kurzes Zusammensein im College enorm genossen, bis der Schatten seines Endes sich darüberzulegen begann: Nicht, dass man die Kunst verlernt hätte, mit derartigen Schatten umzugehen (unsere Kindheit hat uns darin gut geschult), aber dass es einem so *zuwider* ist, die Praxis nach so vielen Jahren wieder aufzunehmen. Verwünschtes Geschäft, das Ganze.

An seinen Bruder

[The Kilns] 24. Dez. 1939

Ich habe diese Woche viel über die Absurdität von Weihnachtsbräuchen in einer ungläubigen Gesellschaft nachgedacht, besonders über die Weihnachts*karte*. Die große Absurdität, die Geburt Christi überhaupt zu feiern, wenn man nicht an die Inkarnation glaubt, einmal außer Acht gelassen – was um Himmels willen soll die Idee, dass alle sich Bilder von Kutschen, Feen, Füchsen, Hunden, Schmetterlingen, Katzen, Blumen usw. schicken? Wir können vielleicht die Verbindung mit manchen dieser Bilder zum ursprünglichen Fest noch gerade so nachvollziehen, aber hast du schon mal überlegt, wie es auf jemanden wirken würde, der das zum ersten Mal erlebt?

Eine Parallele wäre, wenn man einen Chinesen besuchte und fände ihn an einem Tisch voller kleiner Bilder, und auf die Frage, womit er da beschäftigt sei, erhielte man die Antwort: „Nun, ich persönlich bezweifle sehr stark, ob sich morgen tatsächlich der Tag jährt, an dem Buddha von den Drachen beschützt wurde, oder ob das überhaupt je passiert ist. Aber ich halte mich an die alten Bräuche. Nein – hier gibt es keine Bilder von Buddha oder von den Drachen. Mir liegt überhaupt nichts daran mitzumachen, weil alle es tun. Aber hier ist das Bild eines Traktors für Hu Flung Dung, und diese Zeichnung eines Serviettenrings schicke ich an Lo Hung Pit, und diese lustigen Kornblumen sind für die Kinder." Etwas Absurderes kannst du selbst bei Gulliver nicht finden.

Ich hatte eine gute Woche, nachdem ich mich endlich wieder an das Buch über den Schmerz gemacht habe. Ich kenne nichts Lästigeres, als von einer dringenden Aufgabe nach der anderen von etwas abgehalten zu werden, das man begonnen hat und das einem die ganze Zeit im Kopf herumgeht...

Gegen vier am Mittwoch begann sich eine Eisschicht auf dem Teich zu bilden. Seitdem haben wir beide Arten von Frosttagen gehabt – die mit hellen gelben Sonnen, die beim Untergang zu roten Kanonenkugeln werden, und die mit feuchtem dunkelgrauem Nebel, gegen den die Spitzen der Gräser sich weiß abzeichnen. Heute Morgen, während meines Gangs durch den Garten vor dem Essen mit Bruce, hatten wir eine besonders schöne Ausgabe der ersten Art – die Sonne stieg gerade über das Dach, als ich die Höhe des „Kliffs" erreichte – und das blasse Goldgelb des Sonnenaufgangs hinter vollkommen klar sich abzeichnenden Zweigen verlieh der Szene eine Art chinesischen Schattenfiguren-Effekt....

An seinen Bruder

[The Kilns] 25. Feb. 1940

Mein lieber W.,

ich verwünsche diesen Unsinn, die Uhr zurückzustellen. Er hat mir eine Stunde Schlaf geraubt und beschert mir für die nächsten Wochen beim Rasieren und Anziehen Dunkelheit, wenn ich Licht haben will. Dafür ist es nach dem Abendessen hell, was eine Unverschämtheit ist – und mich zudem, weil man die Vesper um 15.30 Uhr abgeschafft hat, auf die Matutin und die alte morgendliche Hektik zurückwirft.

Ich komme gerade davon zurück. Was die Umstellung noch schlimmer macht, ist die Tatsache, dass wir, wie [Pfarrer] Bleiben verkündet hat, „nun die Zeit des Jahres erreichen, in der die Kirche ihre Wählerverzeichnisse revidiert". Wir kriegten natürlich die ganze Trickkiste präsentiert, gefolgt von umfänglichen Ausführungen zum Gedanken des freudigen Opfers.

Allerdings hat er sehr gut gepredigt, über Joseph als Repräsentanten des Menschen, der eine fast einmalige Reihe von Gründen dafür hat, „verbittert" oder „desillusioniert" zu sein und all den üblichen Nonsens, aber keinen Gebrauch davon macht. Beim Nachdenken über die Geschichte kam mir ein Problem zu Bewusstsein, über das ich noch nie nachgedacht habe: Warum wurde Joseph von Potiphar nicht getötet, sondern ins Gefängnis geworfen?[69] Das erscheint ganz gewiss als eine außerordentlich milde Behandlung für die versuchte Vergewaltigung einer bedeutenden Dame durch einen Sklaven, oder? Oder muss man annehmen, dass Potiphar zwar nichts von den Absichten der Dame wusste, ihm Hörner aufzusetzen, aber dass ihm doch ganz allgemein (wie Bischof Proudie und vielen anderen Ehemännern) klar war, dass ihre Geschichten über die Dienerschaft mit Vorsicht zu genießen waren – und dass er die Sache eigentlich so sah: „Ich glaube nicht für einen Moment, dass

Joseph etwas Derartiges getan hat, aber ich sehe, dass es keinen Frieden geben wird, bis er aus dem Haus ist"? Man ist versucht, sich das ganze Leben der Familie Potiphar vorzustellen: Wie oft hatte er z. B. vorher wohl schon ähnliche Geschichten von ihr gehört?

Ich glaube, ich habe schon erwähnt, wie angenehm es ist, dass unsere Jungen Linken im College nun eine so kleine Minderheit geworden sind. Diese Woche gab es eine entzückende Szene beim Dinner, als Austin[70] törichterweise versuchte, mit Morris über die Frage des internationalen Rechts im Blick auf die *Altmark*[71] zu diskutieren (du erinnerest dich doch an Morris, diesen großen, vollkommen schweigsamen gelbhaarigen Anwalt?). Morris hat die unbewegte Miene eines Pokerspielers, und wie jeder Anwalt ist er im Grunde seines Herzens ein Condlin[72]. Uns wurde also immer wieder eine anscheinend unwiderlegbare Position von Austin präsentiert wie: „Sie meinen also, es läge doch irgendein Sinn darin, weiter über das Gesetz zu reden und uns gleichzeitig zu den alleinigen Richtern darüber zu machen?" Und dann von Morris eine Antwort wie: „Wir haben nichts damit zu tun. Es hängt alles von den Entscheidungen der Prisengerichte ab." Oder: „Meinen Sie das Völkerrecht oder das Recht der internationalen Beziehungen?" Das ging während des ganzen Dinners so weiter, und am Ende war Austin keinen Schritt vorangekommen. Wo wir von der *Altmark* sprechen, hat unser Schiff sie wirklich und wahrhaftig „geentert", wie es in den Zeitungen heißt? Und wenn ja, wie haben Enterhaken all die Jahre überlebt – vielleicht einfach, damit die Matrosen etwas zu putzen hatten? Oder heißt es einfach, sie haben einen Haken an ein Seil geknotet und sich dann mithilfe einer Winde längsseits gelegt?

Ich wünsche mir in der Tat, der P'daytabird hätte das Foto des Mannes gesehen, der die Operation angeführt hat: Er schien exakt dem piekfeinen Typen in seiner Geschichte zu entsprechen, dem Mann, „der kaum über seinen Kragen blicken konnte", aber nachher hinging und die meuternden Lascars [indische Kolonialsoldaten] aussortierte.

Die ganze Geschichte steckt voller Probleme. Wie konnte eine bewaffnete deutsche Schiffsmannschaft sich von einer so kleinen Truppe überwältigen lassen – noch dazu so schnell, dass unsere Leute sagen, es sei zugegangen „wie auf einer Rattenjagd"? Feigheit hat der deutschen Marine noch niemand vorgeworfen …

… Diese Woche war es im Freien wunderschön. Am Freitag, als ich gegen 22.30 Uhr zurück ins College kam, hat die wilde Frische mich dazu bewegt, eine Runde übers Adders zu machen. Es gab hellen Mondschein und einen leichten Wind, und der Fluss zog beinahe auf einer Ebene mit dem Pfad dahin, mit breiten Schaumteppichen und einer Strömung von etwa zehn Meilen pro Stunde. Das verlieh der friedlichen Szene einen leichten Hauch von Wildheit. An einem anderen Tag kam ich auf dem Rückweg vom Nachmittagsspaziergang aus dem Wald auf die offene Ebene, als gerade die Sonne herauskam. Alle Vögel, die man ewig nicht gehört hat, sangen. Ich ging bis zu diesem Streifen kürzeren Grases, wo der erfolglose Stechpalmenbusch wächst, und habe den freundlichen Eindruck der roten und grauen Dächer unter mir genossen.

Kann denn *nichts* die Illusionen an einem schönen Tag früh im Jahr beseitigen? Nicht einmal ein Krieg in Europa kann einem das Gefühl nehmen, dass die gute Zeit bevorsteht. Du magst vielleicht einwenden, dass ein Krieg von Frankreich aus gesehen sich in dieser Hinsicht als noch mächtiger erweist als vom III New Building aus. Aber ich meine, ich hatte dasselbe Gefühl auch im Frühling 1918. Edith Litwells Zeile trifft es sehr gut: „Das Trugbild ewiger Schönheit, die nicht ist"[73] – aber Gott sei Dank fügt man jetzt hinzu: „die nicht hier ist" und akzeptiert die alljährliche Verheißung in einem anderen Sinn als wahr.

… Ich bin immer noch dabei, *Das verlorene Paradies* für meine Tutorien noch einmal zu lesen und zu kommentieren, und finde die Bücher über den Krieg im Himmel viel besser, als ich sie beim letzten Lesen eingeschätzt hatte. Das verdanke ich zum guten Teil Williams' wirklich ausgezeichneten Vorlesungen.

Bei unserem Donnerstagstreffen hatten wir eine hitzige Diskussion über die Feuerbestattung. Mir war gar nicht bewusst, wie stark die papistische Ablehnung dieser Praxis ist. Sie verbieten sie sogar. Weder Tolkien noch Harvard brachten meiner Meinung nach ein echtes Argument dagegen vor, sie sagten nur „man würde feststellen", dass sie schon immer von Atheisten verfochten wurde und dass der menschliche Körper der Tempel des Heiligen Geistes sei. Ich sagte: „allerdings ein verlassener Tempel" und bemerkte, es wäre annehmbar, eine Kirche in die Luft zu jagen, um zu verhindern, dass sie von Kommunisten entweiht würde. Dem widersprachen sie und sagten, wenn man einen Abendmahlskelch zerstörte, um zu verhindern, dass er für Schwarze Messen genutzt würde, wäre das eine Todsünde, denn es sei *deine* Verantwortung, ihn zu ehren, und was die Zauberer hinterher damit täten, sei die ihre. Ich war überrascht über das Ausmaß an Leidenschaft, die das Thema in uns allen wachrief. ...

An Mary Neylan

The Kilns, Headington Quarry, Oxford. 26. März 1940

1) Über den Gehorsam. Fast jeder wird sich im Lauf seines Lebens in Positionen finden, in denen er befehlen sollte, und in solchen, in denen er gehorchen sollte. ...

... Nun braucht aber jeder ein gewisses Training oder eine Gewöhnung, wenn dies gut ausgeführt werden soll. Und in der Tat mag die Gewohnheit des Befehlens – oder des Gehorchens – oftmals notwendiger sein als die aufgeklärteste Sicht auf die letzten moralischen Gründe für das eine oder das andere. Und wo es keine Schulung gibt, werden die aufgeklärtesten Sichtweisen sicher entweder wirkungslos sein oder, wenn sie wirksam sind, dann nur auf Kosten einer großen nervösen Spannung. Man kann nicht anfangen, ein Kind im Befehlen zu schulen, bevor es genug Grund und ein hinlängliches Alter hat, um jemandem oder etwas Befehle zu erteilen, ohne dass es absurd ist. Man kann auf der Stelle beginnen, es im Gehorchen zu schulen: das heißt, ihm den Akt des Gehorchens *als solchen* zu vermitteln – ohne damit die Sichtweisen, die es später darüber einnehmen wird, wer wem gehorchen sollte oder wann oder bis zu welchem Grad, zu beeinflussen. Genauso, wie man es schult, Mut zu beweisen, ohne damit im Geringsten die Frage danach zu beeinträchtigen, welchen Herausforderungen im Erwachsenenleben man sich stellen und welche man zurückweisen sollte.

Persönlich denke ich: a) Dass ein Wesen von derartiger Autorität existiert, dass Gehorsam die wesentliche Sache eines menschlichen Geschöpfs ist, und zwar auf eine Weise, wie das Befehlen es nicht ist (obwohl Menschen das leider manchmal übernehmen müssen).

b) Dass Demut an sich gut ist. Aber man müsste diesen beiden rein theologischen Sichtweisen *nicht* zustimmen, wenn man bejaht, dass Kinder Gehorsam als solchen lernen sollten. Denn es ist vollkommen offensichtlich, dass jedes menschliche Wesen einen großen Teil seines Lebens damit verbringen wird, Eltern, Lehrern, Arbeitgebern, Regierungsvertretern usw. zu gehorchen. Natürlich gebe ich hier kein *politisches* Statement ab. Die Frage, ob *Personen, denen zu gehorchen ist,* demokratisch oder auf andere Weise gewählt werden sollten (ich persönlich bin Demokrat) belässt die Wahrheit, dass in jeder menschlichen Gesellschaft sehr viel gehorcht wird, dort, wo sie war.

2) Psychoanalyse. Wenn Sie mit mir reden, müssen Sie sich in Acht nehmen, denn ich bin mir einer teilweise pathologischen Feindseligkeit gegenüber allem bewusst, was in Mode ist. Die Gründe dafür könnte ich nennen, wenn es notwendig wäre. Jedenfalls könnte ich zu diesem Thema zu Aussagen (oder zumindest, was vielleicht noch heimtückischer ist, zu einem *Tonfall*) verleitet werden, den zu verteidigen ich nicht bereit bin. Zweifellos ist [die Psychoanalyse], wie jede junge Wissenschaft, voller Irrtümer, aber solange sie eine Wissenschaft bleibt und sich nicht als Philosophie aufstellt, liege ich nicht im Streit damit – d. h. solange Menschen das, was sie enthüllt, anhand der besten menschlichen Logik und

Wertmaßstäbe beurteilen, die sie haben, und nicht versuchen, Logik und Werte aus ihr abzuleiten. In der Praxis ist es zweifellos so, wie Sie sagen: Der Patient wird immer von den Werten des Analytikers beeinflusst.

Insofern er sie zu *heilen* versucht, d. h. etwas zu *bessern*, ist jede Art von Behandlung mit einem Werturteil verbunden. Dies ließe sich vermeiden, wenn der Analytiker sagen würde: „Erzählen Sie mir, was für ein Typ Sie sein möchten, und ich sehe, was ich tun kann, um Sie dem möglichst nahezubringen." Aber natürlich hat er in Wirklichkeit seine eigene Vorstellung davon, worin Güte und Glück bestehen, und arbeitet darauf hin. Und seine Vorstellung stammt nicht aus seiner Wissenschaft (das könnte sie nicht), sondern ist hergeleitet aus seinem Alter, Geschlecht, gesellschaftlichem Stand, seiner Kultur, Religion und dem Erbe, [das er in sich trägt], und ist ebenso kritikbedürftig wie die des Patienten. Es ist in der Tat so: Wenn Sie vermuten, *Ihre* Werte hätten Sie vom Kindermädchen, können Sie sich damit trösten, darüber nachzusinnen, dass das für *seine* auch gilt. Denn kein noch so großes Wissen darüber, wie Geisteszustände entstehen, könnte Ihnen aus sich heraus vermitteln, welche dieser Zustände zu bevorzugen sind. Dafür muss man zurückgreifen auf das, was man als allgemeine Lebensphilosophie angenommen hat.

In Wirklichkeit werden weder seine noch Ihre Werte durch die Tatsache entkräftet, dass sie eine Geschichte haben, in der Kindermädchen eine Rolle spielen – wie ja auch die Vernunft nicht zusammenbricht, wenn man erkennt, dass man das meiste davon von den Vorfahren gelernt hat.

Eine andere Weise, wie *jedwede* therapeutische Kunst schlechte philosophische Ergebnisse hervorbringen kann, ist diese: Sie muss – aus Gründen der Methodik – Perfektion als die Norm annehmen und jede Abweichung davon als Krankheit betrachten: Es besteht also immer die Gefahr, dass diejenigen, die sie ausüben, vollkommene Perfektion als „normal" im volkstümlichen Sinn behandeln und deshalb ihr Leben daran verschwenden, Unmögliches zu verlangen.

Wenn Dr. Sprenger sagt, Sarah sei „nervenschwach", hat er vermutlich recht in dem Sinn, dass sie nicht vollkommen weise, gut und glücklich ist und es auch nie sein wird. Erbarmen! Man stelle sich vor, „Glück" und „Normalität" gleichzusetzen! Futter für die Würmer, Nachbar: Adams Söhne, Evas Töchter: „Das Leben lässt sich nicht veredeln"[74] – „Glaub nicht, des Menschen Schicksal würde für dich aufgehoben."[75]

Ich sehe keinen Grund, warum ein Christ nicht Analytiker sein sollte. Schließlich definiert die Psychoanalyse nur, was man immer eingeräumt hat: dass die moralischen Entscheidungen der menschlichen Seele innerhalb einer komplexen nicht-moralischen Situation ablaufen. Selbst Hamlet wusste, dass „der Teufel" bei Menschen von melancholischer Veranlagung „sehr mächtig" ist – d. h. bei Menschen mit gewissen Komplexen, was tatsächlich die ganze Sache auf den Punkt bringt.

Die christliche Sicht wäre die, dass jede psychologische Situation, so wie jedes Maß an Wohlstand oder Armut, Begabung oder Dummheit usw. ihre eigenen Versuchungen und eigenen Vorteile hat, dass das Schlechteste noch immer zu etwas Gutem genutzt und das Beste immer zum eigenen geistlichen Ruin missbraucht werden kann. Es stimmt, was Boethius sagt: „Jedes Schicksal ist gut."[76]

Das heißt nicht, dass es falsch wäre, einen Komplex zu heilen, wie man ja auch ein steifes Bein heilt, aber es heißt, wenn man es nicht kann, dann ist das Leben mit dem Komplex – solange das Spiel noch nicht aus ist – genau das Spiel, in das man gestellt ist. …

… 3) Das Christentum. Meine eigene Erfahrung beim Lesen der Evangelien war in einem gewissen Stadium sogar noch deprimierender als die Ihre. Jeder hatte mir erzählt, ich würde darin eine Figur finden, die ich einfach lieben müsste. Nun, ich musste nicht! Sie sagten mir, ich würde moralische Vollkommenheit finden – aber man sieht so wenig von Ihm in gewöhnlichen Situationen, dass ich damit auch nicht viel anfangen konnte. Tatsächlich erschien mir einiges an Seinem Verhalten durchaus kritikwürdig, z. B. eine Einladung zum Essen von einem Pharisäer anzunehmen und ihn dann mit Schmähungen zu überschütten.

Die Wahrheit ist, dass der süßlich-attraktiv-menschliche Jesus ein Produkt des Skeptizismus des 19. Jahrhunderts ist, hervorgebracht von Leuten, die aufgehört hatten, an seine Göttlichkeit zu glauben, die aber so viel vom Christentum bewahren wollten, wie sie konnten. Das ist nicht das, was ein Ungläubiger, der die Berichte mit offenem Geist liest, (auf den ersten Blick) dort findet. Das Erste, worauf man wirklich stößt, ist, dass wir schlicht nicht *eingeladen* sind (um es mal so zu sagen), irgendein moralisches Urteil über Ihn zu fällen, wie günstig dies auch ausfiele. Es ist nur allzu klar: Wenn hier jemand urteilt, dann ist Er es; wir sind die, die beurteilt werden, manchmal mitfühlend, manchmal mit erstaunlichem Ernst, aber immer *de haut en bas* [vom Hohen zum Niedrigen]. (Ist Ihnen aufgefallen, dass man seine Vorstellungskraft kaum davon befreien kann, sich Ihn kleiner als sich selbst vorzustellen?) Das Erste, was die Evangelien in einem neuen Leser wirklich bewirken – und bewirken sollten – ist, die sehr drängende Frage wachzurufen: „Wer – oder was – ist dies?“ Denn es gibt in Seinem Charakter recht vieles, das nicht liebenswert und nicht einmal tolerierbar ist – *es sei denn*, Er ist wirklich der, der Er zu sein behauptet. Wenn Er es ist, dann liegt die Sache freilich anders: Dann wird es auch nicht mehr überraschen, wenn am Ende vieles rätselhaft bleibt. Denn wenn am Christentum irgendetwas dran ist, dann nähern wir uns jetzt etwas, das nie ganz einsichtig sein wird.

Für diesen ganzen Aspekt des Themas sollte ich auf Chestertons *Der unsterbliche Mensch*[77] verweisen (da Sie ja seine *Orthodoxie* gelesen haben). Vielleicht finden Sie auch Mauriacs *Leben Jesu*[78] nützlich ... Übrigens, wenn sich beim Lesen des Neuen Testaments kindliche Assoziationen allzu sehr aufdrängen, ist es eine gute Idee, es mit einer anderen Sprache zu versuchen, oder in der modernen Übersetzung von Moffat.[79]

... Mir gefällt sehr, was Sie darüber sagen, „nicht auf zwei Hochzeiten gleichzeitig zu tanzen“, und dass etwas nicht „auf unbestimmte Zeit vermieden“ werden kann. Wenn wirklich die Psychoanalyse Sie das gelehrt hat, dann wünsche ich ihr mehr Durchschlagkraft; aber ich habe den Verdacht, es ist Ihre eigene

Erkenntnis. Meine Bücher Propaganda? Unsinn! Nur die beiden, die sich beinahe dazu bekennen (*Flucht aus Puritanien* und *Jenseits des schweigenden Sterns*). Kommen Sie mich besuchen, wenn es Ihnen besser geht, und bringen Sie den Gatten mit. Beste Wünsche an alle. ...

An seinen Bruder

[The Kilns] 4. Mai 1940

Deine Frage zur Feindesliebe hat mich in letzter Zeit sehr beschäftigt. Man muss sich ihr jedes Mal stellen, wenn man das Vaterunser betet. Keine Ausnahme scheint gestattet zu sein – aus Johnsons *Rambler* Nr. 185 (für den Heiligen Abend 1751) der Schlussabschnitt: „Von dem, der hofft, ihm werde vergeben, wird unabdingbar erwartet, dass auch er vergibt. An dieser übergeordneten Pflicht hängt die Ewigkeit. Und dem, der sich weigert, sie zu praktizieren, ist der Zutritt zum Thron der Gnade verwehrt, und der Retter der Welt ist für ihn vergeblich geboren." Es klingt unmöglich. Ich bete jeden Abend für Menschen, die zu hassen oder zu verachten ich am meisten versucht bin (die Liste zur Zeit umfasst Hitler, Stalin, Mussolini, Mackenzie, Austen Opie)*, und in dem Bemühen, dies aufrichtig tun zu können, hatte ich eine Menge Denkarbeit zu leisten.

1) Im Griechischen gab es drei Wörter, die die meisten Arten der Liebe abdecken: (Eros = sexuelle Liebe, Storge = Familienzuneigung, Philia = Freundschaft). Aber das neutestamentliche Wort für „Liebe" oder „Nächstenliebe" ist Agapë. Im klassischen Griechisch wird es kaum gebraucht, d. h. es ist ein neues Wort für etwas Neues. Offensichtlich kann es nicht „eine unwillkürliche Empfindung" meinen. Wir *sagen* alle, Gott ist weise, argumentieren aber ständig so, als wäre er ein Idiot! Wie könnte er das Unwillkürliche anordnen? Agapë erkennt man, wie ich meine, am

besten in den Worten: „Liebe deinen Nächsten wie dich selbst"[80], d. h. trachte durch einen Akt des Willens ebenso nach dem Besten für deinen Nächsten wie für dich.

Nun liebt man sich selbst nicht wegen der eigenen „liebenswerten Eigenschaften". Vielleicht schreibt man sich in Momenten der Eitelkeit liebenswerte Eigenschaften zu, aber das ist nicht die *Ursache* unserer Selbstliebe, sondern eine ihrer *Folgen*. In anderen Momenten, in denen man sich selbst nicht mag, strebt man immer noch nach eigenem Glück. Diese Haltung sich selbst gegenüber diktiert die Natur; gegenüber anderen aber muss sie erworben werden.

Ich gehe davon aus, dass dies nicht im Geringsten bedeutet, so zu tun, als wäre der Feind „schließlich doch nicht so schlimm", als wären seine Sünden „belanglos" oder er eigentlich doch liebenswert. Nicht im Mindesten! Es ist die alte Geschichte: „Liebe den Sünder, aber hasse die Sünde", die für mich lebendig wird, wenn ich mir klarmache, dass ich ständig genauso mit mir selbst umgehe. Fürs Erste definiere ich Agapë so: „nicht zu vergessen, dass es auch im Gestapo-Mann etwas gibt, das Ich sagt und Mir sagt, wie ich es tue, und das genau dieselben Gründe (nicht mehr und nicht weniger) hat wie mein Ich, von allen seinen Sünden, wie zahlreich sie auch sein mögen, unterschieden zu werden, und das, wie ich selbst, von Gott für eine ewige Glückseligkeit geschaffen wurde – sich darüber im Klaren zu bleiben und sich für die wahren Interessen dieses Etwas einzusetzen, soweit man kann."

2) Wenn man deine Andeutung ernst nimmt, dass sie buchstäblich besessen sind, macht diese Sicht der Dinge es nicht eigentlich leichter? Angenommen, einem würden die Augen geöffnet und man könnte den Gestapo-Mann sichtbar von Dämonen besessen vor sich sehen – eine verzerrte und verkrüppelte menschliche Gestalt, von Blut und Schmutz bedeckt, *zusammengeschweißt* mit einer Art Mischwesen aus Mandrill und einem gigantischen Tausendfüßler? Ganz sicher würdest du dich doch mit dem, was noch menschlich an ihm ist, gegen diesen Horror verbünden, der euch beide quält, ihn direkt und dich durch ihn?

3) Natürlich gibt es noch ein weiteres Stadium. Wir sind nicht aufgerufen, die Verdammten zu lieben. Wenn das Opfer des Feindes gänzlich aufgehört hat, menschlich zu sein, wenn sein Wille nicht mehr nur von seinem Reiter bestimmt wird, sondern sich unumkehrbar mit ihm identifiziert, dann ist Liebe nicht länger geboten. Aber es ist uns nicht gestattet, anzunehmen, dass dies in einem Menschen, der noch am Leben ist, tatsächlich stattgefunden hat, und ganz offensichtlich wissen wir nicht genug. Ich meine allerdings, die *Möglichkeit* ist eine echte Hilfe zur Nächstenliebe. Diese „Schweine", wie du sie zu Recht nennst, müssen als Menschen gesehen werden, in denen das menschliche Selbst (für das Glück geschaffen wie man selbst) noch lebendig ist, die sich aber unaufhörlich auf diese letzte Identifikation mit dem Feind zubewegen – aber immer noch (davon müssen wir ausgehen) gerettet werden können. Aus dieser Perspektive finde ich es nicht unmöglich, zu wünschen und dafür zu beten, dass diese Rettung sich ereignen möge. (Wohlgemerkt, man ist nicht aufgefordert zu wünschen, sie mögen glücklich sein, *wenn sie bleiben, was sie jetzt sind*. Bei Weitem nicht.)

4) Natürlich kommt hier das Gleichnis vom Knecht, der seinem Mitknecht nicht vergeben wollte[81], ins Spiel. Du und ich urteilen vom hohen Ross über die Nazi-Grausamkeiten. Ausgerechnet du und ich. Denk mal darüber nach.

5) Es wird uns gesagt, dass Gott das Heil für alle Menschen will. Man muss sich vorstellen, dass Christus ununterbrochen für diese Unmenschen eintritt. Wenn wir für sie beten, fügen wir nur unsere kindlichen Gebete dem seinen hinzu. Man kann es beinahe komisch fassen: „Ich selbst mag diesen Mann nicht, Sir, aber natürlich, wenn es Ihnen ein Anliegen ist…" Sicher tritt Er nicht für sie ein, weil sie es verdient haben; aber ebenso tritt Er für uns ein. Meine eigene Neigung, dem Hass freien Lauf zu lassen und ihn als tugendhaft oder natürlich zu betrachten, erhält einen erheblichen Dämpfer durch die Wahrnehmung, dass Hass ebenso oft durch Aufstachelung entsteht wie durch irgendetwas anderes.

...Heute Vormittag, an Himmelfahrt, ging ich zur Kommunion und habe die (für mich) ungewohnte Erfahrung gemacht, den Chor von St. Magdalen zu hören. Natürlich bedauert man es, dass so wenige Kommunikanten da sind – aber einen Männerchor einen Choral so singen zu hören, dass es das Dach abheben könnte, und das für eine Gemeinde von sechs Teilnehmern – oder eher: zur Ehre Gottes –, das ist ziemlich hinreißend. Aber ich verfalle in den amüsanten Irrtum, von dem ich neulich hörte. Es ging darum, die Gefahren des nicht vorformulierten Betens zu illustrieren, und handelte von einem amerikanischen Abweichler, der einem Pfarrer mit den Worten gratulierte: „Nun, Sir, Ihr Gebet heute Morgen war das beste, das je an eine Gemeinde in Chicago *gerichtet* wurde!"

Ich habe schon den größten Teil der Woche eine üble Erkältung, die nun wohl ihren Höhepunkt erreicht. Wenn du die inneren mit den äußeren Fakten kombinierst – es ist nämlich einer der ersten wirklich heißen Tage (die Farben der Blumen und der blühenden Bäume sehen unnatürlich aus, so strahlend und unerwartet sind sie), dann kannst du dir eine gute Vorstellung davon machen, was ich im Moment erlebe – eine gewisse Unwirklichkeit....

* Ich meine natürlich nicht, dass ich sie alle in gleichem Maß hasse!

An seinen Bruder

[The Kilns] 20. Juli 1940

Humphrey kam gestern Abend vorbei (nicht in seiner Eigenschaft als Arzt) und wir haben uns gemeinsam Hitlers Rede angehört.[82] Ich weiß nicht, ob ich schwächer bin als andere, aber es ist geradezu eine Offenbarung für mich, wie unmöglich es ist, *solange die Rede dauert,* nicht ein wenig unsicher zu werden.[83] Als Lehrer oder Polizist wäre ich nutzlos. Aussagen, von denen ich weiß, dass sie unwahr sind, überzeugen mich beinahe, zumindest für den Moment, wenn der Mann sie nur entschlossen genug äußert. Dieselbe Schwäche ist der Grund dafür, warum ich ein langsamer Prüfer bin: Wenn ein Kandidat mit einer kühnen, reifen Handschrift *Das verlorene Paradies* Wordsworth zuschreibt, könnte ich die Tendenz haben, aufzustehen und es für ihn nachzuschlagen aus Angst, er könnte doch recht haben.

... Ich nehme die Arbeit zur Kaffeezeit am Sonntagmorgen wieder auf. Wegen der Krankheit war ich zum ersten Mal seit vielen Wochen wieder in der Kirche und hielt mich für invalide genug, um die Kommunion am Mittag zu empfangen. Ich bin erfreut, festzustellen (obwohl man die Wirkungen der Gewohnheit nicht mit denen der Gnade verwechseln darf), dass ich inzwischen, wenn diese Pflicht für mehrere Wochen unterlassen wurde, spüre, dass sie mir fehlt – wenn auch nur auf sehr leise Weise, so wie man sich unwohl fühlt, wenn man zu lange seine Fingernägel nicht geschnitten hat oder nicht beim Friseur war. Blanchette hat gepredigt. Nicht sehr gewinnbringend.

Bevor der Gottesdienst vorbei war – man könnte wünschen, diese Dinge kämen zeitlich passender –, kam mir eine Idee für ein Buch, das, wie ich meine, sowohl nützlich als auch unterhaltsam sein könnte. Es würde heißen *Von einem Teufel zum anderen* und würde aus Briefen bestehen, die ein älterer, nicht mehr tätiger Teufel an einen jungen Teufel schreibt, der gerade erst begonnen hat, an seinem ersten „Patienten" zu arbeiten.[84] Der Grundgedanke wäre der, die gesamte Psychologie der Versuchung aus der anderen Perspektive darzustellen, z. B. „Im Blick darauf, seinen Glauben an das Gebet auszuhöhlen, wirst du, glaube ich, keine Schwierigkeiten mit seinem Intellekt haben, vorausgesetzt du sagst nie das Falsche im falschen Moment. Schließlich wird der Feind seine Gebete entweder beantworten oder auch nicht. Tut er es *nicht*, ist es einfach – es zeigt, dass Gebete nichts nützen. Tut er es – ich habe immer festgestellt, dass das, seltsam genug, genauso leicht genutzt werden kann. Es bedarf nur eines Wortes von dir, um ihn glauben zu machen, dass die Tatsache, dass er sich geduldiger fühlt, nachdem er um Geduld gebetet hat, als Beweis gelten kann, dass Beten eine Art Selbsthypnose ist. Oder wenn [sein Gebet] durch ein äußeres Ereignis beantwortet wird, dann kann er überzeugt werden, dass das ohnehin geschehen wäre, da dieses Ereignis Gründe hat, auf die du hinweisen kannst. Du verstehst die Idee? Beten kann immer diskreditiert werden, entweder weil es funktioniert oder weil es nicht funktioniert.[85]

Oder auch: „Beim Angriff auf seinen Glauben wäre ich vorsichtig mit Argumenten. Argumente können nur Antworten provozieren. Woran du arbeiten willst, ist das bloße vernunftlose *Gefühl*, dass ‚solche Dinge nicht wirklich wahr sein können.'"[86]

Ich habe Thompys Gedicht fast ausgelesen. Wusstest du (was ich daraus erfahren habe), dass der letzte Ludwig ein Jagdtagebuch führte, und, weil er nichts geschossen hatte, für den Tag, an dem die Bastille gestürmt wurde, nur das Wort *Rien* eintrug?[87] Wenig später findet sich eine Erwähnung seiner eigenen Tagebücher aus der Schulzeit – meist Kricketergebnisse usw. – und wie sehr sie sich davon unterscheiden, was er als tatsächliches Empfinden in Erinnerung hat, mit dem Kommentar: „So from its hard outside you'd never tell/How the soft creature shivered in its shell.")[88] ...

Wir haben viel guten Wind und Schlagregen, was mich sehr erleichtert – und was sicher sehr unangenehmes Wetter ist, wenn man auf einem flachkieligen Schiff voll beladen mit Panzern auf dem Kanal ist.

An Mary Neylan

Magdalen College, Oxford. 29. Jan. 1941

Liebe Mrs Neylan,

vielen Dank für Ihren freundlichen Brief. Mein eigener Fortschritt gestaltet sich sehr langsam (tatsächlich scheint es zuweilen, als ginge ich rückwärts), sodass die Ermutigung, jemandem in gewissem Maß geholfen zu haben, genau das ist, was ich gebraucht habe.

Natürlich beinhaltet der Gedanke, sich nicht auf Gefühle zu verlassen, keinerlei Implikation, man solle sie nicht genießen, wenn sie kommen. Vielleicht erinnern Sie sich an Donnes *Litanie*: „dass unsere Neigungen uns nicht töten – und auch nicht sterben". Zu den geringeren Belohnungen der Bekehrung gehört es, dass wir fähig sind, endlich den eigentlichen Punkt in all der alten Literatur zu sehen, die zu lesen wir erzogen wurden, nur dass dieser Punkt fehlte!

Ich bin froh, dass Ihrem Mann seine Tätigkeit gefällt. Ich werde die Zeitung nicht in der Lodge lassen, dort kommt vieles abhanden; kommen Sie irgendwann am Vormittag vorbei, um sie zu holen. Ich bin gewöhnlich ab 11.00 Uhr frei.

Mit herzlichem Dank, Ihr
C. S. Lewis

An Schwester Penelope CSMV

Magdalen College, Oxford. 19. Nov. 1941

Liebe Schwester Penelope,

... Was mich wirklich beunruhigt, ist das Gefühl (oft morgens beim Aufwachen), dass es tatsächlich nichts gibt, wogegen ich eine solche Abneigung habe wie gegen *Religion*. Dass sie einem so sehr gegen den Strich geht! Ich frage mich, ob ich das wirklich ertragen kann. Haben Sie je so empfunden? Wächst sich das aus? Natürlich gibt es keine intellektuellen Schwierigkeiten. Wenn unser Glaube wahr ist, ist es genau das, was ich empfinden sollte, bis der neue Mensch ausgewachsen ist. Aber es ist doch eine recht langwierige Angelegenheit.

Was Sie darüber schreiben, „von sich selbst enttäuscht" zu sein, ist sehr wahr – und hat die Tendenz, bloße Enttäuschung (worin viel verletzter Stolz liegt und ein gut Teil Verärgerung eines Sportlers, der den Rekord brechen will) als echte Reue misszuverstehen. Ich hätte diesem Thema einen *Screwtape*-Brief widmen sollen.

An Dom Bede Griffiths OSB

[The Kilns] 21. Dez. 1941

Mein lieber Bede,

ich bin ausgesprochen froh, dass du auf meinen Freund Chas. Williams gestoßen bist, wenn auch auf eines seiner schlechtesten Bücher. Während des Krieges lebt er in Oxford und wir haben ihn dazu gebracht, für die Fakultät über Milton zu lesen.

... Er ist ein hässlicher Mann mit einem Cockney-Akzent. Aber daran denkt niemand mehr, wenn Williams die ersten fünf Minuten der Vorlesung gehalten hat. Sein Gesicht wird dann beinahe engelsgleich. Sowohl in der Öffentlichkeit als auch im privaten Umgang ist er derjenige von fast allen Leuten, die ich kenne, aus dessen Ansprachen die meiste *Liebe* herausströmt. Es ist einfach unwiderstehlich.

... Williams, Dyson aus Reading und mein Bruder (beide Anglikaner) und Tolkien und mein Arzt, Harvard (aus deiner Kirche), sind die „Inklings", denen ich mein Buch *Über den Schmerz* gewidmet habe. Wir treffen uns freitagabends in meinen Räumen – theoretisch, um über Literatur zu reden, aber tatsächlich fast immer, um über etwas Besseres zu sprechen. Was ich ihnen allen verdanke, lässt sich nicht bemessen. Dyson und Tolkien waren die unmittelbaren menschlichen Gründe für meine eigene Bekehrung. Gibt es auf Erden eine größere Freude als ein Kreis christlicher Freunde an einem guten Feuer?

Seine Geschichten (ich meine Williams') sind seine besten Arbeiten – *Descent into Hell* und *Die Stätte des Löwen* vor allen anderen.

Ich stimme dir durchaus zu im Blick auf das, was du seine „Affektiertheiten" nennst – nicht dass es Affektiertheiten wären, es sind vielmehr ehrliche Mängel an Geschmack. Er ist zum großen Teil Autodidakt, der mit einem beinahe orientalischen Reichtum an Vorstellungskraft zu kämpfen hat („sahnig-klumpige charles'sche Pracht" nennt Dyson es), der nur durch eine strenge früh erlernte Disziplin davor bewahrt werden könnte, in gedruckter Form dümmlich oder sogar vulgär zu werden – und diese Disziplin hat er nie erfahren. Aber er ist ein liebenswertes Geschöpf. Ich bin stolz darauf, dass ich zu seinen Freunden zähle.

Nun zu den Manuskripten. a) Der Anspruch, Sünden zu vergeben, *findet sich* bei Markus und allen Synoptikern.[89] b) Ja – ich bin wohl weiter gegangen, als ich beabsichtigte, wenn ich sagte, alle Theorien über den Sühnetod wären „zurückzuweisen, sofern wir sie nicht hilfreich finden". Was ich meinte war: „müssen nicht zur Anwendung kommen" – etwas gänzlich anderes. Gibt es hier deiner Meinung nach einen wirklichen Unterschied: An die Göttlichkeit [Jesu] *muss* man glauben, ob man es nun hilfreich findet oder für einen „Skandal" hält (sonst ist man gar kein Christ), aber die Anselm'sche Sühnetheorie steht nicht im gleichen Rang.[90] Würdest du zugestehen, dass jemand Christ (und auch Mitglied deiner Kirche) sein kann, der sagt: „Ich glaube, dass der Tod Christi den Menschen von der Sünde erlöst, aber all die Theorien, *wie* [das geschieht], sagen mir nichts"?

Weißt du, was ich mit diesen Radioansprachen vorhatte, war, einfach darzustellen, was uns noch immer alle verbindet. Und ich habe versucht, von Freunden in unterschiedlichen Kreisen ein *nihil obstat*[91] zu bekommen. (Die andere Gegenstimme neben deiner kommt von einem Methodisten, der sagt, ich hätte nichts über die Rechtfertigung aus Glauben gesagt.) Es spielt daher keine große Rolle, was du über meine *eigene* Theorie denkst, denn diese entwickelt sich nur als eben meine eigene. Aber ich würde dir gern auf deinen anderen Punkt etwas erwidern – inwiefern jede Theorie *de fide*[92] ist. Für das Konzil von Trient scheint „für uns Gott dem Vater Genüge zu tun" das eigentliche Problem gewesen zu sein. Was war der Kontext?

Gegen welchen Irrtum war das gerichtet? Trotzdem – bemüh dich nicht, denn ich fürchte, ich werde meine ursprüngliche Hoffnung aufgeben müssen. Ich denke, ich könnte etwas hinkriegen, das du und deine Freunde billigen würden, aber nicht, ohne die Ansprachen entweder zu verlängern oder zu kürzen. Aber ich befinde mich auf dem Prokrustesbett[93] von fünfzehn Minuten – nicht mehr und nicht weniger. Du kannst dir vorstellen, wie schwierig das ist.

An Lewis John Collins (Lambeth Palace)

Magdalen College, Oxford. 12. Juli 42

Lieber Pater Collins,

ich bleibe über Nacht, wenn ich darf. Herzlichen Dank.

Ich bin ein wenig überrascht (natürlich angenehm) über die Zahl der Zuhörer, die Sie erwarten. Sie meinen doch Menschen, die *von sich aus* kommen, oder? Ich würde ungern vor einem Publikum sprechen, das man (wenn auch indirekt oder mit Samthandschuhen) [zur Teilnahme] genötigt hat. Das bedeutet natürlich, dass ich bereit bin, das Risiko einzugehen, überhaupt kein Publikum zu haben – das ist mir in der Tat nicht selten passiert.

Bevor ich entscheide, über welches der vorgeschlagenen Themen ich sprechen möchte, wüsste ich gern, ob das Publikum voraussichtlich aus Gläubigen oder aus Fragenden besteht. Ich hätte Ihnen einen Brief ersparen sollen und das bereits letztes Mal fragen sollen, aber ich bin gerade mitten im Korrigieren von Examensarbeiten und mein Kopf ist leer. Ich bemühe mich, Sie hiernach nicht mehr zu behelligen!

Ihr C. S. Lewis

An Lewis John Collins (Lambeth Palace)

Magdalen College, Oxford, 17. Juli 42

Lieber Pater,

die Bedingungen sind aus meiner Sicht ideal. Planen Sie mich auf jeden Fall zuerst für eine Ansprache an das gemischte Publikum ein und für die ernsthaft Interessierten danach, wenn sie wollen, eine Zusammenkunft in einem kleineren Raum. So hat es bei anderen Gelegenheiten gut funktioniert.

Ich werde (grobflächig) über die Beziehung zwischen Christentum und sozialer Ordnung sprechen. Wenn es Ihnen nicht zu frivol erscheint, könnte der Titel lauten: *Der christliche Glaube ist kein Patentrezept.*

Ihr
C. S. Lewis

An Schwester Penelope CSVM

[The Kilns] 22. Dez. 1942

Perelandra wird hoffentlich früh im Januar bei Ihnen eintreffen – ich konnte den Künstler von seiner Idee abbringen, Tinidril auf dem Cover zu haben. (Sie können sich vorstellen, was das bedeutet hätte!)[94] Ich war sehr beschäftigt mit diesem und jenem – die Tage und Stunden sind nicht mehr das, was sie waren, oder? Der Stundenzeiger rückt jetzt vor wie früher der Minutenzeiger!

Wie kann man wirklich dankbar sein? Ich denke an die Verbesserung der Situation in den Kriegsnachrichten, und ich meine nicht (rein rhetorisch): „Wie kann man dankbar genug sein?", sondern genau das, was ich sage. Es scheint etwas zu sein, das verschwindet oder in dem Moment zu einer bloßen Worthülse wird, in dem man feststellt, man *sollte* so empfinden. Ich sage den Menschen immer, sie sollen sich beim Beten nicht um ihre „Gefühle" kümmern und vor allem niemals *versuchen*, [etwas Bestimmtes] zu fühlen, aber im Blick auf die Dankbarkeit habe ich meine Fragen: denn wenn Dankbarkeit kein Gefühl ist, was ist sie dann?

Schon erstaunlich, wie das bloße Formulieren einer Frage das Gewissen wachruft! Am Ende des letzten Briefbogens hatte ich keine Vorstellung davon, wie die Antwort lauten könnte, aber jetzt weiß ich genau, was Sie sagen werden: „Setzen Sie Ihre Dankbarkeit in Taten um, und überlassen Sie die Gefühle sich selbst." Danke. (Sind theoretische Probleme eigentlich *immer* Drückebergerei vor einem Willensentschluss?)

... Ich habe eine Nebenhöhlenentzündung (es fühlt sich an wie Zahnschmerzen, ist es aber nicht), aber nicht sehr arg, und ich glaube, sie ist im Abheilen. Ich muss zwanzig Minuten am Tag mein Gesicht über einen Topf mit Friars Balsam halten wie ein Pferd in einen Futtersack, und die Familie wirft mir alle möglichen Dinge an den Kopf, auf die ich nichts erwidern kann, obwohl es für mich eine Qual ist.

Zu Weihnachten sende ich Ihnen allen Gottes Segen. Ich schließe Sie in mein tägliches Gebet ein wie Sie mich in Ihres, wie ich weiß.

An Mary Neylan

Magdalen, Oxford. 31. Jan. 1943

Liebe Mrs. Neylan,

was für ein schreckliches Pech. Und ich bin der Letzte in dieser Welt, um jemandem zu schreiben, der sich schwach und antriebslos fühlt, nicht, weil ich nie in dieser Verfassung gewesen wäre, sondern weil sie mir selbst nicht annähernd so verleidet ist wie den meisten Menschen. Im Bett zu liegen – überrascht von oberflächlichen Tränen beim kleinsten Anzeichen von Pathos in einem Buch –, das Buch aus der Hand gleiten zu lassen, während man selbst tiefer und tiefer in die Tagträumerei gerät – zu vergessen, was man vor einem Augenblick gedacht hat und *sich nicht daran zu stören* –, und dann wachgerüttelt zu werden, um unvermittelt festzustellen, dass es schon Zeit ist fürs Abendessen – all das finde ich *nicht* unangenehm!

Ja, es ist seltsam, welch schrecklichen jungen Männern man bei Dickens und Thackeray begegnet. Natürlich ist der *Niedergang* von D. Copperfield[95] teilweise der Tatsache geschuldet, dass kein späteres Kapitel es mit den ersten aufnehmen kann. Ist Ihnen aufgefallen, dass fast *alle* Autoren die Kindheit gut beschreiben (wenn es in der ersten Person geschieht)? *Jane Eyre*[96] ist auch zu Anfang am besten, ebenso wie fast jede Autobiografie. Aber könnte dies auch dem Brauch zu verdanken sein, dass es viktorianischen Romanciers nicht gestattet war, ihren Helden Kavaliersdelikte (oder Schlimmeres) im Blick auf die Keuschheit zuzuschreiben? Und so müssen die „Blessuren" der Jugend alle durch andere, weniger wahrscheinliche und für uns abstoßendere Sünden repräsentiert werden? Sie werden bemerkt haben, dass Tom Jones[97] unsere Wertschätzung nicht in ähnlicher Weise verliert, während er erwachsen wird.

... Ich meine, Borrow[98] dürfte sehr gut ankommen. Aber meine eigenen Favoriten, wenn ich krank bin, liegen auf der Linie von Austen, Scott und Trollope. Ich hoffe, Sie können dies lesen: Ich bin von Tag zu Tag weniger in der Lage, die Briefe zu schreiben, die ich mir vorgenommen hatte.

„Ich schreibe nun mit flücht'ger Feder,
im Alter, wenn es kommt,
schreib ich vielleicht kaum noch. [99]

Gehen Sie jetzt schlafen. Gottes Segen.

An Walter Ogilvie Field

[Magdalen] 10. Mai 43

Mein lieber Woff,

danke für deinen Brief. Du kannst den ganzen Unsinn davon, „nicht ins Bild zu passen“, vergessen. Worum es bei unserer Wanderung doch gerade geht, ist, dass alle Teilnehmer unterschiedlich und unverzichtbar sind. Owens dunkle, labyrinthartig beharrliche Debatten, mein bellender Dogmatismus, Cecils unerschütterliche Ruhe, dein kompassnadelmäßiger oder windhundartiger Eifer – das sind vier Instrumente in einem Quartett.

Wie auch immer, du unterliegst einer schlichten Illusion. Es fällt dir auf, wenn Owen und ich über Metaphysik reden und du (und Cecil) uns nicht folgen können. Was dir nicht auffällt, ist, wenn du und Owen über Wirtschaftsthemen reden und ich nicht folgen kann. Owen ist der Einzige, der *nie* überfordert ist. Das Ganze ist ein Bild dafür, wie die Welt sein sollte: eine Verbindung von *Ungleichartigen*. Wäre es doch schon so weit, dass das wieder möglich ist.

Dein
C. S. Lewis

An Arthur Greeves

[Magdalen College] 1. Juni 43

Mein lieber Arthur,

die Zeit dehnt sich länger und länger, und ich werde immer hungriger nach einem Gespräch und einem Spaziergang mit dir. Du bist vielleicht inzwischen nicht wiederzuerkennen. Immer, wenn man dieser Tage nach einer langen Abwesenheit einen Freund trifft, fällt einem auf, wie *dünn* er geworden ist.

Bei mir stehen die Dinge ziemlich so wie immer. Minto hat noch immer ihr hässliches Krampfadergeschwür und leidet ziemlich darunter. Warnie ist bei uns und mir als Sekretär eine große Hilfe – er tippt jetzt alle meine nicht persönlichen Briefe. Maureen ist, wie du weißt, verheiratet.

Wir halten jetzt Kaninchen in The Kilns, neben den Hennen! Aber sie sind viel angenehmer. Als ich neulich Abend am Gehege mit all den Jungen vorbeiging, fiel mir auf, dass sie alle in einen Karton gehoppelt waren, der zufällig dort lag. Sie standen (oder saßen) alle auf den Hinterpfoten und schauten in dieselbe Richtung, sodass es aussah, als hielten sie eine Art von Abendgottesdienst – der Karton wirkte wie eine Kirchenbank.

Im College ist es derzeit angenehm, viel angenehmer als in Friedenszeiten, da all die stürmischen Geister fort sind.

...Es hat den Anschein, als lese ich dieser Tage sehr wenig. Etwas, *das* ich kürzlich las, ist D. Sayers' *Zum König geboren*, was ich für exzellent hielt, in der Tat sehr bewegend. Die Einwände dagegen erscheinen mir ebenso dümmlich wie vergleichbare gegen *Green Pastures*[100], worüber wir beide uns, glaube ich, einig waren.

...Bryson sagt mir, du bist ein rechter Geschäftsmann geworden. Wäre es nicht schrecklich, wenn ich dich wiederträfe und du wärst ein wirklich pragmatischer Kerl in blauem Anzug und Melone geworden, der mit mir redet wie mein Onkel Gussie in seinen besten Zeiten! Natürlich könnten ebenso schreckliche Veränderungen auch mir zustoßen. Vielleicht musst du feststellen, dass ich Golfer geworden bin, Bridgespieler oder Politiker. In optimistischen Momenten denke ich manchmal, dass du mich ausgeglichener finden wirst – der Himmel weiß, das könnte gut sein.

Hatton (erinnerst du dich an Hatton, meinen freundlichen, ruhigen Bediensteten im College?) hat man in eine Fabrik gesteckt, und jetzt habe ich einen höchst schauderhaften Mann, der nie aufhört zu reden. Er soll mich um 7.15 Uhr wecken, und fast immer weckt er mich mit den triumphierenden Worten: „Es ist gerade erst fünf nach sieben“, und dann gibt er mir den Wetterbericht, der etwa zehn Minuten dauert. Warnie kam neulich bei scheußlich nassem Wetter vorbei und sagte: „Es war ein Glück, dass ich Martin auf der Treppe traf.“ – „Warum?“ – „Weil ich vielleicht nicht gewusst hätte, dass es regnet, wenn er es mir nicht gesagt hätte.“ Eine feine Figur für ein Buch. ...

An Bernard Acworth

Magdalen College, Oxford. 9. Dezember 1943

Lieber Captain Acworth,

danke für Ihren interessanten Brief vom 8. – ich muss meine Position nicht klar dargestellt haben. Ich greife die Evolution nicht an, und ich verteidige sie auch nicht. Ich glaube, dass das Christentum noch immer glaubwürdig ist, selbst wenn die Evolution wahr ist. In dieser Hinsicht sind wir unterschiedlicher Meinung. So wie ich zu denken gewohnt bin, kann ich nicht anders, als Ihren Rat (ich möge von nun an in all meine christliche Apologetik Argumente gegen die Evolution einflechten) als Versuchung zu betrachten, einen Kampf um etwas zu führen, das in der Tat ein falscher Streitpunkt ist, und auch auf einem *Terrain*, das für die einzige Waffe, die ich habe, sehr ungünstig ist. Der Atheismus ist so alt wie Epikur, und sehr wenige Polytheisten halten ihre Götter für *kreativ*.

Wann, meinen Sie, kommen Sie uns wieder besuchen?

Beste Wünsche,
Ihr
C. S. Lewis

An H. Lyman Stebbins

8. Mai 1945. Magdalen College, Oxford.

Lieber Mr. Stebbing,

wie ich zu den Kirchen stehe, lässt sich am besten durch ein imaginäres Beispiel verdeutlichen. Nehmen wir an, ich wollte herausfinden, wie Platos Lehren richtig zu verstehen seien. Was ich am zuversichtlichsten akzeptiere, ist die Interpretation, die allen Platonisten über die Jahrhunderte gemeinsam ist: Ich nehme das als wahren Platonismus an, worin Aristoteles und die Gelehrten der Renaissance und Paul Elmer More übereinstimmen. Was ich sofort zurückweise, ist die rein modernistische Sicht, die behauptet, zum allerersten Mal entdeckt zu haben, was Plato gemeint hat, und vorgibt, jeder seit Aristoteles hätte ihn missverstanden.

Aber noch etwas würde ich ablehnen: Wenn es in Athen noch immer eine altehrwürdige Platonische Gesellschaft gäbe, die den Anspruch erhöbe, alleiniger Sachwalter dessen zu sein, was Plato meinte, würde ich ihr mit großem Respekt begegnen. Aber wenn ich feststellte, dass das, was sie lehrt, in vielerlei Hinsicht seltsam wenig mit seinem tatsächlichen Text übereinstimmt und auch nicht mit dem, was die Leser der Antike gesagt haben, und dass es sich in einigen Fällen nicht mal bis zu 1.000 Jahre nach seiner Zeit zurückverfolgen lässt, dann würde ich diese exklusiven Ansprüche zurückweisen – wobei ich natürlich immer noch bereit wäre, jede Einzelheit anzunehmen, die sie über seine Verdienste zu sagen hätte.

Ebenso mache ich es mit dem Christentum. Was am allergewissesten ist, ist die große Menge an Dogmatik, über die ich in der Schrift, bei den Kirchenvätern, im Mittelalter, bei modernen R. C.s [Roman Catholics] und bei modernen Protestanten Übereinstimmung feststelle. Das ist die wahre „katholische“ Lehre. Bloßen „Modernismus“ lehne ich rundheraus ab.

Wo die römische Kirche von dieser universalen Tradition und besonders vom apostolischen Christentum abweicht, lehne ich sie ab. So zum Beispiel ihre Theologie bezüglich der S. J. M. [der Seligen Jungfrau Maria]. Ich lehne sie ab, weil sie dem Neuen Testament gänzlich fremd zu sein scheint, wo gerade die Worte „Selig ist der Leib, der dich getragen hat"[101] eine Entgegnung erfahren, die in genau die entgegengesetzte Richtung weist. In gleicher Weise scheint das Papsttum der Haltung von Paulus gegenüber Petrus in den Briefen wesensfremd zu sein. Die Transsubstantiationslehre beharrt darauf, [etwas] auf eine Weise zu definieren, die das N. T., wie mir scheint, nicht unterstützt.[102] Mit einem Wort: Mir scheint die ganze Konstruktion der modernen römischen Kirche ebenso sehr eine provinzielle oder örtliche *Variation* der zentralen, sehr alten Tradition zu sein, wie jede beliebige protestantische Gemeinschaft es ist. Ich muss ihren *Anspruch* daher zurückweisen, was aber nicht heißt, dass ich bestimmte Dinge ablehne, die sie verkündet.

Ich fürchte, ich habe kein modernes Buch über die römisch-anglikanische Kontroverse gelesen. Hooker (*Laws of Ecclesiastical Polity*) ist für mich die große Darstellung des Anglikanismus. Aber der bedeutende Punkt ist der: In einem [bestimmten] Sinn gibt es so etwas wie Anglikanismus gar nicht. Wir haben uns nur verpflichtet, alles das zu glauben, was sich aus der Heiligen Schrift belegen lässt. Zu diesem Thema gibt es Spielraum für endlosen Fortschritt. Wie immer Sie entscheiden, meine besten Wünsche. Schließen Sie mich in Ihre Gebete ein.

Mit den besten Grüßen,
Ihr C. S. Lewis

An Dom Bede Griffiths OSB

Magdalen College, Oxford. 10. Mai 1945

Mein lieber Dom Bede,

nun, wie hast *du* dich am V-Day gefühlt?[103] Mir war es unmöglich, so viel Mitleid mit den Menschen oder so viel Dankbarkeit gegen Gott zu empfinden, wie der Anlass erforderte. Manchmal erfüllt mich eine gewisse Ehrfurcht angesichts der Last unserer Begünstigungen. Jeder von uns ist verschont worden – durch eine Reihe von Fügungen der Vorsehung, manche davon nicht weit von einem Wunder entfernt. Und es will mir scheinen, dass die Art von Leben, das für weniger begünstigte Menschen an Heiligkeit grenzte, für uns nur das Minimum an Anstand darstellte. Und wie soll man diesem Maßstab gerecht werden!

Du wirst mich daran erinnern, dass dies die Situation ist, in der wir seit unserer Erlösung ohnehin schon immer gewesen sind. In der Tat: Vielleicht ist eines der großen ἔργα [Werke, Verdienste] einer innerweltlichen Befreiung, dass sie uns die andere umso deutlicher nahebringt.

Mich interessiert, was du über die Artikelserie[104] sagst. Meinst du, dass sie nicht ganz befriedigt, weil es ihr an echter *Einheitlichkeit* oder Entwicklung mangelt? Ich finde, dass die Dialoge willkürlich aufeinander folgen und vielleicht in einer anderen Reihenfolge stehen oder länger oder kürzer gefasst sein sollten. Geistliche Einheitlichkeit hat sie, wie ich hoffe. Aber ein Buch braucht auch eine musikalische und architektonische Einheitlichkeit.

Übrigens habe ich auch Soloviev gelesen, allerdings ein anderes Buch – das über die Liebe.[105] Gut, fand ich, aber doch ein klein wenig übertrieben.

Was noch merkwürdiger ist, auch mich hat der Gedanke der neuen Schöpfung sehr beschäftigt. Da bin ich absolut bei dir. Ein neuer Himmel und eine neue Erde – die Auferstehung des Leibes –, wie sehr haben wir diese Glaubenssätze vernachlässigt und es tatsächlich den Romantikern und sogar den Marxisten überlassen, die Lücke zu füllen.

Momentan arbeite ich an einem Buch über Wunder, in dem dieses Thema eine große Rolle spielen wird. Und hier ist etwas Amüsantes: Ein Buch über Wunder zu schreiben, die in gewissem Sinn Einbrüche in die Natur sind, hat dazu geführt, dass ich die Natur selbst auf eine Weise erfasse wie nie zuvor. Man *sieht* die Natur nicht, solange man nicht an das Übernatürliche glaubt. Man nimmt ihren vollen, scharfen, salzigen Geschmack nicht wahr, außer durch den Kontrast zum reinen Wasser von jenseits dieser Welt. Diejenigen, die die Natur fälschlicherweise für das All-Eine halten, sind genau dieselben, die sie niemals als eine *besondere Schöpfung* mit einer eigenen, mit Makeln behafteten, schrecklichen, schönen Individualität erkennen. Keine Zeit, das jetzt weiter auszuführen – aber ich dachte, du wüsstest vielleicht gern, was für Gedanken mich gerade berauschen.

Ich hoffe, du verfolgst deine eigene Idee für ein Buch über die Neue Schöpfung weiter.

Oremus pro invicem.[106]
C. S. Lewis

Im Licht der neuen Schöpfung sind alle Wunder wie *Schneeglöckchen* – Vorwegnahmen des ganzen Frühlings und Hochsommers, die sich langsam über das weite winterliche Feld von Raum und Zeit nähern.

An Arthur Greeves

[The Kilns] 2. Weihnachtstag [26. Dezember 1945]

Mein lieber Arthur,

mit Bedauern habe ich festgestellt, dass es Oktober war, als du mir zuletzt geschrieben hast. Aber wirkliche Korrespondenz (d. h. mit meinen persönlichen Freunden) ist jetzt während des Trimesters beinahe unmöglich.

Du stellst mir eine Frage über etwas auf S. 323 von *Die böse Macht*[107], und sagst: „Gott war sicher immer derselbe liebende und himmlische Vater, und was Christus offenbarte, war die *Interpretation* Gottes." Ich verstehe, was du meinst, aber die Frage ist für mich sehr schwer zu beantworten. Einerseits ist in Bethlehem etwas wirklich *Neues* geschehen: keine Interpretation, sondern ein *Ereignis*. Gott wurde Mensch. Andererseits muss es eine Perspektive geben, in der Gott, da er außerhalb der Zeit steht, unveränderlich ist und ihm nie etwas „passiert". Ich würde wohl antworten, dass das Ereignis in Bethlehem ein Novum war, eine Veränderung maximalen Ausmaßes, insofern jedes Ereignis ein Novum oder eine Veränderung ist – nur dass *alle* Zeit und *alle* Ereignisse darin, wenn wir sie alle auf einmal sehen und vollständig verstehen könnten, eine Definition oder ein Diagramm dessen sind, was Gott in Ewigkeit ist.

Aber das ist etwas sehr anderes als die Aussage, die Inkarnation sei einfach eine Interpretation oder eine Veränderung in *unserer* Erkenntnis. Als Pythagoras entdeckte, dass das Quadrat der Hypotenuse der Quadratsumme der anderen beiden Seiten [des Dreiecks] entspricht, entdeckte er etwas, das einen Tag zuvor auch schon gegolten hatte, nur dass es niemand wusste. Aber 50 v. Chr. wäre die Aussage „Gott ist Mensch" *nicht* in demselben Sinn wahr gewesen, wie sie es 1 n. Chr. war, denn die Einheit von Gott und Mensch in Christus ist zwar eine zeitlose Wahrheit, aber 50 v. Chr. hatten wir jenen kurzen Zeitraum noch nicht erreicht, der sie klar festschreibt. Ich weiß nicht, ob ich mich verständlich ausdrücke.

Warnie hat mir gerade Holsts *Planeten*[108] auf dem Grammofon vorgespielt. Besitzt du sie? Ich misstraue meiner eigenen musikalischen Urteilsfähigkeit mehr und mehr, je öfter ich wirklich musikalische Leute reden höre. Ich habe den Verdacht, dass der größte Teil meines Genusses Gefühl ist, das ich aus meiner eigenen Vorstellungskraft heraus produziere und für das es nur recht dezente (vielleicht sogar nur *zufällige*) Anhaltspunkte in der Musik gibt. Ich glaube daher nicht, dass es eine wirkliche Empfehlung für die *Planeten* darstellt, wenn ich sage, dass ich sehr bewegt war. Ich würde gern deine Sicht hören, wenn du das Werk besitzt. Ich hielt die drei letzten [Teile] (Saturn, Uranus, Neptun) für die besten und Jupiter für den schwächsten. Mars überwältigt einen natürlich, aber ich nehme an, da spielt auch irgendein kleiner Kniff eine Rolle.

Vor einer Weile hegte ich die große Hoffnung, für eine Vorlesung im Queen's nach Belfast rüberfahren zu können (ohne irgendeinen offiziellen Vorwand scheint es fast unmöglich, in Liverpool Zutritt auf dem Schiff zu erhalten). Aber die Termine passten nicht, und alles hat sich zerschlagen, zu meiner großen Enttäuschung. Ich möchte dich und die Stadt gern wiedersehen. Obwohl es mir vor der Stadt auch ein wenig graut. Ob sie wohl sehr ruiniert ist? – Ich meine nicht durch den Krieg, sondern durch den Frieden. Gibt es jetzt Bauprojekte rund um Shepherd's Hut? Oder eine Fabrik auf halbem Weg nach Cabra?

Gestern erhielten wir die Nachricht von Onkel Gussies Tod. Ein schwieriger Mann, wie ich mich erinnere. Er war ein selbstsüchtiger Mensch, dem es aber doch gelang, all die üblichen Folgen von Selbstsucht zu vermeiden – das heißt, er war überhaupt kein Langweiler, war frei von Selbstmitleid, war nicht neidisch und schien so glücklich, wie man nur sein kann. Ich glaube, er verdeutlicht den enormen Unterschied zwischen Selbstsucht und Egozentrik. Von Ersterer hatte er viel: Er verfolgte seine eigenen Interessen mit wenig Rücksicht auf andere. Aber er hatte nichts vom Zweiten. Ich meine, er liebte außerhalb seiner selbst. Sein Geist war nicht mit sich selbst beschäftigt, sondern mit Wissenschaft, Musik, Segeln usw. Das war das gute Element, und es wurde (wie alle guten Elemente, meine ich) in diesem Leben reich belohnt. Lass uns hoffen und beten, dass es ihn dort, wo er jetzt ist, durchträgt. Es könnte der kleine Funken Unschuld und Uneigennützigkeit sein, von dem her der ganze Mensch wieder aufgebaut werden kann.

Es besteht ein großer Unterschied zwischen einem Feuer, das erloschen ist, und einem, das *beinahe* erloschen ist. Letzteres kann mit fachmännischer Behandlung ins Leben zurückgelockt werden. Es ist schrecklich, dass manche Menschen, die sich wirklich sehr bemühen, selbstlos zu sein, doch diese furchtbare Selbstbezogenheit in sich tragen, von der er frei war.

Ich habe starkes Rheuma in der Schulter, was zu Teilen meine schlechte Handschrift erklärt. Und mir droht eine kleine Operation am Hals, aber nichts Besorgniserregendes.

Minto geht es gesundheitlich so lala, und geistig ist sie oft unglücklich. Sie soll jetzt eigentlich nicht vor Mittag aufstehen und hasst die Untätigkeit. Aber zum Glück hat sie das Lesen entdeckt, und zu meinem großen Erstaunen hat sie *Krieg und Frieden* ganz gelesen, und mit Genuss. Sie lässt dich grüßen und fragt, ob du überhaupt noch Haare auf dem Kopf hast! (Ich habe praktisch keine mehr.) Ich hoffe, deiner Mutter geht es einigermaßen gut. Richte ihr meine herzlichsten Grüße aus.... Mann, Mann, ich frage mich, wie du und ich einmal sein werden, wenn wir alt sind? Werden wir das besser bewältigen?

Ich nehme an, ich habe dir schon geraten, dir E.R. Eddisons *Der Wurm Ouroboros*[109] zu besorgen, wenn es dir je in die Hände kommt? Aber der Büchermangel ist schlimm – eine meiner Schwierigkeiten als Tutor, dass meine Schüler keines der Bücher, die sie lesen sollen, bekommen können. Du und ich, wir waren glücklich dran, in einer Zeit aufzuwachsen, in der das Angebot an guten Büchern in billigen Ausgaben praktisch unerschöpflich war. Wir waren in der Tat in vielfacher Hinsicht glücklich dran: dass wir einander gefunden haben, dass wir diese wunderbare ländliche

Umgebung hatten, dass wir genug Geld hatten, aber nicht zu viel. Also, alles Gute,

dein
Jack

An N. Fridama

Magdalen College, Oxford. 15. Feb. 1946

Lieber Mr. Fridama,

ich wurde in der Church of England getauft (also anglikanisch). Meine Eltern waren nicht besonders fromm, gingen aber regelmäßig zur Kirche und nahmen mich mit. Meine Mutter starb, als ich noch ein Kind war.

Zuerst wurde mein christlicher Glaube unterminiert durch die Haltung gegenüber *heidnischer* Religion in den Anmerkungen moderner Herausgeber lateinischer und griechischer Dichter, die wir in der Schule lasen. Sie gingen immer davon aus, dass die antike Religion der reinste Irrtum war. Dadurch entstand in mir die Frage: „Warum sollte unsere nicht genauso falsch sein?" Eine theosophische Hausmutter an einer Schule half, meine frühen Glaubensüberzeugungen zu zertrümmern, und danach hat ein „rationalistischer" Tutor, zu dem ich ging, das Zerstörungswerk vollendet. Mit 14 ließ ich jeglichen Glauben an das Christentum hinter mir, obwohl ich immer noch vorgab zu glauben, aus Angst vor meinen Altvorderen. Daher habe ich die Konfirmationszeremonie über mich ergehen lassen – bloße Heuchelei. Meine Überzeugungen blieben agnostisch, mit Ausschlägen in Richtung Pantheismus und etlichen weiteren Glaubensinhalten unterhalb des Christentums, bis ich etwa 29 war.

Was mich zurückbrachte war a) die Philosophie. Bis heute denke ich, Berkeley ist unwiderlegbar.[110] b) Meine zunehmende Kenntnis mittelalterlicher Literatur. Es wurde immer schwerer, zu glauben, dass all diese großen Dichter und Philosophen im Irrtum waren. c) Durch den starken Einfluss von zwei Autoren, dem Presbyterianer George Macdonald & dem Katholiken G. K. Chesterton. d) Durch Diskussionen mit einem Anthroposophen. Es gelang ihm nicht, mich von seiner Sicht (einer Art Gnostizismus) zu überzeugen, aber sein Angriff auf meine eigenen Grundannahmen zerstörte das übliche pseudo-„wissenschaftliche" Weltbild für immer.

Zum Calvinismus. Sowohl die Aussage, dass unsere endgültige Bestimmung bereits feststeht, als auch die Ansicht, dass es noch entweder der Himmel oder die Hölle sein kann, scheinen mir eine ultimative Realität der Zeit zu implizieren, woran ich nicht glaube. In dieser Debatte kann ich mich auf keine Seite schlagen, denn ich meine, in der wirklichen (zeitlosen) Welt ist sie bedeutungslos.

In großer Eile,
Ihr C. S. Lewis

An Dorothy Sayers

Magdalen College, Oxford. 2. August 1946

Liebe Miss Sayers,

ich glaube nicht, dass die Meinungsverschiedenheit zwischen uns von daher kommt, wo sie glauben. Natürlich darf man nicht *unredlich* arbeiten. Aber für Sie scheint das Kriterium für redliche Arbeit das empfundene *Bedürfnis* zu schreiben zu sein, das „Jucken in den Fingern". Dies erscheint mir verstiegen, so als wolle man „Verliebtheit" zum einzigen Grund dafür machen, eine Ehe weiterzuführen. Meiner Erfahrung nach hat das *Bedürfnis* keinen bleibenden

Anteil am Wert des abgeschlossenen Werks. Mein eigenes häufiges Unbehagen stammt aus einer anderen Quelle – der Tatsache, dass apologetisches Arbeiten so gefährlich für den eigenen Glauben ist. Ein Glaubenssatz erscheint mir nie in trüberem Licht als dann, wenn ich ihn gerade erfolgreich verteidigt habe. Jedenfalls danke für einen ausgesprochen interessanten Brief.

Ihr sehr ergebener
C. S. Lewis

An Eric Routley

[Magdalen College] 21. September 46

Lieber Mr. Routley,

ich kann mich nicht genau an meinen letzten Brief erinnern, aber ich war im Irrtum, sollte ich gesagt oder angedeutet haben, a) Varianten [im Gottesdienstablauf], b) aktive Beteiligung der Menschen oder c) Kirchenlieder seien prinzipiell schlecht.

Ich würde zustimmen: Alles, was die Gemeinde tun kann, kann Gott in einem öffentlichen Gottesdienst angemessen und gewinnbringend dargebracht werden. Hätte man eine Gemeinde (sagen wir in Afrika), in der eine große Tradition heiligen Tanzes existierte und die das auch sehr gut ausführte, wäre ich vollkommen dafür, Tanz in den Gottesdienst einzubeziehen. Aber ich würde diese Praxis nicht auf eine Gemeinde in Willesden übertragen, die bestenfalls das Geschiebe eines Tanzsaals zustande brächte. Und im modernen England können wir nicht singen – nicht so wie die Waliser und die Deutschen. Zudem (sehr zu bedauern, aber eine Tatsache) hat sich die Dichtkunst seit zwei Jahrhunderten in eine private und subjektive Richtung entwickelt. Das ist der Grund, warum ich Kirchenlieder als „totes Holz“ betrachte. Aber ich habe nur für mich selbst und wenige andere gesprochen. Wenn ein verbessertes Kirchenliedgut – oder auch der derzeitige Bestand – andere Menschen erbaut, dann ist es natürlich eine grundlegende Pflicht der Nächstenliebe und Demut, dass ich mich dem unterstelle. Ich habe mich nie öffentlich gegen das Singen von Kirchenliedern geäußert, im Gegenteil: Oft genug habe ich „intellektuellen" Neubekehrten gesagt, die erste Lektion, die sie lernen müssten, sei die, alles, was ihre weniger gebildeten Brüder erbaut (wie fürchterlich es dem „natürlichen Menschen" des Gebildeten auch erscheinen mag), demütig zu ertragen. Die Pforte ist niedrig, und wenn man hindurchgehen will, muss man sich bücken.

Hochachtungsvoll,
C. S. Lewis

An Dom Bede Griffiths OSB

[The Kilns] 20. Dez. 46

Mein lieber Dom Bede,

nein. Ich glaube, ich fühle mich nicht „desillusioniert" wie du. Obwohl meine emotionale Grundverfassung eine recht heitere ist, war mein allgemeines Urteil über die Welt doch immer dasselbe, das du nun fällst, und so wurde ich nicht enttäuscht. Der frühe Verlust meiner Mutter, mein Unglück in der Schule und der Schatten des letzten Krieges und jüngst wieder die Kriegserfahrung hatten mir eine sehr pessimistische Sicht auf das Dasein hinterlassen. Darauf war mein Atheismus gegründet. Und noch immer scheint mir, dass der bei Weitem stärkste Trumpf in der Hand des Feindes der tatsächliche Lauf der Welt ist, und das ganz unabhängig von besonderen Übeln wie Kriegen und Revolutionen. Die vorgegebene „Vergänglichkeit" des „Geschöpfs"[111] – die

Tatsache, dass das Leben sich das Leben zur Beute macht, dass alle Schönheit und alles Glück nur entstehen, um zerstört zu werden – das ist es, was mir die Kehle zuschnürte. Beinahe hätte ich Lucretius von Herzen zugestimmt:

nequaquam nobis divinitus esse paratam
naturam rerum: tanta stat praedita culpa. [112]

Noch immer halte ich die Argumentation aufgrund eines „Weltdesigns" für die schwächste mögliche Begründung des Theismus, und was man die Argumentation aufgrund eines „Nicht-Designs" nennen könnte, für die stärkste des Atheismus.

An Owen Barfield

[Magdalen College, Oxford] 16. Dez. 47

Mein lieber B.,

ja, ich habe deinen Brief gelesen. Du musst Geduld mit mir haben. In The Kilns standen die Dinge noch nie schlechter. W[arnie] ist auf Reisen, daher ist es mit der Collegekorrespondenz belastender als sonst. „Der Schlaf hat mich verlassen und ausgeliefert."[113]

Ich hätte nicht gedacht, dass eine Pensionierung in deinem Alter so sehr einer Verlobung gleicht, und dass der Antrag so konkret wäre. Das braucht ein wenig Nachdenken. Was mich betrifft, so ist meine berufliche Aufgabe ein erzwungener Schutz gegen meine häuslichen Pflichten und eine Entlastung davon. Gib auf dich acht. Wo es kein Amt mehr gibt, gibt es vielleicht bald keine Muße mehr. Aber natürlich kann es auch echte Freiheit bedeuten – ich wünsche dir Gottes Segen dazu.

... P. S. Natürlich liegt das eigentliche Problem in uns. Alles wäre erträglich, wenn wir nur von diesem inneren Sturm erlöst werden könnten (*boffera infernal*) – Mitleid, Wut, Neid, Angst, Schrecken und generellem Unsinn! ...

An Owen Barfield (W)

[Magdalen College, Oxford] 22. Dez. 47

Mein lieber B.,

(dieses absurde Briefpapier ist ein Geschenk eines Amerikaners.) Meinen letzten Brief bereue ich schon, außer in der Hinsicht, dass er einen so wertvollen von dir ausgelöst hat. Er bestand zu zwei Dritteln aus Laune und Melodrama. Also: „Der Schlaf hat mich verlassen und ausgeliefert“ sollte heißen: „Ich hatte ein oder zwei schlechte Nächte“ plus: „Ist *Samson Agonistes* nicht herrlich?“

Es gibt kein Problem mit meiner Berufung. Ganz offensichtlich kann man eine alte, halb gelähmte Dame nicht tage- oder auch nur stundenlang allein im Haus lassen. Und die Pflicht, sich um die eigenen Angehörigen zu kümmern, obliegt uns allen und ist selbstverständlich. Der Zorn erwächst aus *impatientia* [Ungeduld] im streng theologischen Sinn: Man behandelt die Berufung, die einem tatsächlich auferlegt ist, als Störung der eigenen (selbst gewählten) Berufung – hält die Examensarbeit, die gerade vor einem liegt, für eine Ablenkung von der, die man jetzt gern korrigieren würde. Wie auch immer. Maureen kommt zu Weihnachten und W[arnie] und ich reisen nach Malvern. Für mich passt das sehr gut.

Verb. Sap – erwähne nie wieder irgendwelche meiner Probleme gegenüber M. Milne.[114] Es war nicht mein Wille, dass ich bereits mehr Raum in ihren Gedanken einnehme, als mir lieb ist, und das Ausmaß ihrer Anteilnahme ist geeignet, sie unglücklich zu machen und mich in Verlegenheit zu bringen. (All dies unter dem Siegel des Schweigens gegenüber allen Menschen. Ich wäre nicht gern ein *vauntour* [Aufschneider].)[115]

An Warfield M. Firor

Magdalen College, Oxford. 12. März 1948

Mein lieber Dr. Firor,

ich habe Ihnen zwar schon geschrieben, um Ihnen für das großartige Präsent des Schinkens zu danken, aber dieser Brief wurde geschrieben, bevor ich ihn gekostet hatte. Das habe ich nun getan und habe das Gefühl, der Anstand erfordert nochmaligen und herzlicheren Dank.

Das Los des Schinkens war folgendermaßen: Wir haben hier einen kleinen inoffiziellen literarischen Klub, der sich jeden Donnerstag zu Bier und Gespräch in meinen Räumlichkeiten trifft, und – in glücklicheren Zeiten – auch gelegentlich zum Dinner. Und da wir nun Ihren Schinken zum Dinner hatten, hatten wir ein Festmahl, an dem acht Mitglieder teilnahmen. Durch sorgsames „Ausschöpfen der letzten Möglichkeiten" in verschiedenen Colleges hatten wir zwei Flaschen Burgunder und zwei Flaschen Port ergattert – die College-Küche steuerte Suppe, Fisch und pikante Häppchen bei, und wir hatten einen wunderbaren Abend. Nach englischen Maßstäben ist das ein Bankett wie selten, und alle waren sich einig, dass sie ein solches Dinner seit fünf Jahren oder länger nicht mehr genossen haben. Ich lege ein kleines Souvenir des Ereignisses bei, das Sie vielleicht erheitert.

Mit unserem allerherzlichsten Dank für die Freude, die Sie uns beschert haben,
Re*Speckt*voll

Ihr
C. S. Lewis

Da manche von uns nicht sehr lesbar unterschreiben, sollte ich die Liste besser erläutern: C. S. Lewis, H. V. Dyson, Lord David Cecil, W. H. Lewis, C. Hardie, C. R. Tolkien, R. E. Havard, J. R. R.

Tolkien. In der *Reihenfolge*, wie wir saßen. Tolkien *père* ist der Senior und T. *fils* das Baby.

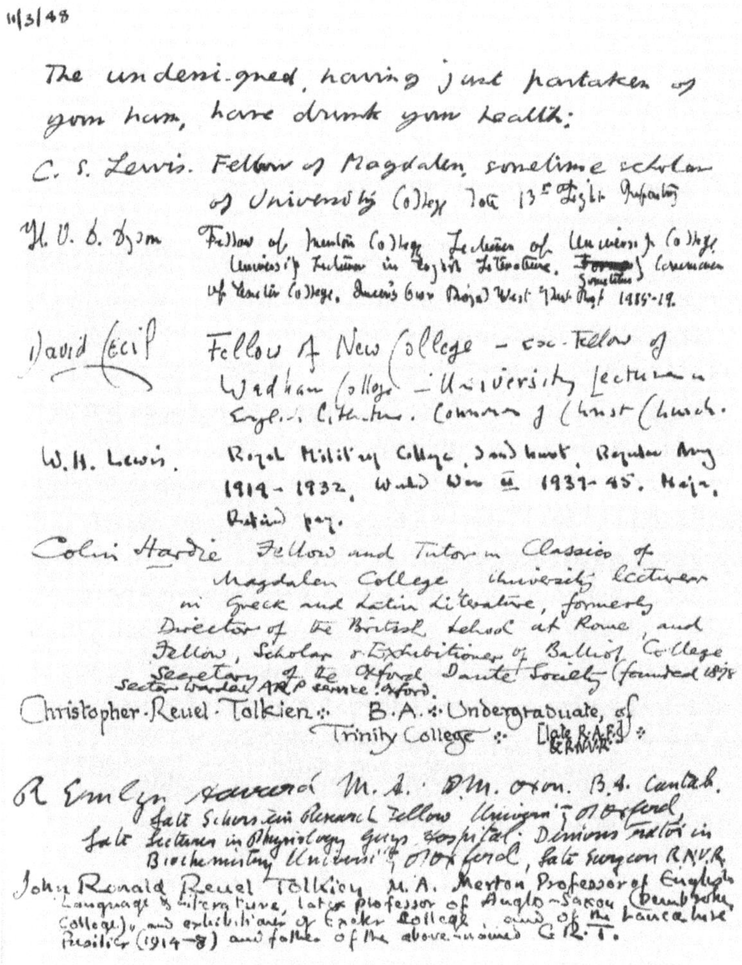

11/3/48

The undersigned, having just partaken of your ham, have drunk your health:

C. S. Lewis. Fellow of Magdalen, sometime scholar of University College, Lieut 3rd Light Infantry

H. V. D. Dyson Fellow of Merton College, Lecturer of University College, University Lecturer in English Literature. Sometime Commoner of Exeter College, Queen's Own Royal West Kent Regt 1915–19.

David Cecil Fellow of New College – ex-Fellow of Wadham College – University Lecturer in English Literature. Commoner of Christ Church.

W. H. Lewis. Royal Military College, Sandhurst, Regular Army 1914–1932, World War II 1939–45. Major, Retired pay.

Colin Hardie Fellow and Tutor in Classics of Magdalen College, University lecturer in Greek and Latin Literature, formerly Director of the British School at Rome, and Fellow, Scholar & Exhibitioner of Balliol College Secretary of the Oxford Dante Society (founded 1878) Sector Warden ARP service Oxford.

Christopher Reuel Tolkien B.A. Undergraduate, of Trinity College [late R.A.F.] & R.N.V.R.

R Emlyn Havard M.A. D.M. Oxon. B.A. Cantab. Late Scholar and Research Fellow University of Oxford, late Lecturer in Physiology Guy's Hospital, Demonstrator in Biochemistry University of Oxford, late Surgeon R.N.V.R.

John Ronald Reuel Tolkien M.A. Merton Professor of English Language & Literature, late Professor of Anglo-Saxon (Pembroke College), and exhibitioner of Exeter College, and of the Lancashire Fusiliers (1914–8) and father of the above-named C.R.T.

An Edward A. Allen

Magdalen College, Oxford. 29. Mai 1948

Mein lieber Mr. Allen,

wieder einmal muss ich Ihnen meinen unzureichenden, aber von Herzen kommenden Dank aussprechen, nicht nur für den „Smoking"[116], sondern auch für das angekündigte Lebensmittelpaket – und das nennen Sie nun einen Rückzug zugunsten der Damen von Westfield! Ich kann nur, wie schon so oft, sagen, dass ich Ihnen von Herzen danke. In welchem Ausmaß Ihre Leute uns zu Hilfe kommen, ist erstaunlich und berührend. Ich wusste zwar, dass große Mengen gespendeter Lebensmittel, Kleidung usw. nach Großbritannien geliefert werden, war aber dennoch überrascht, kürzlich über eine Debatte im Oberhaus zu lesen, aus der hervorging, dass jedem Haushalt im Königreich amerikanische Hilfe im Wert von einem Pfund pro Woche zukommt, und das nun schon seit *zwei Jahren*. Sie dürfen stolz auf sich sein.

… „Und was tut ein Collegedozent?" Wie für eine Frau findet auch seine Arbeit nie ein Ende. Der größte Teil des Tages vergeht damit, „Tutorien" abzuhalten, d. h. Studenten kommen in Zweiergruppen, lesen ihm ihre Essays vor, die anschließend kritisiert und diskutiert werden usw. Dann hält er öffentliche Vorlesungen in seinem Spezialgebiet, erledigt seinen Teil an Verwaltungsarbeiten des Colleges, bereitet seine Vorlesungen vor und schreibt Bücher. Und in seiner Freizeit steht er Schlange.

Ich hoffe, unser Treffen wird nicht bis zum Sankt-Nimmerleins-Tag verschoben. Warum kommen Sie nicht einfach rüber und verteilen ein paar Dollar unter unseren hart arbeitenden und verdienten Gastwirten?

An Laurence Harwood

Magdalen. 29. Dez. 1948

Mein lieber Laurence,

danke für deinen interessanten Brief. Statt einer fetten Gans hatten wir einen mageren Truthahn, ich nehme also an, du bist besser weggekommen. Wir haben ein wenig Eis auf dem Teich, aber nicht annähernd genug zum Schlittschuhfahren.

...Ausgezeichnet, dass du fast alle Waverley-Romane [von Sir Walter Scott, Anm. d. Übs.] gelesen hast. In deinem Alter hatte ich nur die gelesen, die im Mittelalter spielen (*Ivanhoe, Q. Durward, Der Talisman* etc.), die modernen (*Waverley, G. Mannering, Der Altertümler* etc.) habe ich erst entdeckt, als ich schon in Oxford war. Heute gefallen mir die in der zweiten Liste besser als die in der ersten, aber ich halte beide Serien für sehr gut und werde ihrer nie überdrüssig. Was mir gefällt, ist, dass Scott niemals nachlässig arbeitet, sondern stets erzählt, wie alle gekleidet waren und was sie aßen und tranken und in was für Häusern sie lebten und wie das Wetter war – das will ich immer wissen, auch wenn manche Leute so etwas langweilt.

Dickens habe ich als Junge gehasst. Ich glaube, es waren die Illustrationen, die mich abstießen. Ich habe sie mir immer wieder durchgeblättert wie Bilderbücher, lange bevor ich lesen konnte, ich mochte sie nicht, fand sie sogar beängstigend, aber doch faszinierend. Allein der Geruch dieser Ausgabe (dir ist sicher schon aufgefallen, dass jedes Buch einen eigenen Geruch hat) – allein der Geruch dieser Ausgabe hatte etwas Erschreckendes an sich. Zum Glück bin ich darüber inzwischen hinweg, und kurz vor Weihnachten habe ich *Pickwick* gelesen. Aber auf *O. Twist*[117] bin ich nie wieder zurückgekommen. Würdest du mir dazu raten? *Große Erwartungen* gehört zu den besten.

An Edward T. Dell

[Magdalen College, Oxford] 4/2/49

Jeder, der die Lehre von Paulus akzeptiert, muss an „Heiligung" glauben. Ich selbst wäre sehr zurückhaltend, solche Wirkungen des Heiligen Geistes als „Erfahrungen" zu beschreiben, wenn wir mit Erfahrungen Dinge meinen, die sich durch Introspektion zuverlässig entdecken lassen. Und noch zurückhaltender wäre ich, eine Reihe derartiger Erfahrungen als unverzichtbare Norm (oder Lehrplan!) für alle Christen festzulegen. Ich meine, die Wege, auf denen Gott uns rettet, sind wahrscheinlich unendlich verschiedenartig und gestehen unterschiedliche Grade an Bewusstheit im Patienten zu. Etwas, das ihn darauf festlegt zu sagen: „Also ... Stufe II sollte jetzt langsam mal erreicht sein ... ist es so?", ist, denke ich, schlecht und wahrscheinlich geeignet, manche in die Anmaßung zu führen und andere in die Verzweiflung. Wir müssen es Gott überlassen, die Wunde zu verbinden, und nicht dauernd selbst unter die Bandagen lugen.

An Sarah Neylan

3/4/49

Meine liebe Sarah,

es tut mir so leid, dir mitzuteilen, dass es mir nicht möglich sein wird, zu deiner Konfirmation am Samstag zu kommen. Für die meisten Leute ist der Samstag frei, aber ich muss mich um eine kranke alte Dame kümmern, und das Wochenende ist die Zeit, in der ich keinerlei Freiheit habe und versuchen muss, Krankenschwester, Hundehüter, Holzfäller, Butler, Zimmermädchen und Sekretär in einer Person zu sein.

Ich hatte gehofft, falls es der alten Dame ein wenig besser ginge als gewöhnlich und falls alle anderen in unserem Haushalt guter Laune wären, könnte ich am nächsten Samstag doch ein wenig fort. Aber der alten Dame geht es schlechter als üblich, und die meisten anderen im Haus sind schlechter Laune. Ich muss also „an Bord bleiben".

Hätte ich kommen und wir uns treffen können, fürchte ich, hättest du mich vielleicht sehr schüchtern und langweilig gefunden. (Vergiss übrigens nicht, dass alte Menschen im Umgang mit jungen ebenso schüchtern sein können wie junge Leute gegenüber alten. Das erklärt die Weise, in der so viele Erwachsene mit dir reden, die dir idiotisch vorkommen muss.) Aber ich will versuchen, in diesem Brief zu tun, was ich kann.

Ich selbst muss für dich, denke ich, zwei Personen sein. 1. Der echte, ernsthafte christliche Patenonkel 2. der Märchenpatenonkel. Was 2. angeht, so lege ich die einzige Art von Magie (eine recht schwerfällige) bei, die ich beherrsche. Deine Mutter wird wissen, wie mit dem Zauber umzugehen ist. Ich denke, es werden jetzt ein oder zwei oder auch fünf Pfund sein für Dinge, die du dir wünscht, und der Rest auf die Bank für die Zukunft. Wie gesagt, es ist Magie der schwerfälligen Art, und ein wirklich guter Pate (vom Typ 2) hätte etwas Interessanteres für dich gehabt. Aber es ist das Beste, was einem alten Junggesellen einfiel, und es geschieht aus Liebe.

Was Nr. 1 angeht, den ernsthaften christlichen Patenonkel, so fühle ich mich für die Aufgabe nicht sehr qualifiziert, so wie du, wie ich mir denke, dich vielleicht nicht qualifiziert fühlst, konfirmiert zu werden und die heilige Kommunion zu empfangen. Aber auch ein Engel wäre dafür nicht wirklich qualifiziert, und wir müssen alle das Beste tun, was wir vermögen. Ich muss daher, nehme ich an, versuchen, dir ein paar Empfehlungen zu geben. Und was mir dazu in den Kopf kommt, ist Folgendes: Erwarte nicht (ich meine, *rechne* nicht damit und *verlange* es nicht), dass du, wenn du konfirmiert wirst oder deine erste Kommunion empfängst, lauter *Gefühle* empfindest, die du vielleicht gern haben würdest. Es kann natürlich so sein, aber es kann auch nicht sein. Wenn keine Gefühle kommen, mach dir keine Sorgen. Sie sind nicht das, worauf es ankommt. Was dir geschieht, ist sehr real, ob du dich nun fühlst, wie du wünschst, oder nicht, so wie eine Mahlzeit einem hungrigen Menschen guttun wird, auch wenn ihm eine Erkältung im Kopf steckt, die ihm den Geschmack an den Speisen verdirbt. Unser Herr wird uns die richtigen Gefühle schenken, wenn er es so will – und dann müssen wir danke sagen. Wenn er es nicht tut, dann müssen wir uns (und Ihm) zugestehen, dass er es am besten weiß.

Übrigens ist dies eines der wenigen Themen, zu denen ich wirklich etwas zu wissen meine. Noch Jahre, nachdem ich regelmäßig die Kommunion zu empfangen begonnen hatte, waren meine Gefühle dumpf und meine Aufmerksamkeit wanderte in den wichtigsten Momenten anderswohin – ich kann dir gar nicht sagen, wie sehr. Erst im letzten oder vorletzten Jahr haben die Dinge begonnen, sich zurechtzurücken – was zeigt, wie wichtig es ist, dranzubleiben und zu tun, was uns gesagt ist.

Oh – fast hätte ich es vergessen –, ich habe noch *einen* anderen Rat. Vergiss nicht, dass es nur drei Arten von Dingen gibt, die ein Mensch je tun sollte. 1) Dinge, die wir tun *sollten*. 2) Dinge, die wir tun *müssen*. 3) Dinge, die wir *gern tun*. Ich sage das, weil manche Leute so viel ihrer Zeit damit verbringen, Dinge aus keinem dieser drei Gründe zu tun, etwa wie Bücher lesen, die sie nicht mögen, nur weil andere sie auch lesen. Dinge, die du tun solltest, sind Sachen wie Hausaufgaben machen oder freundlich zu anderen sein. Dinge, die man tun muss, sind Anziehen und Ausziehen oder Einkaufen. Dinge, die man gern tut – natürlich weiß ich nicht, was *du* gern tust. Vielleicht schreibst du mir eines Tages mal und verrätst es mir.

Natürlich schließe ich dich immer in meine Gebete ein und werde das ganz besonders am Samstag tun. Tu du es auch für mich.

Dein dich liebender Patenonkel
C. S. Lewis

An Owen Barfield

[The Kilns] 4/4/49

Dein Rüffel, weil ich keine Briefe lese, hat mehr Scham und Schmerz in mir ausgelöst, als du aller Wahrscheinlichkeit nach beabsichtigt hast. Ich hatte gehofft, ich hätte alle Briefe von dir gelesen – und tatsächlich erinnere ich mich jetzt an den Abschnitt, den du erwähnst. Es ist lange her, weißt du, und es passiert so viel (Hundehaufen und menschliches Erbrochenes haben heute meinen Tag ausgemacht – einer dieser Tage, wo man um elf Uhr das Gefühl hat, es müsse in Wirklichkeit drei Uhr nachmittags sein.) Leider passt der 21. April nicht, auch nicht der 5. Mai. Irgendwann anders.

... Erwähnte ich schon, dass Weston, Devine, Frost, Wither, Curry und Miss Hardcastle[118] allesamt Porträts von dir sind? (Wenn nicht, dann könnte es daran gelegen haben, dass es nicht stimmt. Verflixt aber auch, warte, bis ich wieder eine Geschichte schreibe.)

Plus aux bois.[119] Das werden wir aber, Oscar. Das werden wir.[120]

Henry VII. ließ ein paar Bulldoggen töten, weil sie einen Löwen angegriffen hatten. Er sagte, sie hätten gegen ihren natürlichen Souverän rebelliert. Das ist doch mal was. Er ließ auch seinen eigenen Falken köpfen, weil der einen Adler angegriffen hatte.

Wo wir von Tieren und Vögeln reden, ist dir schon mal dieser Kontrast aufgefallen: Wenn man eine wissenschaftliche Darstellung über das Leben irgendeiner Tierart liest, gewinnt man den Eindruck von unablässiger, beinahe rationaler ökonomischer Aktivität (als wären alle Tiere Deutsche), aber wenn du ein Tier beobachtest, das du kennst – was einem da auffällt, ist seine fröhliche Einfältigkeit und die Sinnlosigkeit von fast allem, was es tut. Sag, was du willst, Barfield, die Welt ist alberner und amüsanter, als die Leute sie wahrnehmen.

Was du verpassen wirst, wenn du dich rächst, indem du diesen Brief nicht liest.

Dein
C. S. Lewis

An Arthur Greeves

Magdalen College Oxford. 2. Juli 1949

Mein lieber Arthur,

danke für deinen so freundlichen und tröstenden Brief – wie die Hand eines Freundes an einem dunklen Ort. Denn es ist viel dunkler, als ich befürchtet habe. W.s Problem muss gegenüber Janie und anderen „nervöse Schlafstörung" genannt werden, aber in Wirklichkeit (und für dein privates Ohr) ist es Trunksucht. Die jetzige Runde hat vor etwa zehn Tagen begonnen. Letzten Sonntag haben der Arzt und ich ihn gebeten, in eine Klinik zu gehen (die frühere Trinkperioden immer erfolgreich beendet hat), und er hat sich geweigert. Gestern ist es uns gelungen, ihn dorthin zu bringen, aber leider zu spät. Die Klinik hat heute Morgen berichtet, dass er außer Kontrolle ist und sie sich weigern, ihn zu behalten. Heute soll er einem Spezialisten vorgestellt werden und wird dann verlegt, für einen, wie ich hoffe, *kurzen* Aufenthalt – in eine Einrichtung, die Hospital genannt wird, in Wahrheit aber eine psychiatrische Anstalt ist. Natürlich gibt es später in diesem Jahr keinen Irlandausflug für mich. Ein paar gelegentliche Tage irgendwo in England sind das Beste, was ich mir erhoffen kann.

Glaub nicht, dass ich auch nur einen Moment lang bezweifle, dass das, was Gott uns schickt, aus Liebe geschieht und zum Besten dienen wird, wenn uns die Gnade geschenkt ist, es dazu zu gebrauchen. Mein *Geist* schwankt in dieser Hinsicht keineswegs, meine *Gefühle* manchmal schon. Deshalb tut es mir gut, aus deinem Mund bestätigt zu bekommen, was ich glaube – dass es das Gesetz des Universums ist, dass andere für uns tun können, was wir für uns selbst nicht tun können, und dass man jedes Kanu paddeln kann *außer* das eigene. Darum ist das Leiden Christi *für uns* kein bloßer theologischer Winkelzug, sondern der äußerste Anwendungsfall des Gesetzes, das die ganze Welt regiert.

An Arthur Greeves

[Magdalen College, Oxford] 6.7.49

Ich meine nicht, dass Gott uns Krankheit oder Krieg „schickt" in dem Sinne, wie er uns alles Gute schickt. So schreibt unser Herr in Lukas 13,16 eine Krankheit nicht einem Handeln seines Vaters zu, sondern einem Handeln Satans. Ich meine, du liegst sehr richtig. Alles Leid erwächst aus der Sünde.

In welchem Sinn es *auch* Gottes Wille ist – da gibt es, wie mir scheint, zwei Aspekte: a) Der eine, den du erwähnst: Dass Gott für die Menschen und die Engel den freien Willen gewollt hat, obwohl er wusste, dass es in manchen Fällen zur Sünde und dann auch zum Leid führen könnte. D. h. er fand Freiheit so wichtig, dass er sie auch um diesen Preis erschuf. Es ist so, wie wenn eine Mutter einem kleinen Kind erlaubt, allein zu laufen statt an ihrer Hand. Sie weiß, dass es fallen kann, aber auf eigenen Beinen laufen zu lernen ist ein paar Stürze wert. Wenn das Kind fällt, ist das einerseits nicht das, was die Mutter gewollt hat. Aber die allgemeine Situation, in der Stürze möglich sind, will sie durchaus. (Tatsächlich wieder einmal, wie wir beide oft gesagt haben: „Einerseits ist es so, andererseits nicht!")

b) Die Welt ist so beschaffen, dass die Sünden des einen dem anderen Leid zufügen. Nun glaube ich nicht, dass Gott zulässt, dass dies willkürlich geschieht. Wenn er wüsste, dass das Leiden des unschuldigen A, das durch die Sünden von B verursacht wird, für A (im äußersten Sinn und auf lange Sicht) *schlecht* wäre, würde er A davor bewahren. In diesem Sinn, denke ich, ist es manchmal aber auch Gottes Wille, dass A dieses Leiden durchleben soll. Der äußerste Fall ist das Leiden, das unsere Sünden Christus auferlegt haben. Als Christus dieses Leiden herannahen sah, betete er (Lukas 22,42): „Vater, willst du, so nimm diesen Kelch von mir; doch nicht mein, sondern dein Wille geschehe!" Das, so scheint mir, macht es ganz klar, dass die Kreuzigung (in dem klar eingeschränkten Sinn, den ich zu definieren versucht habe) Gottes Wille war. Das bedeutet in meinen Augen nicht, dass wir unterschiedlicher Meinung sind, sondern dass ich deine Sicht teile – mit ein paar notwendigen Komplikationen, die du ausgespart hast.

Warnie geht es jetzt definitiv besser, was die letzte Trinkepisode angeht, aber wir dürfen nicht so kühn sein anzunehmen, es wäre seine letzte. Solange ich niemand anderem außer ihm die Betreuung von The Kilns überlassen kann und solange er trunksüchtig ist, *scheint* es unmöglich, dass ich hier für mehr als ein paar sehr wenige Tage weg kann. Aber ich habe keinen Zweifel: Wenn es für uns beide (ich meine dich und mich) gut ist, uns zu treffen und ein paar glückliche Stunden zu teilen, wird es auf eine Weise arrangiert werden, die wir nicht vorhersehen können.

Ich habe gerade *Krieg und Frieden* noch einmal gelesen. Die große Schönheit *dicker* Bücher ist die: Egal, wie oft man sie liest, es gibt immer große Teile, die man vergessen hatte.

Dein
Jack

An Miss Breckenridge

[Magdalen College] 1. August 1949

Machen Sie sich keine Gedanken über die Vorstellung, dass Gott „schon seit Millionen Jahren genau gewusst hat, was man beten würde“. So ist es nicht. Gott hört Sie *jetzt*, ebenso schlicht wie eine Mutter ihr Kind hört. Der Unterschied, den seine Zeitlosigkeit ausmacht, ist, dass dieses *Jetzt* (das einem entgleitet, während man nur das Wort *jetzt* ausspricht) für ihn grenzenlos ist. Wenn Sie überhaupt über seine Zeitlosigkeit nachdenken müssen, dann sehen Sie es so, dass er nicht diesen Moment seit Millionen von Jahren vorhergesehen hat, sondern dass Sie für ihn immer dieses Gebet beten. Aber es besteht wirklich kein Grund, das überhaupt aufzuwerfen. Sie sind in den Tempel gegangen („Ein Tag in deinen Vorhöfen ist besser als sonst tausend“)[121], und Sie haben ihn dort, wie immer, gefunden. Das ist alles, was Sie beschäftigen muss.

Es gibt *keinerlei* Beziehung zwischen Sündenfall und Evolution, die irgendwie von Belang wäre. Die Evolutionslehre besagt, dass Organismen sich entwickelt haben, manchmal in eine Richtung, die wir (biologisch) besser nennen ... recht oft auch zu dem, was wir (biologisch) schlechter nennen ... Die Lehre vom Sündenfall besagt, dass an einem spezifischen Punkt eine Spezies, der Mensch, eine moralische Klippe hinabstürzte. Zwischen beiden besteht weder ein Widerspruch noch stützen sie sich [gegenseitig] ... Die Evolution ist nicht nur keine Lehre *moralischer* Verbesserung, sondern eine Lehre biologischer Veränderungen, manchmal zum Besseren, manchmal zum Schlechteren.

An Mrs Belle Allen

Magdalen etc., Aug. 16/49.

Liebe Mrs. Allen,

ich will meinen, dass ich Salzwasser in jeglicher Form *in der Tat* mag, angefangen bei einem winterlichen Strandspaziergang, bei dem man keiner Seele begegnet, über die Wogen, die (wie getriebenes Kupfer) das Deck eines Schiffes überspülen, bis dahin, sich von hohen grünen, ingwerbierfarbenen Wellen den Boden unter den Füßen wegreißen zu lassen. Ich bin nah am Meer aufgewachsen, aber jetzt besteht keine Chance hinzukommen. Hingegen habe ich die Freuden des Badens in einem flachen Fluss entdeckt... Es ist eher, als bade man in *Licht*, nicht in Wasser, und nach ein paar Meilen Fußmarsch kann man es auch noch *trinken*... Wir haben hier ebenfalls Dürre und eine Hitzewelle.

An Warfield M. Firor

Magdalen, Aug. 17/49

Als Sie hier waren, haben Sie das Thema Lobpreis als Gottesdienst angesprochen, was bei mir zu einer gewissen Verwunderung geführt hat. Nehmen wir die traditionelle Sprache: *verherrlichen*, d. h. wörtlich „herrlich machen", und zwar etwas, das nicht nur bereits herrlich, sondern die Herrlichkeit selbst und die Quelle aller anderen Herrlichkeit ist – *groß machen*, was bereits unendlich ist – *erheben*, was bereits das Höchste ist. Auf den ersten Blick ist schwer zu verstehen, was das alles bedeutet. Es klingt wie eine höchst alberne Unterwürfigkeit, so als sagte man einem Reichen, dass er reich ist. Und ich bin sicher, dass dieser Eindruck eine starke und abstoßende Wirkung auf moderne Menschen hat, vor allem in

Demokratien. Ich verstehe es so: Ein Geschöpf, insofern es Gott sieht, kann nicht anders, als ihm zu sagen (aber natürlich nicht notwendigerweise mit Worten), was es sieht (Schweigen könnte eine Weise sein). Sein „Lobpreis“ ist eine unumgängliche Reaktion: Das göttliche Licht fällt auf das Geschöpf, das zu seinem Spiegel wird, und wird auf seinen Ursprung zurückgeworfen. Die Sonne wird nicht heller, weil sie sich in einem Spiegel bricht, aber der Spiegel wird heller, weil er die Sonne reflektiert.

Auf einer niedrigeren Ebene hat wohl jeder, der schon einmal verliebt war, diese Notwendigkeit empfunden, dem Objekt [seiner Liebe] zu sagen, was es ist. Ja, er *könnte* dem Mädchen sagen, wie schön sie ist, um ihr eine Freude zu machen, aber er müsste es ihr ohnehin sagen. Daher ist „den Herrn erheben“ in Wirklichkeit untrennbar damit verknüpft, ihn zu sehen. Schmeichelei oder auch nur Höflichkeit spielen hier keine Rolle: In dem Moment, in dem die Beziehung zwischen Schöpfer und Geschöpf normal (im eigentlichen Sinn des Wortes *normal*) ist, ist unwillkürlich Lobpreis oder Anbetung da. ...

An „Mrs. Lockley“

[Magdalen College] 27. September 1949

Ja, ich weiß. In dem Moment, wo man sich fragt: „Glaube ich?“ scheint jeglicher Glaube zu verschwinden. Ich meine, das liegt daran, dass man versucht, sich umzudrehen und auf etwas zu starren, was dazu da ist, genutzt zu werden, etwas, *von dem aus* man arbeiten soll – als versuche man, die Augen aus dem Kopf zu nehmen, anstatt sie an ihrem Platz zu lassen und *durch* sie zu sehen. Dies geschieht auch mit anderen Dingen so wie mit dem Glauben. Meiner Erfahrung nach halten nur sehr kräftige Freuden der Frage stand: „Genieße ich das gerade wirklich?“ Oder Aufmerksamkeit – im Moment, in dem ich beginne, über meine Aufmerksamkeit (für ein Buch oder eine Vorlesung) nachzudenken, habe ich *eo ipso* aufgehört, aufmerksam zu sein. Paulus spricht von einem „Glauben, der in der Liebe tätig wird“.[122] Und „das Herz ist trügerisch“[123] Sie wissen besser als ich, wie unzuverlässig der Blick nach innen ist. Ich wäre sehr viel mehr um Ihren Fortschritt besorgt, wenn Sie schrieben, Sie flössen über von Glaube, Hoffnung und Liebe.

An J. R. R. Tolkien

[Magdalen College, Oxford] 27. Okt. 1949

Mein lieber Tollers,

Uton herian holbytlas [Preis den Hobbits], ja wirklich. Ich habe den überfließenden Becher getrunken und einen langanhaltenden Durst gestillt. Sobald es erst einmal den stetig ansteigenden Berghang von Erhabenheit und Schrecken hinaufgeht (nicht ungemildert durch grüne Talmulden, ohne die wäre es unerträglich), ist [das Buch] in der ganzen Palette der Erzählkunst, die mir bekannt ist, nahezu unerreicht. Im Blick auf zwei Vorzüge übertrifft es, wie ich meine, alles: reine Zweitschöpfung – Bombadil, Grabunholde, Elben, Ents – wie aus einem unerschöpflichen Vorrat, und Konstruktion – eine Konstruktion, die Tasso anstrebte (aber nicht in gleichem Maß erreichte), um die Vielfalt eines Ariost mit der Einheit eines Virgil zu verbinden. Und außerdem in *gravitas* [Gewicht, Erhabenheit]. Kein Roman kann den Vorwurf des „Eskapismus“ mit solcher Berechtigung widerlegen. Wenn der Roman auf Abwege gerät, dann in der genau entgegengesetzten Richtung: das Übel, dass die Hoffnung immer wieder hinausgezögert wird, dass sich immer wieder neue Widrigkeiten den Helden entgegenstellen, ist fast zu schmerzhaft. Und die lange Coda [Ausklang] nach der Eukatastrophe [Wendung zum Guten] hat, ob du das so beabsichtigt hast oder nicht, den Effekt, uns daran zu erinnern, dass der Sieg ebenso kurzlebig ist wie der Konflikt, dass es (wie Byron sagt) „keinen strengeren Moralisten gibt als das Vergnügen"[124], und so hinterlässt die Geschichte als letzten Eindruck eine tiefe Melancholie.

Zweifellos wird die Melancholie noch durch die Umstände verstärkt, in denen ich den größten Teil daraus zum ersten Mal hörte. Damals umgab uns zwar größere Gefahr, aber zumindest mein Herz war glücklicher, als es das jetzt ist. Aber das macht nur einen kleinen Teil meines Gesamteindrucks aus. Ich bin sicher, an sich ist es ein großartiges und heftiges und bitteres Buch, das ich zwar liebe, aber nie ohne ein gewisses Zurückschrecken aufschlagen werde. Zusammen mit der *Aeneis* wird es zu dem zählen, was ich meine „unmittelbar sub-religiösen" Bücher nenne.

Ganz unerwartet scheint mir das durchgängige Aroma des Buchs näher an der *Aeneis* zu liegen als an irgendetwas sonst, trotz all deiner Nordischkeit. Das liegt zum Teil daran, dass beide a) so viel in Wäldern spielen b) *Strategie* enthalten und nicht nur bloßes Schlachtgetümmel, c) eine gewaltige Vergangenheit hinter der Handlung erahnen lassen.

Sämtliche alliterativen Verse haben mir gefallen.

Natürlich ist damit noch nicht alles gesagt. Es gibt viele Passagen, von denen ich wünschte, du hättest sie anders geschrieben oder ganz weggelassen. Wenn ich in diesem Brief meiner ungünstigen Kritik etwas mehr Raum gebe, dann deswegen, weil du das meiste davon bereits gehört und zurückgewiesen hast (*zurückgewiesen* ist vielleicht noch zu milde ausgedrückt angesichts deiner Reaktion bei zumindest einer Gelegenheit!). Und selbst wenn ich dich jetzt in dem einen oder anderen Punkt überzeugen könnte, dann käme diese Überzeugung zu spät, um Frucht zu tragen. Und selbst wenn alle meine Einwände berechtigt wären (was unwahrscheinlich ist), dann könnten die Fehler, die ich finde, die Wertschätzung nur verzögern und beeinträchtigen: Die wirkliche Größe der Erzählung kann sie alle aushalten. *Ubi plura nitent in carmine non ego paucis offendo maculis* [Doch wenn in der Dichtung vieles leuchtet, beleidigen mich wenige Flecken nicht].

Ich gratuliere dir. All die langen Jahre, die du investiert hast, sind gerechtfertigt. Morris und Eddison, sofern sie überhaupt vergleichbar sind, sind jetzt bloße „Vorläufer".

Die *mappemound* [Karte von Mittelerde] ist, wie du mich ja vorwarnst, jetzt nicht mehr ganz zutreffend. Allerdings in einem ganz anderen Punkt: Soll das Auenland wirklich so *groß* sein?

Du fehlst mir sehr.

Dein
Jack Lewis

An Mrs. Frank L. Jones

Magdalen College, Oxford. 7. Februar 1950.

Meine liebe Mrs. Jones,

vielen Dank für Ihren langen und interessanten Brief vom 24. Januar.

... 1) *Warum redet Jesus immer über die Köpfe der Leute hinweg?*

Da alles, was wir von seiner Lehre wissen, von den Jüngern und Paulus abgeleitet ist, sind wir nicht in einer Position, sagen zu können, dass sie ihn letztendlich missverstanden haben. Anhand welcher anderen Darstellung seiner Lehre könnten wir die ihre überprüfen? Ich stimme zu, dass er häufig *kurzfristig* über ihre Köpfe geredet hat. Wie jeder Lehrer weiß, ist das ein Weg, um eine Klasse voranzubringen.

2) *Darüber, dass Gott Wahrheit und Gerechtigkeit ist, und dass er dennoch diese Welt erschuf.*

Ich fürchte, dem, was ich in *Über den Schmerz* dazu gesagt habe, kann ich nichts hinzufügen.

3) *Warum hat Gott die meisten Menschen dumm geschaffen?*

Haben Sie dafür irgendeinen Beweis? Manche Menschen sind dumm, weil sie zu faul sind, Entscheidungen zu treffen, oder weil sie die Wahrheit fürchten – sie haben sich also selbst dumm gemacht. Andere durch schlechte Bildung usw., woran nicht Gott schuld ist, sondern andere Menschen.

4) *Neurotiker.*

Mein Wörterbuch definiert einen Neurotiker als einen Menschen „mit angegriffenen Nerven". Das hieße in der Tat, dass der Patient mit geringer oder gar keiner Schuld als Folge seiner Krankheit Dinge tut, die große Schuld in sich trügen, täte sie jemand, der gesund ist – z. B. ein Handeln aus Feigheit, Übellaunigkeit etc. (Diese Unterscheidung treffen wir alle im Alltag, wenn wir es entschuldigen, dass jemand reizbar ist, weil er müde ist und daher vorübergehend in schlechter nervlicher Verfassung.) Aber zweifellos kommt es häufig vor, dass Freunde oder sogar Ärzte Menschen bauchpinseln, die gesund, aber böse sind, indem sie einer Neurose zuschreiben, was in Wirklichkeit einfach Bosheit ist. Es besteht die große Versuchung, *sich selbst* aus denselben Gründen zu entschuldigen!

5) *Was ist eine Seele?*

Ich bin eine. (Dies ist die einzig mögliche Antwort – oder ausführlicher: „Eine Seele ist das, was sagen kann: Ich bin.")

An Rhona Bodle

Magdalen College, Oxford. 11/4/50

Liebe Miss Bodle,

Gott segne Sie und schenke Ihnen viele glückliche Osterfeste. Was meinen Anteil dabei angeht, so vergessen Sie nicht, dass jeder (oder *alles*) vom Heiligen Geist als dem Dirigenten gebraucht werden kann. Das sage ich weniger aus Bescheidenheit als vielmehr, um der Gefahr vorzubeugen, dass Sie, wenn der Glanz meiner Bücher verblasst (und das wird er), empfinden, das *Eigentliche* sei davon in irgendeiner Weise betroffen. *Es* darf nicht verblassen, wenn ich es tue.

Mit besten Grüßen
C. S. Lewis

An Cecil Harwood

Magdalen College, Oxford. 5. Juni 50

Mein lieber Cecil,

du weißt von dieser Stiftung von mir, die Owen den Agarargyrometer[125] nennt? Falls nicht, siehe das Ramsden-Kapitel in *This Ever Diverse Pair*[126]. Du musst derzeit eine Menge Extraausgaben haben, und es mag andere – Entlastungen – geben, die du vielleicht für Daphne übernehmen möchtest? Würdest du bitte um jeden Betrag, den du benötigst, an Owen schreiben (er stellt die Schecks aus, nicht ich)? Die Stiftung verfügt über eine sehr gute Finanzlage, und es gibt keinen Grund, warum du dich zurückhalten solltest. Bitte versteh, dass nichts, was du beanspruchst, mich ärmer macht, denn das ganze Vermögen in der Stiftung habe ich ja bereits weggegeben, obwohl die Frage: „*An wen?*" gelegentlich auf meine Anweisung hin beantwortet wird.

Wir haben die Sprache so ruiniert, dass es eine leere Floskel wäre, würde ich sagen: „Es wäre mir eine *Freude*." Aber tausche unsere Positionen, und deine Vorstellungskraft wird dir sagen, dass du in der Tat an meiner Stelle sagen würdest: „Es wäre eine *Entlastung*." Gott segne euch beide. Ich denke sehr oft an euch.

Dein
Jack

An Ruth Pitter

Magdalen College, Oxford. 28. November 1950

Liebe Miss Pitter,

was für eine entzückende Überraschung! Sie ermuntern mich außerordentlich und bieten mir einen Ausgleich für Briefe einer Schulleiterin, die mir mitteilt, das Buch[127] werde Verwirrung und Schrecken stiften, und viele Menschen seien sehr bekümmert darüber, dass ich es geschrieben habe. Aber von wirklichen Kindern und Eltern erhalte ich freundliche Briefe*. Natürlich ist mir das Bild des Löwen in Ihrem vorigen Brief aufgefallen, und ich hatte eine dunkle Freude daran.

Aber wenn Sie mir wieder schreiben, schreiben Sie nicht nur über mich. Was *machen* Sie und wie geht es *Ihnen?* Gut, hoffe ich.

Mit sehr herzlichem Dank
und besten Grüßen,

Ihr C. S. Lewis

* Fanpost von Kindern ist hingegen immer erfreulich. Sie schwafeln nicht herum. Sie wollen wissen, ob Aslan Tumnus' Möbel für ihn wiederhergestellt hat. Sie haben nicht das geringste Interesse an mir und jedes Interesse an der Geschichte. Wundervoll.

An Sheldon Vanauken

Magdalen College, Oxford. 14/12/50

Lieber Mr. Van Awten [sic],

als ich an der Schwelle zum Christentum stand, war meine Haltung genau das Gegenteil der Ihren. Sie wünschen, es wäre wahr; ich hoffte stark, es wäre *nicht* wahr. Zumindest war das mein bewusster Wunsch. Man darf vermuten, dass ich auch unbewusste Wünsche ganz anderer Art hatte und dass es diese waren, die mich schließlich hineinschubsten. Sicher. Aber dann dürfte ich ebenso vermuten, dass hinter Ihrem bewussten Wunsch, es wäre wahr, ein starker unbewusster Wunsch lauert, es wäre nicht so. Worauf dies alles hinausläuft, ist [Folgendes]: All dies moderne Gerede über verborgene Wünsche und Wunschdenken, so nützlich es sein mag, um zu erklären, woher ein Irrtum kommt, den man bereits als Irrtum erkannt hat, ist vollkommen nutzlos, wenn es darum geht, zu entscheiden, welche von zwei Glaubensüberzeugungen ein Irrtum und welche die Wahrheit ist. Denn a) Man kennt niemals all seine Wünsche. Und b) Bei sehr großen Fragen, wie dies eine ist, sind selbst die eigenen bewussten Wünsche fast immer beiden Seiten verpflichtet.

Was Sie, wie ich meine, mit Sicherheit sagen können: Die Vorstellung, jeder Mensch *wünschte* sich, das Christentum wäre wahr, und alle Atheisten seien daher tapfere Leute, die es akzeptiert haben, dass all ihre tiefsten Wünsche ins Leere gehen, ist schlicht vermessener Unsinn. Glauben Sie, Leute wie Stalin, Hitler, Haldane, Stapledon (übrigens ein verdammt guter Autor) wären erfreut, eines Morgens aufzuwachen und festzustellen, dass sie nicht ihre eigenen Herren waren, dass sie einen Herrn und einen Richter hatten, dass es in den tiefsten Tiefen ihrer Gedanken nichts gab, worüber sie zu ihm sagen konnten: „Draußen bleiben. Privat. Das ist *meine* Angelegenheit“? Glauben Sie das? *Schwachsinn!* Ihre erste Reaktion wäre Zorn und Schrecken (und so war es bei mir). Und ich möchte sehr stark bezweifeln, dass auch Sie es *einfach nur* erfreulich fänden. Ist die Wahrheit nicht die: Es würde manche unserer Wünsche befriedigen (solche, die wir recht selten verspüren), aber vielen anderen zuwiderlaufen. Lassen wir also all diese Wunschgeschichten außer Acht. Sie haben noch nie jemandem geholfen, ein Problem zu lösen.

Ihrem Bild von der Geschichte der Religion – Christus, Buddha, Mohammed und andere hätten eine ursprünglich einfache Sache weiter ausgeführt – kann ich nicht zustimmen. Ich glaube, der Buddhismus ist eine Vereinfachung des Hinduismus und der Islam eine Vereinfachung des Christentums. Klare, einleuchtende, transparente, schlichte Religion (Tao[128] *plus* ein schattenhafter, ethischer Gott im Hintergrund) ist eine späte Entwicklung, die gewöhnlich unter hochgebildeten Menschen in Städten erwächst. Womit es wirklich beginnt, sind Ritual, Mythos und Geheimnis, Sterben und Wiederkehr von Baldur oder Osiris, die Tänze, die Initiationsriten, die Opfer, die Gottkönige. Dagegen stehen die Philosophen, Aristoteles oder Konfuzius, die überhaupt kaum religiös sind.

Die beiden einzigen Systeme, in denen die Mysterien und die Philosophien zusammenkommen, sind der Hinduismus und das Christentum. Hier findet man beides: Metaphysik und Kultus (der in ununterbrochenem Zusammenhang steht mit den archaischen Kulten). Aus diesem Grund bestand mein erster Schritt darin, mir sicher zu sein, dass eines dieser beiden Dinge die Antwort barg. Denn die Wirklichkeit kann nicht derart sein, dass sie *entweder* nur Wilde anspricht *oder* nur Intellektuelle. So sind eben die *echten Dinge* (so ist etwa Materie die erste offensichtlichste Sache, auf die man stößt – Milch, Schokolade, Äpfel –, aber ebenso ein Objekt der Quantenphysik).

Es kann keine Rede sein von einer Menge Religionen, die nichts miteinander zu tun hätten. Die Entscheidung verläuft zwischen a) dem materialistischen Weltbild – was ich nicht glauben *kann,* b) den wirklich archaischen, primitiven Religionen – die nicht ausreichend moralisch sind, c) der (behaupteten) Erfüllung derselben im Hinduismus, d) der behaupteten Erfüllung derselben im Christentum. Aber die Schwäche des Hinduismus liegt darin, dass er die beiden Stränge nicht wirklich vereint. In den Dörfern floriert die unrettbar primitive Religion, in den Wäldern philosophiert der Eremit – und beide beeinflussen sich gegenseitig nicht. Nur das Christentum nötigt einen Intellektuellen wie mich, an einem blutigen rituellen Mahl teilzunehmen, und zugleich einen zentralafrikanischen Konvertiten, sich an einem aufgeklärten universalen ethischen Kodex zu versuchen.

Haben Sie es mit Chestertons *Der unsterbliche Mensch* versucht? Die beste allgemeinverständliche Apologetik, die ich kenne.

Inzwischen ist der Versuch, das *Tao* zu praktizieren, sicherlich der richtige Weg. Haben Sie die *Analekten [Gespräche] des Konfuzius* gelesen? Er endet mit den Worten: „Dies ist das Tao. Ich weiß nicht, ob irgendwer es jemals gehalten hat." Das ist bedeutsam: Von hier aus kann man direkt zum *Römerbrief* gehen.

Ich weiß nicht, ob irgendetwas hiervon auch nur im Mindesten hilfreich ist. Schreiben Sie mir unbedingt wieder, oder rufen Sie an, wenn Sie meinen, ich kann Ihnen irgendwie weiterhelfen.

Mit besten Grüßen,
C. S. Lewis

An Sheldon Vanauken

Magdalen College, Oxford. 23. Dez. 1950

Ich glaube nicht, dass es einen *demonstrativen* Beweis (wie bei Euklid) für das Christentum gibt – ebenso wenig wie für die Existenz von Materie oder für das Wohlwollen und die Aufrichtigkeit meiner besten & ältesten Freunde. Ich meine aber, alles drei (vielleicht mit Ausnahme des Zweiten) ist weitaus wahrscheinlicher als die Alternativen. Eine allgemeine und gründliche Begründung für das Christentum gibt Chesterton. Und ich habe mit meinen *Radioansprachen* ebenfalls versucht, es ein wenig zu tun.

[Sie fragen,] *warum* Gott es nicht einfach demonstrativ klar macht. Sind wir sicher, dass er an der Art von Theismus, die eine abgenötigte Zustimmung zu einem schlüssigen Argument darstellte, auch nur im Mindesten interessiert ist? Sind *wir* in persönlichen Angelegenheiten [an so etwas] interessiert? Von einem Freund verlange ich, dass er auf meine guten Absichten vertraut, die auch ohne demonstrativen Beweis *gewiss* sind. Es wäre kein Vertrauen, wenn er einen schlüssigen Beweis erwartete. Zum Henker, schon die Märchen verleihen dieser Wahrheit Ausdruck. Othello glaubte an Desdemonas Unschuld, als sie bewiesen war, aber das war zu spät.[129] Lear glaubte an Cordelias Liebe, als sie bewiesen war, aber auch das war zu spät.[130] „Wer wartet, bis ein jeder es empfiehlt, verliert den Ruhm."[131] Was von uns verlangt wird, ist der Großmut, die Großzügigkeit, die auf realistische Wahrscheinlichkeit hin vertraut. Aber angenommen, man vertraut und hat sich doch geirrt? Nun, dann hätte man dem Universum ein Kompliment gemacht, das es nicht verdient. Aber selbst dann wäre der Irrtum weitaus interessanter und wichtiger als die Realität. Aber wie könnte das sein? Wie könnte ein unintelligentes Universum Geschöpfe hervorgebracht haben, deren bloße Träume so viel stärker, besser, feinsinniger sind als es selbst?

Beachten Sie, dass das Leben nach dem Tod – und das scheint für Sie noch immer das Wesentliche zu sein – selbst eine *späte*

Offenbarung war. Gott hat die Hebräer jahrhundertelang darin geschult, an ihn zu glauben, ohne dass er ihnen ein Weiterleben versprach. Und, gepriesen sei er, mich hat er etwa ein Jahr lang auf dieselbe Weise geschult. Es ist so, wie wenn der verkleidete Prinz im Märchen die Heldin gewinnt, *bevor* sie weiß, dass er mehr ist als ein einfacher Holzfäller. Was Bestechung wäre, hätte es am Anfang gestanden, kommt besser zuletzt.

Aus dem, was Sie schreiben, geht recht klar hervor, dass sie *bewusste* Wünsche auf beiden Seiten haben. Noch etwas zum Thema *Wünsche*. Zugegeben, ein Wunsch kann zu falschen Glaubensüberzeugungen führen. Aber was legt die Existenz des Wunsches nahe? Ich war einmal sehr beeindruckt von Arnolds Zeile: „Auch ist der Hunger kein Beweis, wir hätten Brot." Aber wenn er auch nicht beweist, dass ein bestimmter Mensch Nahrung *bekommen* wird, so aber sicherlich doch, dass es so etwas wie Nahrung überhaupt gibt? Wären wir eine Spezies, die normalerweise nicht isst, für die essen nicht vorgesehen ist, würden wir dann Hunger verspüren?

Sie sagen, das materialistische Universum sei „hässlich". Wie haben Sie das entdeckt, frage ich mich. Wenn Sie wirklich das Produkt eines materialistischen Universums sind, warum fühlen Sie sich dann darin nicht zu Hause? Beklagen sich Fische darüber, dass das Meer nass ist? Und wenn sie es täten, würde diese Tatsache an sich nicht sehr nahelegen, dass sie nicht immer reine Wasserwesen waren oder sein werden? Achten Sie darauf, wie wir ständig von der Zeit *überrascht* werden. („Wie schnell die Zeit vergeht! Und John ist schon erwachsen und verheiratet? Ich kann es kaum glauben.") Warum, um Himmels willen? Es sei denn, dass es tatsächlich etwas in uns gibt, das nicht *zeitlich* ist.

Absolute Demut gehört nicht zum Tao, denn das Tao (als solches) sagt nichts über das Objekt, dem gegenüber sie die richtige Reaktion wäre – so wie es auch kein Eisenbahngesetz in den Rechtsverordnungen von Queen Elizabeth gibt. Aber vom Maß an Respekt, den das Tao für Vorfahren, Eltern, Ältere und Lehrer verlangt, ergibt sich recht klar, was es gegenüber einem Objekt wie etwa Gott vorschreiben würde.

Aber ich glaube, Sie hängen schon in den Maschen des Netzes! Der Heilige Geist ist hinter Ihnen her. Ich bezweifle, dass Sie davonkommen.

Ihr
C. S. Lewis

An Schwester Penelope CSMV

Magdalen College, Oxford. Dez. 30/50

Bei uns steht es so: Meine „Mutter“[132] musste dauerhaft in einem Pflegeheim untergebracht werden. Sie hat keine Schmerzen, aber ihr Geist ist nahezu völlig verloren. Was davon noch an Spuren verblieben ist, scheint sanfter und friedlicher zu sein, als ich es jahrelang gekannt habe. Seltsamerweise ist ihr *Appetit* enorm. Ich besuche sie normalerweise jeden Tag, und ich schwanke zwischen einem (vernünftigen?) Empfinden, dass dieser Prozess eines allmählichen Rückzugs gnädig und sogar schön ist, und einem gänzlich anderen Gefühl des Schreckens (was in meinen Träumen herauskommt).

Es lässt sich nicht leugnen – und ich wüsste auch nicht, warum ich dies Ihnen gegenüber tun sollte –, dass unser häusliches Leben durch ihre Abwesenheit sowohl physisch bequemer als auch psychologisch harmonischer verläuft. Die Kosten sind natürlich heftig, und mir macht das Sorgen. Aber keine Sorgen zu haben wäre gefährlich – oder vielmehr, keine *Anlässe* zu Sorgen. Das habe ich in letzter Zeit stark empfunden: *Heitere Unsicherheit* ist das, was unser Herr von uns verlangt. So gelangt man, spät und überrascht, zu den einfachsten und grundlegendsten christlichen Lektionen!

An Sheldon Vanauken[133]

Magdalen College Oxford. Jan. 5/51

Lieber Mr. Van Auken,

drei Fragen müssen wir uns stellen im Hinblick darauf, wie es sich wahrscheinlich auswirken würde, wenn Sie Ihren Forschungsgegenstand in Richtung auf etwas eher Theologisches ändern.

1) Wäre es besser, weil es Ihnen unmittelbar mehr Freude machen würde? Antwort: Wahrscheinlich, aber nicht sicher, ja.

2) Wäre es besser für Ihre akademische Laufbahn? Antwort: Wahrscheinlich nicht. Sie würden in Eile jede Menge Wissen nachholen müssen, das man in der [zur Verfügung stehenden] Zeit nicht leicht verdauen kann.

3) Wäre es besser für Ihre Seele? Das weiß ich nicht. Ich meine aber, es lässt sich sehr viel zugunsten dessen sagen, dass man seine tiefsten spirituellen Interessen von seinen gewöhnlichen Pflichten als Student oder im Beruf trennen sollte.

St. Paulus war von *Beruf* Zeltmacher. Wenn beides zusammenfällt, besteht, würde ich meinen, zumindest eine Gefahr: dass man das natürliche Interesse an der eigenen Arbeit und die Freude an erfüllten Ambitionen fälschlicherweise für geistliches Wachstum und geistlichen Trost hält. Ich glaube, manche Geistliche gehen in diese Falle.

Auf der anderen Seite gibt es die Gefahr, dass das, was im Beruf langweilig oder zuwider ist, einen dem geistlichen Leben entfremdet. Und schließlich hat jemand gesagt: „Niemand ist so unheilig wie die, deren Hände von heiligen Dingen verbrannt sind."[134] Heilige Dinge können profan werden, wenn sie zum Bestandteil des Jobs werden. *Jetzt* wollen Sie Wahrheit um der Wahrheit willen. Wie wird es sein, wenn dieselbe Wahrheit auch als nützliche Fußnote in Ihrer Doktorarbeit gebraucht wird? Ein Wechsel kann in der Tat nützen oder schaden. Ich selbst war immer froh, dass es nicht die Theologie ist, womit ich meinen Lebensunterhalt verdienen muss.

Insgesamt betrachtet würde ich Ihnen raten, bei Ihrem Zeltmachen zu bleiben. Die Ausführung einer *Pflicht* wird sie vermutlich genauso viel über Gott lehren, wie die akademische Theologie es täte. Wohlgemerkt, ich bin nicht sicher, aber das ist die Sicht, zu der ich neige.

Ihr
C. S. Lewis

An Sheldon Vanauken

Magdalen College, Oxford. 8/1/51

Lieber Mr. Van Auken,

sehen Sie: Die Frage ist nicht, ob wir Gott in unsere Arbeit tragen sollten oder nicht. Ganz sicher sollten und müssen wir das – wie Macdonald sagt: „Alles, was nicht Gott ist, ist Tod."[135] Die Frage ist, ob wir einfach a) ihn insofern hineintragen, als wir unsere Arbeit ihm widmen, und sie mit Integrität, Fleiß und Bescheidenheit tun, b) den erklärten und ausdrücklichen Dienst für ihn zu unserem Beruf machen. Die Berufung A liegt auf allen Menschen, ob sie es wissen oder nicht; die Berufung B nur auf denen, die dazu besonders erwählt sind. Jede Berufung hat ihre eigenen Gefahren und ihre eigenen Belohnungen. Natürlich kann ich nicht sagen, welches die Ihre ist.

Wenn ich von einer Gefahr für Ihre akademische Laufbahn bei einem Wechsel Ihres Faches sprach, so dachte ich vor allem an die *Zeit*. Wenn Sie ein weiteres Jahr zur Verfügung hätten, wäre es etwas anderes. Was ich in keiner Weise meinte, wäre, dass „Geistesgeschichte", die auch Theologie einschließt, *an sich* in akademischer Hinsicht ein schlechter Forschungsgegenstand wäre.

Ich freue mich jederzeit, Sie zu sehen oder von Ihnen zu hören.

Ihr C. S. Lewis

An „Mrs. Lockley“

[Magdalen College, Oxford] 5. März 1951

Wie recht Sie haben: Die große Sache ist, aufzuhören, über das Glücklichsein nachzudenken. Das Beste am Glück selbst ist tatsächlich, dass es einen davon befreit, über das Glück nachzudenken – so wie das größte Vergnügen, das man mit Geld kaufen kann, es unnötig macht, über Geld nachzudenken. Und man sieht, warum wir in diesem „Nicht-darüber-Nachdenken“ ebenso dann unterwiesen werden müssen, wenn es uns fehlt, wie wenn wir es haben. Ich bin ganz sicher, Sie werden, wie Sie sagen, „schließlich irgendwie durchkommen“.

Hier ist eine der Früchte des Unglücklichseins: Es zwingt uns, das Leben als etwas zu betrachten, das wir *durchlaufen*. Und am anderen Ende verlassen. Wenn wir das nur so unerschütterlich auch tun könnten, wenn wir glücklich sind, bräuchten wir, will ich meinen, keine Unglücke. Es ist wirklich schwer für Gott. Wie wenigen von uns *wagt* er es, Glück zu schicken, weil er weiß, wir werden ihn vergessen, gäbe er uns irgendwelche netten Dinge für den Augenblick.

... Mich überfällt *tatsächlich* dieses Empfinden, die ganze Sache sei Hokuspokus, und jetzt beunruhigt mich das kaum noch. Der Mechanismus ist sicher ganz einfach, oder? Durch unser früheres Leben haben sich skeptische, ungläubige, materialistische Spuren tief in unsere Gedanken eingegraben, vielleicht sogar in unser physisches Gehirn. Bei der kleinsten Erschütterung suchen unsere Gedanken sich wieder die alten Bahnen. Und beachten Sie, wann diese Erschütterungen kommen. Gewöhnlich in dem Moment, in dem wir die Gnade empfangen könnten. Wenn Sie ein Teufel wären, würden Sie nicht auch die Erschütterung in eben diesem Moment verabreichen? Ich glaube, alle Christen haben festgestellt, dass er nahe am Altar oder unmittelbar vor der Bekehrung sehr aktiv ist: weltliche Sorgen, körperliches Unwohlsein, lüsterne Fantasien, Zweifel werden oft an solchen Schaltstellen ausgeschüttet... Aber die Gnade wird nicht durchkreuzt. Man bekommt *mehr*, indem man diese Unterbrechungen stetig durchschreitet, als bei Gelegenheiten, wenn alles glatt läuft.

...Ich bin froh, dass „Der Löwe“ [*Der König von Narnia*] Ihnen allen gefallen hat. Einige Mütter und noch mehr Schulleiterinnen haben beschlossen, das Buch würde Kinder wahrscheinlich erschrecken, daher verkauft es sich nicht gut. Aber die echten Kinder mögen es, und ich bin erstaunt, dass auch schon *sehr* kleine Kinder es anscheinend verstehen. Ich glaube, es erschreckt ein paar Erwachsene, aber sehr wenige Kinder.

An Mary van Deusen

Magdalen College, Oxford. 18/4/51

Liebe Mrs. Van Deusen,

danke für Ihren Brief vom 7. Ich bin gerade aus einem Urlaub zurückgekehrt, und die Zeit seither habe ich damit verbracht, eigenhändig etwa 40 Briefe zu schreiben: So viel zu Elfenbeintürmen.

Ihre Frage finde ich auch für mein eigenes Leben sehr schwierig. Was richtig ist, wissen wir gewöhnlich, oder wenn nicht, ist es unsere eigene Schuld. Aber was klug oder sinnvoll ist, wissen wir oft nicht. Ist es Teil des Plans, dass es für gewöhnlich uns überlassen bleibt, das Beste aus unseren sehr begrenzten und nur an Wahrscheinlichkeiten ausgerichteten Überlegungen zu machen? Ich weiß es nicht. Oder würden wir auch in diesen Dingen mehr Führung erhalten, wenn wir früh genug die Gewohnheit erworben hätten, sie zu suchen?

Wie schrecklich Ihre Sorge um Ihre Tochter gewesen sein muss. Sie soll einen Platz in meinen schlichten Gebeten haben.

Walsh wusste nicht viel über mein Privatleben.[136] Es muss unter uns bleiben, aber ich habe den größten Teil davon (der nun vorbei ist) in einem Haus gelebt, in dem es kaum jemals 24 Stunden lang friedlich war, inmitten von sinnlosen Streitereien, Lügen, Verleumdungen, Torheiten und Schrecken. Ich ging nie nach Hause ohne ein Gefühl des Grauens davor, welche entsetzliche Situation sich in meiner Abwesenheit ergeben haben könnte. Erst jetzt, wo es vorbei ist (wenn auch andere Probleme an diese Stelle getreten sind)[137], beginne ich zu begreifen, wie schlimm es tatsächlich war.

Gott segne Sie alle.

Mit besten Grüßen,
C. S. Lewis

An Mary van Deusen

Magdalen College, Oxford. 25/5/51

Über die Liebe zum Vaterland werfen Sie zwei unterschiedliche Fragen auf. Die eine – dass es (jetzt) keinen *Grund* gäbe, es zu lieben – treibt mich überhaupt nicht um. Wie Macdonald sagt: „Niemand liebt, weil er einen Grund dafür sieht, sondern weil er liebt."[138] Oder sagen wir, es gibt zwei Arten von Liebe: Wir lieben weise & freundliche & schöne Menschen, weil wir sie brauchen, aber wir lieben dumme und unsympathische Leute (oder bemühen uns darum), weil sie uns brauchen. Die zweite Variante ist göttlicher, weil es die Art ist, wie Gott uns liebt: nicht weil wir liebenswert sind, sondern weil er Liebe ist, nicht, weil er es nötig hätte, zu empfangen, sondern weil es seine Freude ist, zu geben.

Aber die andere Frage (was man liebt, wenn man das Vaterland liebt) finde ich in der Tat schwierig. Sicher bin ich mir darin, dass die Personifizierungen, die Journalisten und Politiker verwenden, sehr wenig Realitätswert besitzen. Ein Vertrag zwischen den

Regierungen zweier Länder ist ganz und gar nicht vergleichbar mit der Freundschaft zwischen zwei Menschen – eher mit einer Transaktion zwischen den Anwälten von zwei Menschen.

Ich meine, Vaterlandsliebe heißt vor allem Liebe zu Menschen, die eine Menge mit einem selbst gemeinsam haben (Sprache, Kleidung, Institutionen). Insofern ist sie wie die Liebe zur eigenen Familie oder Schule – oder wie die Liebe (wenn man an einem fremden Ort ist) zu jemandem, der einmal in der eigenen Heimatstadt gelebt hat. Das Vertraute ist an sich ein Grund für Zuneigung. Und es ist gut: Denn jede *natürliche* Hilfe in Richtung unserer geistlichen Verpflichtung zur Liebe ist gut, und Gott scheint unsere höheren Lieben um unsere bloß natürlichen Impulse herum zu bauen – Sex, Mutterschaft, Verwandtschaft, alte Bekannte etc. In geringerem Ausmaß gibt es ähnliche Gründe, andere Nationen zu lieben – historische Verbindungen & Herkunft in der Literatur etc. (deswegen verehren wir alle die alten Griechen). Aber ich würde dies vom Gerede in den Zeitungen unterscheiden. Wohlgemerkt, ich hege beträchtliche Zweifel hinsichtlich der ganzen Sache. Mein Geist bewegt sich eher in einer Welt von Individuen, nicht von Gesellschaften.

An Mrs. Jessup

Magdalen College, Oxford. 15/10/51

Liebe Mrs. Jessup –

ich stimme allem zu, was Sie sagen (außer, dass ich etwas zu diesem Thema veröffentlichen sollte: Ein Junggeselle ist nicht der Mann dafür – es gibt eine so offensichtliche Antwort auf alles, was er sagt!)

Unsere Erneuerung ist ein langsamer Prozess. Wie Charles Williams sagt, hat er drei Phasen: 1) Das Alte Selbst auf dem alten

Weg. 2) Das Alte Selbst auf dem neuen Weg. 3) Das Neue Selbst auf dem neuen Weg.

Nach der Bekehrung kann das Alte Selbst natürlich im Blick auf den Glauben genauso arrogant, aufdringlich und imperialistisch sein wie davor im Blick auf andere Interessen. Beinahe hätte ich gesagt: „im Blick auf jede andere Marotte“. Denn wie auch der reizendste Teint in grünem Licht grün wird, so kann selbst der Glaube zu Anfang alle Kennzeichen einer Marotte haben, und wir leben so schlecht damit, wie wenn wir uns dem Nudismus oder der Psychoanalyse oder reiner Wollkleidung zugewandt hätten. Wir beide, Sie und ich, wissen alles darüber: Man begeht Schnitzer.

Was den Gehorsam angeht, so ist das Prinzip klar. Gehorsam gegenüber Menschen ist begrenzt durch Gehorsam gegenüber Gott und muss das Feld räumen, wenn beides wirklich im Konflikt steht. Aber natürlich gibt einem das wenig Weisung im Blick auf Einzelheiten. Die bekehrte Seite muss beten – ich nehme allerdings an, dies muss nicht oft *in Gegenwart der anderen Seite* geschehen! Besonders, wenn die bekehrte Seite die Frau ist, die für gewöhnlich das Haus am Tag für sich hat. Natürlich sollte es auch kein *Verschweigen* geben: Wenn die Frage aufkommt, muss man offen sagen, dass man betet. Aber es gibt einen Unterschied zwischen *nicht verschweigen* und *demonstrativ zur Schau stellen*. Zu allem anderen (habe ich das schon mal zitiert?) sagt MacDonald: „Die Zeit zu *reden* kommt selten, die Zeit zu *sein* vergeht nie.“[139] Beten wir füreinander, Sie und ich.

Mit besten Grüßen,
C. S. Lewis

An Warfield M. Firor

Magdalen College, Oxford. 20. Dez. 1951

Mein lieber Firor,

wie die Jahre in unserem Lebensalter dahinfliegen. Wie Telegraphenmasten von einem Schnellzug aus gesehen. Und wie sie im Vergleich dazu einst dahinschlichen, wenn die Kluft zwischen dem einen Weihnachten und dem nächsten für die Augen eines Kindes zu breit war, um hinüberzusehen. Wenn ich jemals eine Geschichte über einen Langlebigen schreibe, wie Haggards *She* oder *The Wandering Jew*[140] (vielleicht tue ich es), werde ich das herausstellen. Das erste Jahrhundert seines Lebens wird ihm zum Ende hin länger vorkommen als alle, die noch folgten: die normannische Eroberung, die Entdeckung Amerikas und die Französische Revolution bilden in seinem Geist ein Gewirr jüngst vergangener Ereignisse.

Mein „freies" Jahr war bisher – und so war es auch gedacht – ein Jahr harter Arbeit, aber überwiegend angenehm. Das Buch [141] könnte 1952 fertig werden, und ich bin, unter uns gesagt, zufrieden damit, wie es sich anlässt – allerdings fürchte ich verborgene Irrtümer. In dieser Hinsicht beneide ich dich fast darum, dass du an einer empirischen Untersuchung arbeitest, in der, wie ich annehme, Fehler im Labor auftreten und sich selbst bemerkbar machen. Aber ein Fehler in einer Literaturgeschichte wandert schweigend weiter bis zu dem Tag, an dem er im gedruckten Buch unwiderruflich wird und das Buch zur Rezension an den einzigen Mann in England geht, der hätte wissen können, dass es ein Fehler ist. Dies ist, wie ich annehme, gut für meine Seele – und zwar gut auf eine Weise, die ich lernen muss zu verdauen. Ich werde (wenn ich lange genug lebe) einer dieser Männer werden, der in seinen Vierzigern ein bekannter Autor war und unbekannt stirbt – wie Christian, der in das grüne Tal der Demütigung hinabsteigt.[142] Was das Allerschönste an Bunyan ist und auch das Allerschönste im Leben eines Menschen werden kann, wenn man es ganz richtig angeht – etwas, worüber ich viel nachdenke und bete. Eines ist sicher: Viel besser, diesseits des Grabs (zumindest) anzufangen, Demut zu lernen, als sie auf der anderen Seite als neues Problem zu haben. Wie auch immer, das Verlangen, das abgetötet werden muss, ist so vulgär und dumm.

An Mary van Deusen

Magdalen. 31. Jan. 1952

Dass Leiden nicht *immer* als Strafe geschickt wird, ist für Gläubige klar nachgewiesen durch das Buch Hiob und durch Johannes 9,1–4. Dass es *manchmal* auch Strafe ist, legen Teile des Alten Testaments und die Offenbarung nahe. Es wäre sicherlich sehr gefährlich, anzunehmen, dass jedes Leid eine Strafe ist. Ich glaube, dass alles Leid dem Willen Gottes entgegensteht, und zwar absolut, aber nicht relativ. Wenn ich mir (oder einem Kind) einen Dorn aus dem Finger ziehe, dann steht der Schmerz „absolut" im Gegensatz zu meinem Willen: d. h. wenn ich eine Situation ohne Schmerz hätte wählen können, hätte ich das getan. Aber relativ zur gegebenen Situation *will* ich den Schmerz, d. h. wo ein Dorn ist, ziehe ich den Schmerz vor, anstatt den Dorn dort zu lassen, wo er ist. Eine Mutter, die ihrem Kind einen Klaps gibt, wäre in derselben Lage: Sie fügt ihm lieber diesen Schmerz zu, als zuzulassen, dass es die Katze am Schwanz zieht, aber sie hätte es natürlich lieber, dass eine Situation, die einen Klaps erfordert, erst gar nicht entstanden wäre.

Was die Heiden angeht, siehe 1. Timotheus 4,10.[143] Auch in Matthäus 25,31–46 klingt es nicht so, als seien die Leute Gläubige. Oder die Lehre vom Abstieg Christi in die Hölle*, wo er den Toten predigt: Ich wünschte, dies wäre außerhalb der Zeit und schlösse die, die lange nach ihm gestorben sind, ebenso ein wie die, die starben, bevor er als Mensch geboren wurde. Ich glaube nicht, dass wir alle Details kennen. Wir müssen uns an die Sichtweise halten, dass a) alle Gerechtigkeit und Gnade erfüllt werden. b) Dass es trotzdem unsere Pflicht ist, alles zu tun, was wir können, um Nicht-Glaubende zu bekehren. Mit Segenswünschen.

* d. i. der Hades, das Totenreich, nicht Gehenna, das Land der Verlorenen.

An den Herausgeber der Church Times

Magdalen College. Oxford.

Sir,

der Brief des Rural Dean of Gravesend ist mir willkommen, wenn ich auch bedauere, dass irgendjemand es für nötig befunden hat, den Bischof von Birmingham als einen Protestanten zu bezeichnen. Einem Laien erscheint es offensichtlich, dass das, was die Protestanten und die Anglo-Katholiken gegen die „Liberalen" oder „Modernisten" verbindet, etwas sehr Klares und Gewichtiges ist, nämlich die Tatsache, dass beide kompromisslose Supranaturalisten sind, die an die Schöpfung, den Sündenfall, die Inkarnation, die Auferstehung, die Wiederkunft Christi und die Vier Letzten Dinge glauben. Das verbindet sie nicht nur miteinander, sondern mit der christlichen Religion, wie sie *ubique et ab omnibus* [überall und von allen] verstanden wird.

Die Sichtweise, nach der diese Übereinstimmung weniger wichtig erscheint als ihre Trennungen oder als der Abgrund, der beide von jeder nicht-wundergläubigen Version des Christentums trennt, ist mir unverständlich. Vielleicht ist das Problem, dass die Supranaturalisten, ob nun hoch- oder freikirchlich, wenn man sie einmal so zusammennimmt, keinen Namen haben. Darf ich

„tiefkirchlich" vorschlagen? Oder, wenn es dem an Demut mangelt, Baxters „bloße Christen"?[144]

C. S. Lewis

An Jill Freud

Magdalen College Oxford. 15/2/52

Es liegt mir auf der Seele, dass ich gestern Unsinn redete, als ich etwas von einer „Tretmühle" bemerkte. Ganz schön erbärmlich für jemanden, der ein volles Gehalt dafür bezieht, dass er tut, was die meisten Menschen in ihrer Freizeit tun. Streichen Sie es. Ich wollte nur sagen, der Motor läuft ganz glücklich mit N Umdrehungen pro Sekunde!

J.

An Mary Van Deusen

Magdalen etc. 1. April 1952

Der Vorteil eines festgelegten Gottesdienstablaufs ist der, dass wir wissen, was kommt. Öffentliches Gebet *ex tempore* [spontan, frei] hat folgende Schwierigkeit: Wir wissen nicht, ob wir innerlich zustimmen können, bis wir es gehört haben – es könnte ja aufgesetzt oder häretisch sein. Wir sind daher aufgefordert, zugleich *kritisch* und *andächtig* zu sein – zwei Dinge, die kaum miteinander vereinbar sind. Eine feste Form dagegen sollten wir schon zuvor in unserem privaten Gebet „durchexerziert" haben – die starre Form *befreit* uns in Wirklichkeit zur Andacht.

Ich finde auch, je strenger die Form ist, umso leichter ist es, die Gedanken vom Herumschweifen abzuhalten. Außerdem verhindert es, dass ein Gottesdienst zu sehr mit den Wichtigkeiten des Augenblicks überfrachtet wird (ein Krieg, eine Wahl oder was auch immer). Die *dauerhafte* Form des Christentums scheint durch. Ich sehe nicht, wie die *ex tempore*-Methode es vermeiden kann, provinziell zu werden, und meine, sie hat eine starke Tendenz, die Aufmerksamkeit auf den Pfarrer zu richten anstatt auf Gott.

An Genia Goelz

Magdalen College, Oxford. 15. Mai 1952

Liebe Genia,

danke für deinen Brief vom 9. All unsere Gebete werden gerade beantwortet, und ich danke Gott dafür. Das einzige (möglicher- nicht notwendigerweise) ungünstige Symptom ist, dass du ein wenig zu begeistert bist[145]. Es ist ganz recht, dass du spürst, dass dir „etwas Grandioses" widerfahren ist (das ist es tatsächlich) und dass du dich „ganz durchglüht" fühlst. Nimm diese Empfindungen dankbar als Geburtstagskarte von Gott an, aber vergiss nicht, dass sie nur Grüße sind, nicht das eigentliche Geschenk. Ich meine, die Gefühle sind nicht das Eigentliche. Das Eigentliche ist die Gabe des Heiligen Geistes, der gewöhnlich nicht als Empfindung oder Emotion erfahren werden kann – vielleicht auch nie. Gefühle sind nur die Reaktion unseres Nervensystems. Mach dich nicht davon abhängig. Andernfalls könntest du, wenn sie gehen und du dich wieder emotional leer fühlst (und das wird passieren), meinen, das Eigentliche sei auch verschwunden. Aber das wird es nicht. Es wird auch da sein, wenn du es nicht fühlen kannst. Vielleicht ist es sogar dann am wirksamsten, wenn du es am wenigsten empfindest.

Glaub nicht, von jetzt an „wird alles ein aufregendes Abenteuer sein". Das wird es nicht. Aufgeregtheit, welcher Art auch immer, hält nie an. Sie ist der Schubs, der dich auf deinem ersten Fahrrad in Schwung bringt – später wirst du lange Strecken einfach stur *treten* müssen. Und es gibt keinen Grund, deswegen deprimiert zu sein. Es wird deinen geistlichen Beinmuskeln guttun. Freu dich also über den Schubs, solange er dauert, aber genieße ihn als Leckerbissen, nicht als etwas Normales.

An Mary van Deusen

Magdalen College, Oxford. 10/6/52

Wenn ich Genia mit Erfolg sage, was Sie oft vergeblich gesagt haben, dann liegt das nicht an irgendeiner Qualifikation meinerseits, sondern beruht auf einem allgemeinen (und auf den ersten Blick grausamen) Gesetz: Wir können *alle* von einem Fremden annehmen, was wir von unseren Eltern nicht annehmen können. Ich höre mit Gewinn älteren Freunden zu, die genau dieselben Dinge sagen, die ich überhörte oder die mich sogar verärgerten, wenn mein Vater sie sagte. Und mehr noch: Ich kann Ratschläge von anderen befolgen, die ich mir selbst oft vergeblich gegeben habe. Ich nehme an, dies ist ein Aspekt der *Stellvertretung* des Universums: Charles Williams' Sicht, dass jeder das Boot eines anderen besser paddeln kann als das eigene. Wir müssen gegenseitig unsere Lasten tragen, weil dies die einzige Weise ist, wie Lasten getragen werden können. Und „anderen hat er geholfen und kann sich selbst nicht helfen" ist ein Grundgesetz.

Ja, „die Dinge" laufen weiterhin beunruhigend „besser" für mich. Gottes Segen mit Ihnen allen.

Ihr
C. S. Lewis

An Genia Goelz

Magdalen College, Oxford. 20. Juni 1952

Liebe Genia,

danke für deinen Brief vom 10. Ich würde das Gefühl „Ich bin etwas Besonderes“ lieber nicht durch den Gedanken bekämpfen: „Ich bin auch nicht besonderer als alle anderen“, sondern durch das Gefühl: „Jeder andere ist genauso besonders wie ich.“ In einer Hinsicht gibt es da keinen Unterschied, zugegeben, denn beides demontiert die Besonderheit. Aber es gibt in anderer Hinsicht einen Unterschied. Ersteres könnte dich dazu verführen, zu denken: „Ich bin nur eine in der Masse wie alle anderen.“ Aber das Zweite führt dich zu der Wahrheit, dass es diese Masse nicht gibt. Niemand ist wie irgendein anderer. Alle sind „Glieder“ (Organe) am Leib Christi.[146] Alle unterschiedlich und alle notwendig für das Ganze und füreinander – jeder individuell von Gott geliebt, als wäre er das einzige Geschöpf, das je gelebt hat. Andernfalls könntest du die Vorstellung entwickeln, Gott wäre wie die Regierung, die nur mit den Menschen in der Masse umzugehen weiß.

Was die Beichte angeht, so halte ich es mit der Sicht unserer Kirche: Jeder kann davon Gebrauch machen, aber niemand muss das tun. Ich habe keinen Zweifel, dass der Heilige Geist deine Entscheidungen innerlich leitet, wenn du sie mit der Absicht triffst, Gott zu gefallen. Der Irrtum läge darin zu meinen, dass er *nur* innerlich spricht, wo er doch in Wahrheit auch durch die Heilige Schrift, die Kirche, christliche Freunde, Bücher usw. redet.

An den Herausgeber der Church Times

Magdalen College, Oxford.

Sir,

ich bin, wie Mr Eric Pitt, Laie und würde gern in einigen Punkten belehrt werden, bevor der Vorschlag, ein „System“ anglikanischer Kanonisierung zu installieren, auch nur diskutiert wird. Gemäß der *Catholic Encyclopaedia* sind „Heilige“ Verstorbene, die aufgrund ihrer Tugenden der „besonderen“ Liebe Gottes würdig sind. Kanonisierung macht *dulia*[147] „universal und verpflichtend“ – und was immer sie sonst noch geltend macht, so doch sicherlich, dass die betreffende Person „im Himmel“ ist.

Es sei denn, das Wort „Kanonisierung“ wird in einem anderen Sinn gebraucht als dem römischen (und in diesem Fall wäre ein anderes Wort weitaus geeigneter), so meint der Vorschlag, ein „System“ der Kanonisierung einzurichten, dass irgendjemand (sagen wir, der Erzbischof) berufen werden soll, um

a) zu erklären, dass bestimmte namentlich genannte Menschen 1. im Himmel und 2. der „besonderen“ Liebe Gottes „würdig“ sind.

b) uns (unter Androhung der Exkommunikation?) die Pflicht der *dulia* gegenüber denen aufzuerlegen, die benannt worden sind.

Nun ist klar, dass niemand von etwas reden sollte, von dem er nicht weiß, ob es wahr ist. Geht man also davon aus, dass Gott der universellen Kirche ein Wissen über den Zustand gewisser verstorbener Seelen versprochen hat (und wenn ja, wann und wo)? Wenn es so ist, würde das bedeuten, dass dieses Wissen verschiedene Grade des Heils unterscheidet, wie sie vermutlich das Wort „besondere [Liebe]“ nahelegt? Und wenn es das tut, wird die Verkündigung dieses Wissens helfen, Seelen zu retten, die jetzt *in viâ* [auf dem Weg] sind? Denn dies könnte sehr wohl dazu führen, „konkurrierende Ansprüche“ zu erwägen, und davor werden wir in der *Nachfolge Christi* (3. Buch, Kap. 58) gewarnt: „Forsche und streite auch nicht [über die Verdienste der Heiligen], wer etwa von ihnen heiliger als der andere oder wer größer im Himmelreich sei ... Solches wissen und erforschen zu wollen bringt keinen Nutzen, sondern missfällt den Heiligen."[148]

Schließlich gibt es noch ein praktisches Problem. Damit meine ich nicht die saubere kleine Aufstellung der *Catholic Encyclopaedia* über „die gewöhnlichen tatsächlichen Kosten einer Kanonisierung", sondern die Gefahr eines Schismas. Tausende Mitglieder der Church of England bezweifeln, ob *dulia* rechtmäßig sind. Behauptet irgendjemand, sie seien heilsnotwendig? Wenn nicht, wieso sollten wir verpflichtet sein, so schreckliche Risiken einzugehen?

C. S. Lewis

An J. R. R. Tolkien

[Magdalen College] Nov. 13/52

Mein lieber Tollers,

nur eine kurze Nachricht, um dir zu sagen, mit welch angenehmer Wärme die gestrigen guten Nachrichten von dir[149] mich erfüllen – mit einem innerlichen Lächeln tiefer Zufriedenheit. Zuoberst liegt natürlich die reine Vorfreude, das Buch bald zu haben und es immer wieder zu lesen. Aber es spielen noch eine Menge anderer Dinge hinein. So vieles von deinem ganzen Leben, so vieles aus unserem gemeinsamen Leben, so vieles vom Krieg, so vieles, das scheinbar *spurlos* in die Vergangenheit zu entgleiten schien, erhält nun gewissermaßen Bestand.

Und natürlich freue ich mich sehr für dich. Ich glaube, die ausgedehnte Schwangerschaft hat dich ein wenig Vitalität gekostet. Wenn das Buch erschienen ist, wird es eine neue Reife und

Freiheit geben. Und wie Mrs. Farrer[150] und Priscilla[151] sich freuen werden. Gott mit dir.

J.

An Vera Gebbert

Magdalen College, Oxford. 18. Dezember 1952.

Wir haben zurzeit einen amerikanischen Gast[152] bei uns, der am 3. nächsten Monats nach Hause reist und nicht gerade erfreut über die Tatsache ist, dass wir gerade einige Stürme erleben. Ist es nicht erstaunlich, dass das Wetter immer dann launisch wird, wenn man Besuch im Haus hat? Und der Gastgeber hat das Gefühl, er sei irgendwie daran schuld. Wir haben jetzt das Wetter, das normalerweise nie vor Weihnachten einsetzt – Eis, Schnee, bitterkalter Wind usw.

Aber die Dame versichert uns – ob aus angeborener Höflichkeit oder weil es stimmt –, dass das schlimmste englische Winterwetter nicht mit der allgemeinen Garstigkeit des Wetters in New York State zu vergleichen ist. Was sie kritisiert, ist die Heizung eines englischen Hauses – weniger die in den Zimmern als auf den Fluren und so weiter.

An Laurence Harwood

Coll. Magd. 19. Dez. 1952

Lieber Laurence,

hier ist etwas für die üblichen Ausgaben. Ich bin vollkommen „überrumpelt“ von einem Gast, der für eine Woche kommen wollte, aber drei Wochen blieb und von morgens bis abends redet. Ich hoffe, du hast ein schöneres Weihnachtsfest als ich. Ich kann nicht schreiben (schreiben? Ich kann kaum denken oder atmen. Ich kann nicht glauben, dass das alles wahr ist.)[153]

Dein
C. S. Lewis

An Don Giovanni Calabri

College of St. Mary Magdalene, Oxford.
14. Januar 1953

Mein liebster Freund, höre, welche Schwierigkeit mich vor allem anderen zweifeln lässt.[154] Das Neue Testament scheint uns zwei Modelle des Betens vorzustellen, die sich nicht leicht miteinander vereinbaren lassen.

Eines ist das tatsächliche Gebet des Herrn im Garten Gethsemane („wenn es möglich ist … aber nicht wie ich will, sondern wie du willst“).[155]

Das andere dagegen steht in Markus 6,24: „Alles, was ihr betet und bittet, glaubt nur, dass ihr's empfangt, so wird's euch zuteilwerden“ (und beachte, wo die lateinische Version und auch unsere muttersprachliche Übersetzung das *Futur* verwendet – *accipietis*, „ihr werdet empfangen“ –, da hat der griechische Text die Vergangenheit ἐλάετε = *accepistis*, was sehr schwierig ist.)

Hier nun die Frage: Wie ist es einem Menschen möglich, in ein- und demselben Moment sowohl von ganzem Herzen zu glauben, dass er [das Erbetene] empfangen wird, und sich dem Willen Gottes zu unterstellen – der ihm vielleicht [die Bitte] verwehrt?

Wie ist es möglich, gleichzeitig zu sagen: „Ich glaube fest, dass du mir dies geben wirst“ und: „Wenn du es mir verwehrst, geschehe dein Wille“? Wie kann ein einziger geistiger Akt eine mögliche Ablehnung sowohl ausschließen als auch in Betracht ziehen? Ich finde das bei keinem der Doktoren diskutiert.

Bitte versteh: Es stellt keine Schwierigkeit für mich dar, dass Gott manchmal nicht zu tun gewillt ist, was die Gläubigen erbitten. Dies ist notwendig, denn er ist weise, und wir sind töricht. Aber warum verspricht er in Markus 16,24, alles (was immer es ist) zu tun, worum wir aus ganzem Glauben bitten? Beides sind Aussagen des Herrn; beides gehört zu dem, was zu glauben von uns erwartet wird. Was soll ich tun?

Lebe wohl. Und ich bete für dich und deine Gemeinde und werde immer für euch beten.

C. S. Lewis

An Chad Walsh

Magdalen College, Oxford. 24. Januar 1953.

Joy Gresham ist am ersten des Monats nach New York abgereist, und ich glaube, ich habe ihre englischen Abenteuer wirklich genossen. Sie hat Oxford zweimal besucht, und ich war recht oft in ihrer Gesellschaft. Sie ist weit abgekommen vom vorgegebenen Touristenpfad. Zu ihren Erlebnissen gehörte der Besuch einer Hochzeit im East End von London, wo sie und die anderen Gäste eingeladen wurden, die Nacht auf dem Küchenfußboden zu verbringen. Es war eine schöne Neuigkeit, dass sie in die Kirche eintreten und demnächst konfirmiert werden wird.

Wie steht es bei dir? Wir haben durch Joy ein wenig von dir gehört, aber wüssten gern mehr. Mit Segenswünschen,

dein
Jack Lewis

An Nathan Comfort Starr

Magdalen College, Oxford. 3. Feb. 1953

Von mir gibt es nichts Abenteuerliches zu berichten – es sei denn, es ist ein Abenteuer, dass ich endlich meinen Band über die Literatur des 16. Jahrhunderts abgeschlossen habe und jetzt die Korrekturen lese. Es ist ein Abenteuer für mich, frei zu sein von dieser 12–15 Jahre langen Arbeit. Jetzt weiß ich, wie Ariel sich gefühlt hat[156], oder wie sich ein Ballon fühlt, sobald die Sandsäcke abgeworfen sind.

Dein F. H. Heard klingt lohnend. Ich habe gerade zwei Bücher eines amerikanischen „Scientifiction"-Autors namens Ray Bradbury gelesen. Das meiste in diesem *Genre* ist abgrundtief schlecht, eine bloße Versetzung gewöhnlicher Gangster- oder Piratenromane auf eine Bühne der Gestirne, noch dazu eine Versetzung, die nicht nützt, sondern schadet. Größe an sich hat keinen imaginativen Wert: Die Verteidigung eines „galaktischen" Imperiums ist *weniger* interessant als die Verteidigung einer kleinen befestigten Stadt wie Troja. Aber Bradbury besitzt Einfallsreichtum und weiß sogar über Prosa Bescheid. Ich empfehle seine *Silver Locusts*.

An Rhona Bodle

Magdalen College, Oxford. 9. Feb. 1953

Liebe Miss Bodle,

danke für Ihren interessanten Brief vom 1. Februar, der heute ankam. Es ist schwierig für jemanden wie mich, der keine Erfahrung hat, zu diesen komplexen Problemen Stellung zu nehmen. Die Geschichte von dem Mädchen, das bei christlichen Lehrern ein Alter von 16 Jahren erreicht hat, ohne etwas von der Inkarnation gehört zu haben, ist ein Augenöffner. Für die meisten Kinder (ich weiß nicht, ob das auch für Gehörlose gilt) sehe ich keinen Vorteil darin, ihnen die Evangelien ohne ein wenig dogmatische Erläuterung nahezubringen. Sie wurden schließlich nicht für Menschen geschrieben, die die Dogmatik nicht kannten, sondern für Bekehrte, die bereits unterwiesen worden waren, und die nun etwas mehr über das Leben und die Lehre des Meisters wissen wollten. Keines der alten heiligen Bücher war dazu gedacht, ohne einen Lehrer gelesen zu werden – daher sagt der äthiopische Eunuch in der Apostelgeschichte zu Philippus: „Wie kann ich verstehen, wenn mich nicht jemand anleitet?“[157]

Könnte die Stelle – und ich meine, *etwas* muss es da geben – über Menschen, die ich nicht mag, als Kommentar zur *Vergebungsbitte* im Vaterunser dienen?[158]

Hier haben wir Frost, und man riskiert bei jedem Gang sein Leben.

Was für ausgezeichnete Arbeit Sie leisten! Beste Segenswünsche,

Ihr
C. S. Lewis

An Arthur C. Clarke

Magdalen College, Oxford. 14. (?) Feb. 1953

Lieber Mr Clarke,

ich hoffe, ich würde mich von der Gefahr nicht abschrecken lassen![159] Schwerwiegender ist der Einwand, dass ich ein Thema behandeln würde, zu dem ich mich bereits in gedruckter Form geäußert habe und dem ich nichts hinzuzufügen habe. Ich weiß, viele Vorträge entstehen auf diese Weise, aber ich verfahre nie so. Notfalls würde ich angesichts der Langeweile des Publikums große Tapferkeit beweisen, aber dann ist da auch noch meine eigene. Aber danken Sie Ihrer Gesellschaft sehr herzlich für die Einladung und richten Sie meine besten Wünsche im Blick auf alles aus – bis auf Reisen ins All.

Mit besten Grüßen,
C. S. Lewis

Vermutlich ist das Ganze nur ein Plan, um mich zu kidnappen und mich auf einem Asteroiden auszusetzen! Ich kenne mich aus mit derlei Dingen.

An Chad Walsh

Magdalen College, Oxford. 21. Februar 1953.

Lieber Chad,

ich bin enttäuscht zu hören, dass dein Englandbesuch verschoben wurde, aber erfreut, überhaupt von dir zu hören – und begeistert, dass du nun auch ein „Juvenile“[160] (grässliches Wort) schreibst.[161]

Ich muss jetzt seit drei Jahren Examen abnehmen, werde also sicherlich nicht in der Lage sein, amerikanische Vorlesungen in Angriff zu nehmen, so aufregend und attraktiv der Gedanke auch sein mag.

Das Buch über das Gebet geht sehr langsam voran. Die einfachsten Fragen dazu scheinen solche zu sein, mit denen sich noch nie jemand befasst hat.

Tut mir leid, dass ich so wenig schreibe; unzählige weitere Briefe wollen beantwortet werden, bevor mein erster Schüler kommt.

Mein Bruder sendet dir ebenfalls die herzlichsten Grüße.

Dein
Jack

An Mary van Deusen

Magdalen College, Oxford. 21. Feb. 1953

Ihre Frage über Kommunisten in der Regierung wirft das ganze Problem der Demokratie auf. Wenn man das Grundprinzip akzeptiert, dass Regierungen aufgrund von Mehrheiten gebildet werden, wie kann man dann logisch konsequent versuchen, jene Probleme der öffentlichen Propaganda und des An-die-Regierung-Kommens zu unterdrücken, durch die Mehrheiten geformt zu werden? Wenn die Kommunisten in diesem Land die Mehrheit überzeugen können, uns an die Russen zu verkaufen oder sogar Teufelsmessen und Menschenopfer einzuführen, was ist die *demokratische Antwort* darauf? Als wir sagten: „Regierung durch das Volk“, meinten wir da: „nur solange wir nicht zu sehr anderer Meinung sind als das Volk“? Und nützt es viel, über „Loyalität“ zu reden? Denn ich nehme an, nach streng demokratischen

Prinzipien ist Loyalität bloß so lange verpflichtend, wie die Mehrheit sie will. Ich weiß keine Antwort.

Natürlich steht außer Frage, dass es nicht unsere *Pflicht* ist (die Pflicht der Minderheit), einer antigöttlichen Regierung zu gehorchen, wenn die Mehrheit eine solche etabliert. Wir werden ungehorsam sein und zu Märtyrern werden müssen. Vielleicht ist die *reine* Demokratie tatsächlich ein falsches Ideal.

Gottes Segen mit Ihnen allen. In großer Eile,

immer Ihr
C. S. Lewis

An Corbin Scott Carnell

Magdalen College, Oxford. 5/4/53

Lieber Mr. Carnell,

mir ist selbst ein wenig unbehaglich im Blick auf die Frage, die Sie stellen. Wie es scheint, gibt es gleichermaßen Einwände gegen die Position, die ich in meiner Fußnote anführe, wie gegen die Alternative, nämlich allen Büchern der Bibel dieselbe Art und dasselbe Maß an Historizität zuzuschreiben. Wissen Sie, die Frage bezüglich Jona und des großen Fisches dreht sich nicht nur um [die ihr] innewohnende Wahrscheinlichkeit. Der Punkt ist, dass das ganze *Buch Jona* für mich den Anklang einer moralischen Lehrdichtung hat, etwas gänzlich anderes als, sagen wir, der Bericht über König David oder die neutestamentlichen Erzählungen. Es ist nicht wie sie an irgendeine historische Situation *angepflockt*.

In welchem Sinn „präsentiert" die Bibel diese Geschichte „als historisch"? Natürlich wird nicht *gesagt:* „Dies ist Fiktion" – aber unser Herr *sagt* auch nicht, dass sein ungerechter Richter, sein barmherziger Samariter oder der verlorene Sohn Fiktion sind.

(Aus diesem Grund würde ich *Esther* in dieselbe Kategorie einordnen wie *Jona*.) Wie führt ein Abstreiten oder Bezweifeln ihrer Historizität logisch dazu, in gleicher Weise auch die Wunder im N. T. zu bestreiten?

Nehmen wir an (und ich meine, das ist der Fall), dass gründliches kritisches Lesen verschiedene *Arten* von Erzählungen in der Bibel erkennen lässt. Dann wäre es doch sicher unlogisch anzunehmen, dass diese unterschiedlichen Arten alle auf dieselbe Weise gelesen werden sollten, oder? Dies ist kein „rationalistischer Ansatz" im Blick auf die Wunder. Wo ich die Historizität einer A. T.-Erzählung bezweifle, tue ich das nie aus dem Grund, dass Wunder *an sich* unglaubhaft sind. Auch leugnet dies nicht „eine einzigartige Weise der Inspiration": Allegorie, Gleichnis, Lehrerzählung und Lyrik können ebenso inspiriert sein wie die Chronik. Ich wünschte, ich könnte Ihnen ein gutes Buch zum Thema empfehlen, aber ich kenne keins. Mit allen guten Wünschen,

Ihr
C. S. Lewis

An Elsie Snickers

Magdalen College, Oxford. 18. Mai 1953

Liebe Mrs. Snickers,

nein. Ich glaube nicht, dass Sünde sich gänzlich durch fehlerhaftes Denken erklären lässt, und auch nicht, dass sie durch eine Umerziehung völlig geheilt werden kann. Diese Sicht wurde in der Tat vorgebracht: von Sokrates und im frühen 19. Jahrhundert von Godwin. Aber ich glaube, dabei wird der (für mich) zentrale Tatbestand übersehen, dass unser *Wille* nicht zwangsläufig unserem

Verstand folgt. Wäre es so, dann wäre es, wie Sie sagen: Unsere „Sünden" wären gar keine Sünden, sondern nur Fehler, und würden nicht Reue, sondern bloße Korrektur erfordern.

Die tägliche Erfahrung zeigt, dass es eben nicht so ist. Der Verstand eines Mannes sieht vollkommen klar, dass die nachfolgenden Unannehmlichkeiten und Schwierigkeiten das Vergnügen an den zehn Minuten im Bett weit übertreffen werden. Und doch bleibt er im Bett: nicht, weil sein Verstand sich täuscht, sondern weil das Verlangen stärker ist als der Verstand. Eine Frau weiß, dass das spitze „letzte Wort" in einer Auseinandersetzung einen ernsthaften Streit provozieren wird. Gerade das wollte sie vermeiden, als die Auseinandersetzung begann, und es kann vielleicht ihr Glück auf Dauer zerstören. Trotzdem sagt sie es: nicht, weil ihr Verstand sich täuscht, sondern weil der Wunsch, einen Schlag auszuteilen, im Moment stärker ist als ihr Verstand.

Menschen – auch Sie und ich – wählen ständig zwischen zwei Handlungsmöglichkeiten, von denen wir wissen, dass eine die schlechtere ist. Denn im Moment ziehen wir die Befriedigung unseres Zorns, unserer Lust, Trägheit, Gier, Eitelkeit, Neugier oder Feigheit nicht nur dem bekannten Willen Gottes vor, sondern sogar dem, wovon wir wissen, dass es unserer wahren Seelenruhe und Sicherheit dient. Wenn Sie das nicht erkennen, dann muss ich Ihnen feierlich versichern, dass Sie entweder ein Engel sind oder noch immer in einem „Narrenparadies" leben: in einer Welt der Illusion.

Natürlich sind viele Menschen so fehlerzogen oder so psychopathisch, dass ihre Handlungsfreiheit eingeschränkt und ihre Verantwortung daher gering ist. Wir können uns gar nicht oft genug daran erinnern, wenn wir versucht sind, die Handlungen anderer, von deren Schwierigkeiten wir nichts wissen, zu hart zu beurteilen. Aber wir wissen, dass manche *unserer eigenen Handlungen* aus bösem *Willen* (stolzem, nachtragendem, feigem, neidischem, lüsternen oder boshaftem Willen) erwachsen sind, obwohl wir es besser wussten, und dass wir nicht – oder nicht nur – Umerziehung brauchen, sondern Reue, Gottes Vergebung und Seine

Gnade, die uns hilft, es das nächste Mal besser zu machen. Solange man sich dieser Tatsache nicht stellt, ist man ein Kind.

Und es ist nicht die Aufgabe der Psychotherapie, uns dazu zu bringen, sich *dem* zu stellen. Deren Feld sind die nicht-moralischen Aspekte des Verhaltens. Man muss nicht zum Psychologen gehen, wenn man *geistliche* Leitung sucht. (Man geht zum Zahnarzt, um von seinen Zahnschmerzen kuriert zu werden, nicht, um beigebracht zu bekommen, in welcher Haltung man sie ertragen soll, wenn sie sich nicht abstellen lassen – dafür muss man zu Gott und zu den Leuten gehen, die für ihn sprechen.)

Aus diesem Grund tut es mir recht leid, dass Sie die Psychologie als ihr akademisches Fach gewählt haben. Ein fortgesetztes Interesse daran durch jemanden, der selbst psychotherapeutische Behandlung erfahren hat, ist normalerweise nichts Gutes, meine ich. Zumindest nicht, bis eine lange Zeit vergangen ist und sein *persönliches* Interesse daran – das Interesse, das *seinem eigenen Fall* gilt – vergangen ist. Jedenfalls scheint es mir so zu sein. Mit Segenswünschen,

herzlich,
C. S. Lewis

An Mary van Deusen

Magdalen College, Oxford. 8. Juni 1953

Ja, ich meine, Ihre Position ist die richtige. Wenn man um einen Rat gebeten wird, dann – und nur dann – muss man eine Meinung darüber haben, welche Lebensregel genau sich für einen anderen Christen eignen würde. Andernfalls, meine ich, lautet die Regel, sich um seine eigenen Angelegenheiten zu kümmern.

Paulus geht noch weiter: Es könnte sogar manchmal angemessen sein, Praktiken anzunehmen, die man selbst für unnötig hält und die für einen selbst unnötig *sind*, wenn eine Meinungsverschiedenheit in diesem Punkt einen Stolperstein für die Christen bedeutet, mit denen man gerade zusammen ist. Sie sehen also: Wenn die Praktiken anderer Christen uns überhaupt etwas angehen, dann nicht, um uns einzumischen oder um selbstgefällig zu versichern, unser Weg sei der beste, sondern als Anlass zu Zugeständnissen unsererseits, das ist *Römer* 14.[162] Lesen Sie das Kapitel und meditieren Sie es. Ich bin sehr froh, dass Sie erkannt haben, worum es wirklich geht.

An Mary van Deusen

Magdalen College, Oxford. [2]9. Juni 53

Liebe Mrs. van Deusen,

ich weiß nie, was ich zu solchen Fällen wie dem, den Sie erwähnen, sagen soll: der Mutter des kranken Kindes. Es scheint jede Menge Anhaltspunkte dafür zu geben, dass Gott manchmal als Antwort auf Gebet in wunderbarer Weise heilt; manchmal, wie es scheint, nicht. Zweifellos gibt es sehr gute Gründe für beides.

Ich würde nicht ganz zustimmen, dass „religiöse Übungen die Suche nach der Wahrheit fördern", denn das könnte bedeuten, dass sie keinerlei Nutzen mehr haben, sobald die Wahrheit gefunden wurde. Ich denke über diese Übungen so, wie es ein weiser alter Priester mir einmal im Blick auf eine allgemeine „Lebensregel" gesagt hat: „Sie ist keine Treppe, sondern ein Geländer (oder eine Balustrade – ich weiß nicht, wie Sie es in Amerika nennen). D. h. sie ist nicht das, worauf man höher steigt, sondern ein Schutz davor herunterzufallen, und eine Hilfe beim Wiederaufstehen. Ich glaube, auf diese Weise steigen wir aufwärts. Die Treppe ist Gottes Gnade. Das Ersteigen der jeweils nächsten Stufe ist der Gehorsam. Es gibt verschiedene Arten von Geländern, die alle ihre Berechtigung haben. Es ist möglich, auch ohne Geländer nach oben zu gelangen, wenn es sein muss. Aber niemand würde ein Treppenhaus bewusst ohne Geländer bauen, denn es wäre weniger sicher, anstrengender und ihm würde ein wenig an Schönheit fehlen.

Grüßen Sie Genia herzlich von mir. Ich bin so froh, dass sich alles gut entwickelt.

Ihr
C. S. Lewis

An Vera Gebbert

Magdalen College Oxford. 16. Juli 53

Screwtape[163] als „Kunstgriff" (wie Swifts Lilliput und Brobdingnag) taugt nur für einen kurzen Gebrauch. Ich habe das Buch bewusst und mit viel Sorgfalt gekürzt und nie einen Folgeband geschrieben. Allein die Tatsache, dass die Leute nach mehr verlangen, beweist, dass es die richtige Länge hatte.

Was den Lohn für gedruckte Werke angeht (vom Geld abgesehen), so sind die ersten guten Rezensionen, die man erhält, *sehr süß* – vielleicht auf gefährliche Weise –, und Berühmtheit hat *ein* wirklich dauerhaft Gutes an sich: Sie bringt Fremde dazu, einem mit einer Freundlichkeit zu begegnen, die sie ansonsten nie empfunden hätten. Sie kann einem vielleicht sogar ihre Gebete sichern (deine habe ich hoffentlich, du die meinen ganz gewiss). Der ganze Rest gehört zu den Dingen, die zu vermissen zwar schmerzt, die zu erhalten aber nicht wirklich schön ist. (Es schmerzt, sich nicht mitten auf dem Rücken kratzen zu können, aber Kratzen steht auf der Skala der Vergnügungen nicht sehr weit oben.)

Wir sind beide wohlauf, danke, und fahren im August nach Irland. Insgesamt ist der Sommer hier kalt und nass. Die letzte Woche war es eher so, wie wir es sonst im April haben: Sonne und Schauer im Wechsel, dazu starker Wind. Wie jemand mit Recht sagte: „Jedes Wetter hat seine eigene Schönheit – wenn die Leute sie nur genießen würden, statt sie mit *anderem* Wetter zu vergleichen."

An Mrs. Johnson

Magdalen College, Oxford. Juli 17/53

Ich bin sehr froh, dass Sie erkennen, dass das Christentum widerstandsfähig ist: hart und sanft zugleich. Es ist die *Mischung*, die es ausmacht: Keine der beiden Eigenschaften wäre ohne die andere etwas wert. Sie müssen sich auch keine Gedanken machen, weil Sie sich nicht mutig fühlen. Unser Herr hat das auch erlebt – denken Sie nur an die Szene in Gethsemane.

Wie dankbar bin ich, dass Gott, als er Mensch wurde, nicht beschlossen hat, ein Mann mit eisernen Nerven zu werden; das hätte Schwächlingen wie Ihnen und mir nicht halb so viel geholfen. Vor allem *sorgen* Sie sich nicht (Sie dürfen natürlich *beten*) darum, ob Sie angesichts nur möglicher Übel in der Zukunft mutig sein werden. In den alten Schlachten war es üblicherweise die Reserve, die das Gemetzel *ansehen* musste, die zuerst die Nerven verlor, nicht die Truppen, die mittendrin steckten. Ähnlich, glaube ich, haben Sie in Amerika viel mehr Angst vor Atombomben als wir hier: Sie sind weiter weg von der Gefahr. Falls und wenn ein Schrecken auftaucht, *dann* werden Sie Gnade geschenkt bekommen, die Ihnen hilft. Ich glaube nicht, dass man sie im Voraus erhält. „Gib uns heute unser täglich Brot" (keine lebenslange Jahresrente) – das gilt auch für geistliche Gaben: die kleine *tägliche* Hilfe für die *täglichen* Versuchungen. Das Leben muss Tag für Tag und Stunde um Stunde gelebt werden. ...

„Kommt Gott mir real vor?" Das wechselt; ebenso wie eine Menge anderer Dinge, an die ich fest glaube, und die sich manchmal mehr und manchmal weniger real anfühlen (mein eigener Tod, das Sonnensystem). Ich habe Träume geträumt, aber keine Visionen gehabt. Aber eigentlich denke ich nicht, dass das irgendetwas bedeutet. Und die Heiligen sagen, dass Visionen unwichtig sind. Wenn unser Herr Ihnen (körperlich) während des Gebets erschienen sein *sollte*, was hätten Sie da tun sollen, als weiterzubeten? Wie könnten Sie wissen, dass es keine Halluzination war?

... Nein, nein, ich glaube nicht, dass es Artus, Merlin etc. wirklich gegeben hat; sie alle sind Teil einer Geschichte.[164] Ich habe nicht den Schimmer einer Ahnung, ob es den Heiligen Gral gegeben hat oder nicht. Natürlich glaube ich daran, dass Menschen auch heute noch durch den Glauben geheilt werden. Ob das in einem speziellen Fall wirklich geschehen ist, kann man natürlich nicht sagen, wenn man nicht einen richtigen Arzt, der auch ein richtiger Christ ist, die gesamte Krankengeschichte durchgehen lässt.

Alles, was Sie über Ihr kleines Mädchen sagen, ist höchst erfreulich. Ihr und Ihnen allen meine Segenswünsche.

Ihr
C. S. Lewis

An Mary van Deusen

Magdalen College, Oxford. 23. Juli 53

Es ist eine große Freude, wenn man fähig ist, Gottes Liebe als Wirklichkeit zu „fühlen", und man muss dafür danken und davon Gebrauch machen. Aber Sie müssen auch darauf gefasst sein, dass das Gefühl erlischt, denn Gefühle sind von Natur aus unbeständig. Worauf es ankommt, ist, auch dann zu glauben, wenn das Gefühl fehlt – und diese Perioden tun für uns ebenso viel, als wenn das Gefühl vorhanden ist.

Es klingt für mich so, als hätte Genia einen sehr guten Ehemann. Durch meine Post erreicht mich so viel eheliches Elend, dass ich den Eindruck habe, jemand, dessen Partner keinen schlimmeren Fehler hat als den, nicht genauso klug zu sein wie man selbst, muss das große Los gezogen haben! Ein Problem kann man das kaum nennen. Ich gehe davon aus, dass sich in jeder Ehe früher oder später die natürliche Liebe, in hohem oder geringem Maß, angesichts von Schwierigkeiten behaupten muss (wenn vielleicht auch nur gegen die Schwierigkeit, dass der Anfangszustand des „Verliebtseins“ eines natürlichen Todes stirbt). So ist sie gezwungen, sich zu wandeln: entweder in Abneigung oder aber in christliche Nächstenliebe. Denn all unsere natürlichen Gefühle sind keine Rastplätze, sondern *points d'appui*, Sprungbretter. Man muss entweder von dort *weitergehen* oder dahinter *zurückfallen*. Die rein menschliche Freude darüber, geliebt zu werden, muss entweder verderben oder zur göttlichen Freude werden, selbst zu lieben. Aber das alles weiß Genia zweifellos. Es liegt alles ganz im gewöhnlichen Lauf des christlichen Lebens. Siehe 1. Petrus 4,12: „Wundert euch nicht usw.“

An Mary Willis Shelburne

Magdalen etc. 1. Aug. [1953]

Ja, ich denke ebenfalls, dass es eine Menge für sich hat, nicht mehr jung zu sein – und von ganzem Herzen stimme ich zu, dass es ebenso gut ist, aus dem Alter heraus zu sein, in dem man erwartet oder wünscht, das andere Geschlecht anzuziehen. Für unsere Spezies, wie auch für andere, ist es nur natürlich, dass die jungen Vögel ihr Gefieder spreizen sollten – in der Paarungszeit.

Aber in der modernen Welt gibt es eine Tendenz, alle Vögel so bald wie möglich in dieses Alter zu drängen und sie dann so lange wie möglich dort zu halten, und das ist ein Problem. Auf diese Weise verliert man den ganzen wirklichen Wert der *anderen* Phasen des Lebens in einem sinnlosen, erbärmlichen Versuch zu verlängern, was letzten Endes weder die weiseste, glücklichste noch unschuldigste Periode ist. Ich vermute dahinter rein kommerzielle Motive, denn im Balzalter verfügen Vögel beiderlei Geschlechts über den geringsten Kauf-Widerstand!

An Mrs Emily McLay

Magdalen College, Oxford. 3. Aug. 1953

Liebe Mrs McLay,

als erstes Grundprinzip gehe ich davon aus, dass wir keinen Teil der Heiligen Schrift so auslegen dürfen, dass er anderen Teilen widerspricht – ganz besonders dürfen wir die Lehre eines Apostels nicht so verwenden, dass sie der Lehre des Herrn widerspricht. Was immer Paulus gemeint haben mag, wir dürfen das Gleichnis von den Schafen und den Böcken (Matthäus 25,30–46) nicht ausmustern. Darin steckt, wie Sie sehen, nichts über Prädestination oder auch nur über Glauben – alles hängt von Werken ab. Aber wie sich das mit der Lehre von Paulus oder mit anderen Aussagen des Herrn vereinbaren lässt, das weiß ich nicht, wie ich freimütig bekenne. Wie Sie wissen, hat sogar Petrus zugegeben, dass die paulinischen Briefe ihn ratlos machten (2. Petrus 3,16–17).

Ich denke Folgendes. Jeder, der auf *seine eigene* Bekehrung zurückblickt, muss spüren – und ich bin sicher, dieses Gefühl ist in gewissem Sinn wahr: „Nicht ich habe das getan. Ich habe Christus nicht gewählt: Er hat mich gewählt. Es ist alles geschenkte Gnade, ich habe nichts getan, um sie zu verdienen." Das ist auch die paulinische Beschreibung, und es ist die einzig zutreffende Beschreibung jeder Bekehrung *aus der Innenperspektive*. Schön. Weiter scheint es uns logisch & natürlich, diese persönliche Erfahrung zu einem allgemeinen Gesetz zu machen: „Alle Bekehrungen beruhen auf Gottes Wahl."

Aber genau das dürfen wir nicht tun. Denn Verallgemeinerungen sind nur dann legitim, wenn es um Dinge geht, für die unsere Fähigkeiten ausreichen. Hier befassen wir uns mit etwas anderem. *Wie* unsere individuellen Erfahrungen *in Wirklichkeit* im Einklang stehen mit a) unserer Vorstellung von göttlicher Gerechtigkeit, b) dem Gleichnis, das ich soeben erwähnt habe, & vielen anderen Abschnitten, das wissen wir nicht und können es nicht wissen. Klar ist, dass *wir* keine widerspruchsfreien Formen finden können. Ich meine, wir müssen ein Blatt aus dem Buch der Wissenschaft zu Hilfe nehmen. Sie ist vertraut mit Tatsachen wie der, dass Licht *auf zwei Weisen* betrachtet werden kann: als eine Welle im Äther und als ein Strom von Partikeln. Niemand kann diese beiden Sichtweisen miteinander in Einklang bringen. Natürlich muss die Wirklichkeit in sich widerspruchsfrei sein. Aber bis wir (falls je) diese Widerspruchsfreiheit *sehen*, ist es besser, zwei unvereinbare Sichtweisen zu vertreten, als eine Seite der Indizien zu ignorieren.

Die wirkliche Beziehung zwischen Gottes Allmacht und der Freiheit des Menschen ist etwas, das wir nicht erkennen können. Wenn wir uns die Schafe und die Böcke ansehen, kann jeder Mensch sicher sein, dass jede gütige Tat, die er vollbringt, von Christus wertgeschätzt wird. Aber ebenso sind wir überzeugt, dass alles Gute in uns aus der Gnade erwächst. Dabei müssen wir es belassen. Ich finde, der beste Plan ist der, die calvinistische Sicht im Blick auf meine eigenen Tugenden und die Laster anderer Leute zu übernehmen – und im Blick auf meine eigenen Laster und die Tugenden der anderen die andere Sichtweise.[165] Auch wenn uns vieles *Rätsel* aufgibt, so gibt es doch nichts, was uns *Sorgen* bereiten sollte. Die Schrift sagt klar, dass die paulinische Lehre, in welchem Sinn auch immer sie wahr ist, nicht in dem Sinn wahr ist, dass sie ihr (anscheinendes) Gegenteil *ausschließt*.

Wissen Sie, was Luther gesagt hat? „Zweifelst du daran, erwählt zu sein? Dann sprich dein Gebet, und du darfst schließen, dass du es bist."[166] ...

An Mrs. Emily McLay

Magdalen, 8. Aug. 1953

Liebe Mrs. McLay,

Ihre Erfahrung im Hören auf jene Philosophen gibt Ihnen die Methodik, die man braucht, wenn man sich mit den dunklen Stellen der Bibel befasst. Wenn einer der Philosophen, einer, den sie aus anderen Gründen als einen vernünftigen und anständigen Mann kennen, etwas sagte, das Sie nicht verstanden, haben Sie nicht sofort den Schluss gezogen, er wäre übergeschnappt. Sie haben angenommen, dass Sie die Aussage nicht verstanden hatten. Dasselbe gilt hier. Die beiden Dinge, die man *nicht* tun darf, sind a) aufgrund der Schrift oder irgendeines anderen Indizes glauben, dass Gott in irgendeiner Weise böse ist. (In ihm ist keine *Finsternis*, gar keine.)[167] b) Jede Passage, die zu beweisen scheint, dass er es doch ist, einfach vom Tisch zu wischen. Seien Sie sicher, hinter diesem anscheinend schockierenden Abschnitt lauert eine große Wahrheit, die Sie nicht verstehen. Wenn man jemals dahin gelangt, sie *tatsächlich* zu verstehen, wird man sehen, dass er gut und gnädig ist – auf Weisen, die wir uns nie hätten träumen lassen. Bis dahin müssen wir es beiseitelegen.

Aber warum wurden rätselhafte Passagen überhaupt [in der Bibel] gelassen? Oh, weil Gott nicht nur zu uns Kleinen redet, sondern auch zu den großen Weisen und Mystikern, die *erfahren*, worüber wir nur *lesen*, und für die all diese Worte andere (ergiebigere) Inhalte haben. Wäre eine Offenbarung, die nichts enthielte außer dem, was Sie und ich verstehen können, nicht aus eben diesem Grund recht suspekt? Für ein Kind wäre es ein Widerspruch, zu sagen, seine Eltern hätten es geschaffen und Gott hätte es geschaffen. Und doch wissen wir, dass beides wahr sein kann.

Mit besten Grüßen,

Ihr
C. S. Lewis

An Vera Gebbert

Magdalen College Oxford. 7. Nov. 53

Sie sind sehr im Irrtum, wenn Sie meinen, windschnittige Flugzeuge und Züge würden mich nach Amerika locken. Was ich dort sehen möchte, sind Sie und drei oder vier gute Freunde, danach New England, die Rip-Van-Winkle-Berge, Nantucket, das Land von Huckleberry Finn, die Rockies, den Yellowstone-Park und einen subarktischen Winter. Und ich würde überhaupt nicht kommen, wenn ich es nicht einrichten könnte, auf See zu reisen statt mit dem Flugzeug – am liebsten auf einem Frachtschiff, das Wochen für die Reise braucht. Ich bin ein provinzielles und maritimes Lebewesen – nicht zu gebrauchen in Großstädten und dergleichen. Aber jetzt werde ich egoistisch. Und hier kommt mein erster Schüler für den Vormittag. Beste Segenswünsche und herzliche Grüße an alle.

An Mary van Deusen

Magdalen College Oxford. 28. Nov. 1953

Ihr Brief knüpft an etwas an, worüber ich kürzlich nachgedacht habe. Es gibt zwei Gebetsmodelle im N. T. a) In Gethsemane:

„Nicht wie ich will, sondern wie du willst“[168], b) das in Markus 11,24.[169]

In dem einen sieht der Beter, dass das Erbetene nicht Gottes Wille sein könnte; im anderen hat er den völligen Glauben nicht nur „an Gott“, sondern auch daran, dass Gott ihm genau das geben wird, worum er gebeten hat. Wenn man beide als universelle Regel versteht, erhalten wir einen Widerspruch, denn niemand (soweit ich sehe) könnte beide in ein- und demselben Gebet befolgen.

Ich kann nur annehmen, dass keins von beiden eine universale Regel ist, sondern dass jedes Modell seinen Platz hat. Und falls-und-wenn Gott Glauben vom Typ B verlangt, dann schenkt er ihn auch & wir sollen wissen, dass wir nach B-Manier beten sollen, und dass es dies ist, was Wundertätern passiert.

Wenn Ihr Rektor ein solcher Mensch ist, dann hat er recht, wenn er auf diese Weise für sich selbst betet, allerdings vermutlich nicht, wenn er von allen anderen verlangt, sie sollten es genauso machen. Wenn er ein anmaßender Mensch ist, der *meint*, er gehöre in Kategorie A [B?], tut es aber nicht – nun, das haben wir nicht zu beurteilen.

Im Blick darauf, ob Gott jemals Leid will, ist er, wie ich meine, verwirrt. Wir müssen bei Gott und auch bei uns selbst den absoluten Willen vom relativen Willen unterscheiden. Niemand will absolut einen Zahn gezogen bekommen, aber viele wollen *eher* einen Zahn gezogen bekommen, als weiter Zahnschmerzen zu haben. Auf dieselbe Weise will Gott sicher niemals absolut auch nur das geringste Leid für irgendein Geschöpf, aber er kann es *eher* wollen als irgendeine Alternative. Beispielsweise wollte er *eher* die Kreuzigung, als dass der Mensch ohne Erlösung bleiben sollte (und so war es, in jedem denkbaren Sinn, *nicht* sein Wille, dass der Kelch an seinem Sohn vorübergehen sollte.)

An Mrs. D. Jessup

Magdalen College, Oxford. 1. Dez. 1953

Liebe Mrs. Jessup,

ich bin so froh zu hören, dass gewisse Berge zu Maulwurfshügeln zusammengeschrumpft sind. Nun zu dem Problem von Thomas Merton *versus* C. W, E. U., G. M.,[170] und C. S. L.:

A. Es gibt im Neuen Testament zwei Bedeutungen von *Welt*. i) In „So sehr hat Gott die Welt geliebt"[171] meint es die Schöpfung – Sterne, Bäume, Tiere, Menschen, Engel. ii) In „Habt nicht lieb die Welt"[172] meint es das „weltliche" Leben, d. h. das Leben, das Menschen sich in Missachtung Gottes selbst bauen, das Leben des Geldverdienens, des Ehrgeizes, Snobismus', sozialen Erfolgs und der „Größe".

B. Die meisten geistlichen Schriftsteller unterscheiden zwei Berufungen für Christen. i) Das monastische oder kontemplative Leben, ii) Das säkulare oder aktive Leben. *Alle* Christen sind aufgerufen, dem Geist der „Welt" (Bedeutung ii) zu entsagen, d. h., deren Maßstäbe, Motive und Belohnungen abzulehnen, so stark sie nur können. Aber manche sind berufen, so weit wie möglich „aus ihr herauszugehen"[173], indem sie auf Privateigentum, Ehe, ihren Beruf etc. verzichten; andere müssen „in ihr" sein, aber nicht „von ihr".

Ich bin natürlich in der zweiten Kategorie und schreibe für die, die ebenfalls darin sind. Das heißt nicht, dass ich nicht vielleicht viel zu sehr „von ihr" bin (ich bin es, Sie können sicher sein). Sie und Ihre Freundin müssen mich mit Ihren Gebeten unterstützen. Insofern sie mir „Weltlichkeit" vorwirft, hat sie recht. Aber wenn sie mit „weltlicher Gesinnung" meine Neigung meint, zur Sache zu kommen, und mein Bemühen, mit den gewöhnlichen kleinen Sünden & Tugenden des säkularen & häuslichen Lebens zurechtzukommen, dann irrt sie. Das ist etwas, das getan werden sollte und noch nicht genügend getan wird.

Ob man Amüsement & Lärm meiden sollte, hängt ein wenig davon ab, wer man ist. Besteht eine Versuchung, sich davon vereinnahmen zu lassen? Dann meiden Sie es. Ist die Versuchung, sie zu meiden, weil man eine Abneigung dagegen hat, obwohl die Nächstenliebe gebietet, teilzunehmen? Dann nehmen Sie teil. So zumindest sehe ich es.

Ihr
C. S. Lewis

An Sir Stanley Unwin

Magdalen College Oxford. 4. Dez. 1953

Sehr geehrter Mr. Unwin,

ich würde gern alles tun, was in meiner Macht steht, um Tolkiens großem Buch die Anerkennung zu sichern, die es verdient. Wäre das Beiliegende von irgendeinem Nutzen? Wenn nicht, sagen Sie es mir, und ich gehe noch einmal daran. Ich kann Ihnen gar nicht sagen, wie hoch wir von Ihrem Haus denken, dass Sie es veröffentlichen.

Mit besten Grüßen,
C. S. Lewis

Man kann fast mit Sicherheit sagen, dass ein Buch wie dieses noch nie geschrieben wurde. Wenn Ariost ihm in Erfindungsreichtum gleichkäme (was er tatsächlich nicht tut), so fehlte ihm dennoch dessen heroischer Ernst. Es wurde noch keine imaginäre Welt entworfen, die so facettenreich ist und ihrem eigenen inneren Gesetz so treu bleibt; keine so anscheinend objektive, so vom Makel der bloß individuellen Psychologie des Autors gereinigte; keine für die tatsächliche Situation des Menschen derart bedeutsame, die doch zugleich frei ist von Allegorie. Und welch feine Abstufung sich in den Varianten des Stils findet, um der beinahe unendlichen Vielfältigkeit der Szenen und Charaktere zu entsprechen – komisch, anheimelnd, episch, monströs oder diabolisch!

An J. R. R. Tolkien

[The Kilns] 7. Dez. 1953

Lieber Tollers,

ich habe versucht – wie ein Junge mit einem Stück Toffee – Band I langsam zu mir zu nehmen, und es hinausgezögert, aber der Appetit hat mich überwältigt, und jetzt bin ich durch: Er ist viel zu kurz für mich. Der Zauber löst sich nicht auf. Die Liebe von Gimli[174] und der Abschied von Lothlórien sind immer noch beinahe unerträglich.[175] Was beim diesmaligen Lesen stärker hervortrat als bei jeder früheren Lektüre war das allmähliche Heraufziehen des Schattens – Schritt für Schritt – über Boromir.[176]

An Unwin habe ich geschrieben, was ich konnte.[177] Selbst wenn er und du meine Worte gutheißen, überlege noch einmal, bevor ihr sie verwendet. Ich bin ganz sicher ein sehr – und vielleicht noch zunehmend – verhasster Mann, dessen Name dir mehr schaden als nützen könnte. *In festina lente* [Eile mit Weile]. Alles Beste,

dein
Jack

An Ruth Pitter

Magdalen College Oxford. 21. Dez. 53

Warnie (...) und ich sind ganz benommen: Wir hatten eine amerikanische Dame mit ihren zwei Söhnen im Alter von 9 ½ und 8 im

Haus. Ich weiß jetzt, wovor wir zölibatär Lebenden bewahrt werden. Ich werde nie wieder über Eltern lachen. Nicht, dass die Jungs nicht eine Freude gewesen wären – aber eine Freude wie beim Baden in der Brandung, die einen atemlos und mit Schmerzen zurücklässt. Die Energie, das *Tempo* ist es, was einen umbringt. Ich habe nun erkannt (was ich anhand von Erinnerungen an unsere Kindheit schon immer vermutet habe), dass der Weg zum Herzen eines Kindes recht einfach ist: Behandle sie mit Ernst und normaler Höflichkeit – mehr verlangen sie nicht. Was sie nicht leiden können (zu Recht), ist die verbreitete Erwachsenenannahme, dass alles, was sie sagen, in eine Art von Spaßigkeit verbogen werden müsste. Die Mutter (Mrs. Gresham) erlebte zwischen den Kriegen in den USA einen ziemlichen Boom als Dichterin Joy Davidman – kennst du ihre Werke?

Diese Ferien sind bisher ziemlich vollgepackt (wenn wir nur Weihnachten ohne Xmas haben könnten!), sodass ich eher hoffe als erwarte, an deine Tür zu klopfen. Inzwischen beste Grüße an euch beide. Gott segne das Haus, wie wir in Irland sagen.

Dein
Jack

An Belle Allen

[Magdalen College] 9. Jan. '54

Liebe Mrs. Allen,

danke für Ihren feinen holzigen und erdigen Brief (fast wie Thoreau oder Dorothy Wordsworth) vom 6. Ich glaube, ich bin bei Ihnen, wenn Sie Bäume den Blumen vorziehen in dem Sinn, dass ich, wenn ich in einer Welt ohne das eine oder das andere leben müsste, mich dafür entscheiden würde, die Bäume zu behalten.

Ganz sicher sind mir Menschen, die Bäumen ähneln, lieber als solche, die Blumen ähneln – ich mag das Standhafte und Knorrige und Sturmbewährte lieber als das Aufgeputzte und Duftende und leicht Welkende …

Ich meine, was selbst eine schöne Landschaft (auf die Dauer) so unbefriedigend macht, wenn man sie aus einem Auto oder Zug heraus betrachtet, ist, dass dies jeden Baum, Bach oder Heuschober ganz nah in den Vordergrund wirbelt und so um individuelle Aufmerksamkeit *wirbt*, aber verschwindet, bevor man sie schenken kann … Hat nicht schon einmal jemand eine ähnliche Erklärung für die Müdigkeit gefunden, die wir in einer Menge empfinden, wo man nicht umhin kann, individuelle Gesichter zu sehen, aber eben nicht mehr tut, als sie flüchtig zu überfliegen, sodass (wie er sagte) „es ist, als wäre man gezwungen, die erste Seite von hundert Büchern in Folge zu lesen, aber nicht mehr"?

An die Kilmer-Kinder

Magdalen College, Oxford. 24. Jan. 1954

Lieber Hugh, liebe Anne, liebe Noelie (diesen Namen habe ich noch nie gehört: Welche Sprache ist das und reimt er sich auf *oily* oder *mealy* oder *Kelly* oder *early* oder *truly*?), Nicholas, Martin, Rosamund, Matthew und Miriam,

vielen Dank für all eure wunderbaren Briefe und Bilder. Ihr habt mir nicht verraten, wer das farbige Bild von Ransom gemalt hat, wie die Hross ihn [übers Wasser] rudern. Hugh? Es hat mir gefallen. Es sieht ziemlich genauso aus wie ein Hross, nur dass er ein bisschen zu dick ist. Und ich weiß auch nicht, wer das mit dem Prinzen gemalt hat, der gegen die Schlange kämpft – jedenfalls ist es eine herrlich schlangenhafte Schlange. (Ich bin im Heiligen Irland geboren, wo es keine Schlangen gibt, wie ihr wisst, denn St. Patrick hat sie alle von der Insel verbannt.) Und Nicholas' Bild vom Prinzen und Jill und dem Sessel finde ich sehr gut – vor allem die Beine des Prinzen, denn Beine zu zeichnen ist nicht so einfach, oder? Noelies Weiße Hexe ist *großartig!* – genauso stolz und böse, wie ich sie mir gedacht habe. Und das andere von Nicholas vom L., der H. und dem W.[178] (ich kann nicht alles ausschreiben!) ist ein schönes *tiefes* Bild, das sich in der Ferne verliert. Vielen Dank euch allen.

Zu meiner Zeit habe ich sehr viel abgewaschen, und mir wurde viel vorgelesen, aber ich kam nie auf eure sehr vernünftige Idee, beides gleichzeitig zu tun. Wie viele Teller zerbrecht ihr im Monat?

Wir haben hier noch keinen Schnee, und es ist so warm, dass die törichten Schneeglöckchen und das Schöllkraut (kleine gelbe Blüten, ich weiß nicht, ob es sie bei euch gibt oder nicht) schon herauskommen, als wäre es Frühling. Und die Eichhörnchen (wir haben hier Hunderte und Tausende auf dem Collegegelände) haben ihren Winterschlaf erst gar nicht begonnen. Ich höre nicht auf, sie zu warnen, sie müssten jetzt schlafen, sonst würden sie im Juni schrecklich müde sein (und in einem fort gähnen), wenn sie es nicht tun, aber sie nehmen keine Notiz von mir.

Ihr seid eine schöne große Familie! Ich sollte meinen, eure Mutter fühlt sich manchmal wie die alte Frau, die in einem Schuh lebte (Kennt ihr den Reim?). Ich bin so froh, dass ihr [meine] Bücher mögt. Das nächste, *Der Ritt nach Narnia,* wird demnächst erscheinen. Es sollen insgesamt 7 werden. Viele herzliche Grüße.

Euer
C. S. Lewis

An Arthur Clarke

Magdalen College, Oxford. 26. Jan. 54

Lieber Clarke,

menschliches Interesse, ja. Aber das stellt sich unvermeidlich ein, wenn die Ängste und Hoffnungen und die Verwunderung der Astronauten anschaulich ausgeführt werden – wie z. B. in Bedford & Cavor auf dem Mond[179] oder auch Crusoe auf seiner Insel.[180] Und ein Autor, der das nicht vermag, macht es auch nicht besser, wenn er Ganoven, Krücken oder Verschwörungen herbeizerrt – denn der Art Geschichte, die er herbeizerrt, wird es ebenso an menschlichem Interesse fehlen wie seiner Raumfahrtgeschichte.

Was den „Eskapismus" angeht – lass dir bloß nicht diesen Floh ins Ohr setzen. Mich hat es ein für allemal davon befreit, dass ein Freund sagte: „Diese Kritiker sind sehr empfindlich beim leisesten Hinweis auf Fluchtgedanken. Aber von welcher Sorte Menschen würde man erwarten, dass sie sich so über Fluchtgedanken aufregen? – Von *Kerkermeistern!* Kritiker wie Gefängniswärter – Menschen, die die Welt in einem ideologischen Gefängnis halten wollen, weil ein Blick auf irgendeine entfernte Aussicht ihr Gerede weniger bedeutsam erscheinen ließe."

Fantasy & S-F. ist bei Weitem das Beste.[181] Ein Teil der ernsthaftesten Satire unserer Zeit erscheint darin. Was man jetzt „ernsthafte" Literatur nennt – Dylan Thomas & Pound und all das –, ist in Wahrheit die frivolste.

Alles Beste.

Dein
C. S. Lewis

An Mary Willis Shelburne

Magdalen College, Oxford. 10. März 54

Es tut mir leid, dass die Dinge nicht besser stehen, und ich bin verwundert über Menschen wie die Sekretärin Ihres Kommittees, Menschen, die schlicht garstig sind. Ich finde es leichter, die großen Verbrechen zu verstehen, denn das Rohmaterial dafür existiert in uns allen. Die schiere Widerwärtigkeit dagegen, die aus keiner erkennbaren Leidenschaft entspringt, ist rätselhaft. (Wie der Fremde im Zug, den ich einmal fragte: „Wissen Sie, wann wir in Liverpool eintreffen?“, und der mir antwortete: „Ich werde nicht dafür bezahlt, Ihre Fragen zu beantworten; fragen Sie den Schaffner.“) Ich habe sie bei Jungs öfter gefunden als bei irgendwem anders. Das lässt mich vermuten, dass sie eigentlich aus innerer Unsicherheit erwächst – einem vagen Gefühl, man sei ein Niemand, einer starken Entschlossenheit, jemand zu sein, und dem Glauben, dies könne man durch Arroganz erreichen. Wahrscheinlich zieht sie, die nicht zurückschlagen kann, einen guten Teil *grollender* Arroganz auf sich, die durch andere entfacht wird, an denen [die Sekretärin] sie aber nicht auslässt, weil sie [zurückschlagen] *können*. (In einem elisabethanischen Stück sagt ein Raufbold, dem gerade von einem Menschen der Kopf zurechtgesetzt wurde, gegen den er nicht zu kämpfen wagt: „Ich werde heimgehen und alle meine Diener verprügeln.“) Aber ich sollte Sie nicht ermutigen, weiter über sie nachzudenken. Das ist schließlich fast das größte Übel, das garstige Leute uns zufügen können – dass sie zur fixen Idee werden und uns im Geist verfolgen. Ein kurzes Gebet für sie, und dann weiter zu anderen Dingen, das ist die Lösung, wenn man sich nur daran halten kann. Ich hoffe, aus dem anderen Job wird etwas werden.

An Rhona Bodle

Magdalen College, Oxford, 24. März 54

Liebe Miss Bodle,

oh, wie Sie mein Gewissen anrühren! Ich habe meinen eigenen Vater schändlich behandelt, und keine Sünde in meinem ganzen Leben erscheint mir jetzt so schwerwiegend. Es ist nicht wahrscheinlich, dass Sie in gleicher Weise schuldig sind.

Gefühle der Zuneigung unterliegen nicht dem Befehl des Willens, und vielleicht hat gerade der Versuch, sie hervorzubringen, den gegenteiligen Effekt. Ich war erstaunt über die Leichtigkeit (und sogar Zuneigung), mit der ich bei *anderen* alten Menschen mit denselben Eigenarten umgehen konnte, die mich bei meinem Vater so ungeduldig machten. Ich frage mich, kann etwas in der Richtung getan werden? Indem Sie sich erinnern, wie bloß lustig, wie auf liebenswerte Weise wunderlich die Dinge erscheinen würden, die Sie von Ihrem Vater trennen, wenn er nur ein flüchtiger Bekannter wäre. Könnte man sich tatsächlich näherkommen, indem man bewusst etwas Abstand hält? Ein Teil des Problems, stelle ich mir vor, ist das Erbe – ein tiefes Wissen darum, dass das, was man an den Eltern am wenigsten mag, einem selbst hinterlassen wurde, und dass man ihm in sich selbst widerstehen muss. Als mein Vater noch lebte, war ich schockiert, wenn ich mich dabei ertappte, dass ich handelte oder redete wie er – heute bin ich amüsiert und nicht feindselig. Auf jeden Fall sollten Sie jetzt etwas tun, denn die Nacht kommt.[182]

Ich bin hoch erfreut zu hören, wie gut es mit Ihrer Sonntagsschule vorangeht. Ich mag Hans [Christian] Andersen inzwischen, wo ich erwachsen bin, lieber als in meiner Kindheit. Ich glaube, sowohl das Pathos als auch die Satire – beide sehr zart, durchdringend und allgegenwärtig in seinem Werk – haben mich damals beunruhigt. Im Blick auf die *Kleine Meerjungfrau* stimme ich

Ihnen zu; ich würde *Die Störche*, die *VII Schwäne* und (als beste seiner Satiren) *Des Kaisers neue Kleider* hinzufügen.

Sie müssen wissen, er war ein Freund von Kierkegaard und ein sehr enttäuschter Romanautor, denn er wollte für seine Romane bekannt sein, nicht für seine Märchen. Ich frage mich, ob die Geschichte über den *Schatten* damit im Zusammenhang steht – der Schatten wächst über den Mann hinaus wie der Märchenautor über den Romanautor. Aber ich bin froh, dass es so war! Mit Segenswünschen,

immer Ihr
C. S. Lewis

An eine fünfte Schulklasse in Maryland

Magdalen College, Oxford. 24. Mai 1954

Liebe Fünftklässler,

ich bin so froh, dass die *Narnia*-Bücher euch gefallen haben. Und es war sehr nett, dass ihr mir geschrieben und es mir gesagt habt. Es sollen einmal sieben Bücher werden, und ihr seid bereits mit einem im Rückstand. Nr. 4, *Der silberne Sessel*, ist bereits erschienen.

Ihr irrt euch, wenn ihr denkt, alles in dem Buch „repräsentiere" etwas in dieser Welt. Das gilt für die Dinge in *Die Pilgerreise*, aber ich schreibe nicht so. Ich habe nicht zu mir gesagt: „Dann wollen wir mal Jesus, wie er in unserer Welt wirklich ist, in Narnia durch einen Löwen darstellen." Ich habe gesagt: „*Nehmen wir an*, es gäbe ein Land wie Narnia, und der Sohn Gottes würde, so wie er in unserer Welt ein Mensch wurde, dort ein Löwe werden, und dann stellen wir uns vor, was passiert." Wenn ihr darüber nachdenkt, werdet ihr sehen, dass das etwas ganz anderes ist.

Die Antwort auf eure beiden ersten Fragen ist also, dass Riepischiep und Nikabrik in diesem Sinn niemanden repräsentieren. Aber natürlich wird in unserer Welt jeder, der sein ganzes Leben der Suche nach dem Himmel widmet, so werden *wie* R. Und jeder, der weltliche Dinge so unbedingt will, dass er bereit ist, auch böse Mittel anzuwenden, um sie zu bekommen, wird sich wahrscheinlich verhalten wie N.

Ja, Riepischiep ist in Aslans Land gelangt. Und Kaspian ist sicher zurückgekehrt, das wird auf der letzten Seite der *Reise mit der Morgenröte* erzählt. Eustachius gelangte tatsächlich zurück nach Narnia, wie ihr feststellen werdet, wenn ihr *Der Silberne Sessel* lest. Zur Frage, wer heute in Narnia regiert – nun, das werdet ihr nicht erfahren, bis ihr das siebte und letzte Buch gelesen habt.

Ich bin groß, dick, ziemlich kahl, rotgesichtig, habe ein Doppelkinn, schwarze Haare, eine tiefe Stimme und trage zum Lesen eine Brille.

Für *uns* führt der einzige Weg in Aslans Land durch den Tod, soweit mir bekannt. Vielleicht dürfen einige sehr gute Menschen auch schon vorher einen winzigen Blick darauf werfen.

Ich sende euch allen meine besten Grüße. Wenn ihr eure Gebete sprecht, bittet Gott manchmal um Segen für mich.

Euer
C. S. Lewis

An Mary Willis Shelburne

Magdalen College, Oxford. 14. Juni 1954

Liebe Mary Willis,

ja, ich bin mit den Osterbriefen fertig und nun nehme ich Examina ab. Ich bearbeite im Durchschnitt 20 Skripte am Tag (auch sonntags) und das für sechs Wochen – die mündlichen Examina werden acht Stunden am Tag beanspruchen. Gegen Ende September werde ich wieder menschlich werden. Inzwischen herzliche Grüße und gute Wünsche,

dein
Jack

An F. Morgan Roberts

Magdalen College, Oxford. 31. Juli 1954

Lieber Mr. Roberts,

danke für Ihren freundlichen Brief vom 23. Ich bin ganz sicher nicht der Richtige, um irgendjemandem im Blick auf das persönliche geistliche Leben einen Rat zu erteilen. Meine eigenen Regeln sind diese: 1. Dafür sorgen, dass die Hauptgebetszeit, wann immer sonst man sie einrichten kann, *nicht* „das Letzte am Abend" ist. 2. Selbstbeobachtung im Gebet vermeiden – ich meine nicht, die eigenen Gedanken überprüfen, um zu beurteilen, ob der Geist in der richtigen Verfassung ist, sondern die Aufmerksamkeit immer auf Gott richten. 3. Nie, niemals versuchen, durch Willenskraft ein Gefühl hervorzubringen. 4. Ohne Worte beten, wenn ich kann, aber auf Worte zurückgreifen, wenn ich müde oder in sonst einer Weise nicht in Normalform bin. Mit erneutem Dank. Vielleicht möchten *Sie* gelegentlich für mich beten?

Mit besten Grüßen,
C. S. Lewis

An Cynthia Donnelly

Magdalen College, Oxford. 14. August 1954

Liebe Mrs. Donnelly,

danke für Ihren überaus freundlichen und ermutigenden Brief. Ich glaube, Sie haben eine irrige Vorstellung von der Pflicht eines christlichen Autors. Wir müssen die Gaben nutzen, die wir haben, nicht die, die wir nicht haben. Wir dürfen natürlich *nichts* schreiben, was Begierde, Stolz oder Ehrgeiz hofiert. Aber wir müssen nicht alle offenkundig moralische oder theologische Werke schreiben. Ja, Arbeiten, deren christlicher Bezug indirekt ist, können ebenso viel Gutes bewirken und manche Menschen erreichen, die ein offensichtlich religiöses Werk abschrecken würde.

Die erste Pflicht einer Geschichte ist es, eine *gute Geschichte* zu sein. Wenn unser Herr in seiner Zimmermannswerkstatt ein Rad gebaut hat, war das, da können Sie sicher sein, vor allem ein *gutes Rad*. Versuchen Sie nicht, besonders christliche Anteile „einzuflechten" – wenn Gott möchte, dass Sie ihm auf diese Weise dienen (und vielleicht möchte er das nicht, es gibt unterschiedliche Berufungen), dann werden Sie feststellen, dass sie sich von selbst einstellen. Wenn nicht, auch gut – eine gute Geschichte, die ein unschuldiges Vergnügen schenkt, ist eine gute Sache, ebenso wie das Kochen eines guten, nahrhaften Essens. (Sie streuen bestimmt auch keine kleinen Texte in den Familieneintopf, oder?)

Übrigens, keine meiner Geschichten hat mit einer christlichen Botschaft *angefangen*. Ich beginne immer von einem geistigen Bild aus – die schwimmenden Inseln, ein Faun mit einem Schirm in einem verschneiten Wald, ein „verletzter" menschlicher Kopf. Meine nicht-fiktionalen Werke sind natürlich anders. Aber sie sind erfolgreich, weil ich von Beruf Lehrer bin und Erklärungen zu geben nun einmal zu den Dingen gehört, die ich gelernt habe.

Aber das wirklich Große ist, seinen eigenen Garten zu pflegen und die Aufgabe, auf die die eigenen natürlichen Fähigkeiten uns stoßen, gut zu erledigen (nachdem man zuerst all das gut erledigt hat, was die „Pflichten der Lebensumstände" uns aufbürden). *Jede* rechtschaffene Arbeit (ob man Geschichten, Schuhe oder Kaninchenställe macht) kann zur Ehre Gottes getan werden. Ich hoffe, Sie können das lesen!

Herzlich mit guten Wünschen an alle.

Ihr
C. S. Lewis

An Belle Allen

[Magdalen College] 1/11/54

Ich halte es für gefährlich, anzunehmen, dass Satan all die Geschöpfe geschaffen hat, die wir abstoßend oder gefährlich finden. Denn a) hätten diese Geschöpfe, wenn sie denken könnten, eben denselben Grund zu denken, *wir* wären von Satan erschaffen, b) glaube ich nicht, dass das Böse, im strengen Sinn, [etwas] *erschaffen* kann. Es kann verderben, was ein anderer geschaffen hat. Satan mag andere Geschöpfe ebenso verdorben haben wie uns. Ein Teil dieser Verdorbenheit in uns könnte der unvernünftige Horror oder die Abscheu sein, die wir angesichts mancher Geschöpfe empfinden, ganz egal, welchen Schaden sie uns zufügen könnten oder nicht. (Ich selbst kann Spinnen nicht ausstehen.) Wir haben die Aussage der Schrift, dass Satan Krankheiten verursachen kann, siehe Lukas 13,16.[183]

Wissen Sie, das Leid Unschuldiger ist für mich oft ein *geringeres* Problem als das Leid der Bösen. Es klingt absurd, aber ich habe so viele unschuldig Leidende getroffen, die ihren Schmerz anscheinend freudig im Glauben an Christus und als ihren Teil der Erlösung Gott darbringen, sehr geduldig, sehr demütig, aber auch so im Frieden und so selbstlos, dass wir kaum bezweifeln können, dass sie „durch das Leid zur Vollendung gelangen", wie Paulus sagt.[184] Andererseits begegnen mir selbstsüchtige Egoisten, in denen Leid nichts anderes auszulösen scheint als Verbitterung, Hass, Blasphemie und noch mehr Egoismus. Sie sind das wirkliche Problem.

An Dom Bede Griffiths

[Magdalen College] Nov. 5/54

Lieber Dom Bede,

der beste Dickens ist für mich anscheinend immer der, den ich zuletzt gelesen habe! Aber in einer nüchternen Stunde setze ich *Bleakhaus* an die Spitze, wegen seines geradezu verschwenderischen Reichtums an Fantasie.

Was den Tod betrifft, so erlebe ich unterschiedliche Stimmungslagen, aber Zeiten, in denen ich ihn *ersehne,* sind, glaube ich, nie solche, in denen diese Welt am härtesten erscheint. Im Gegenteil, es sind die Momente, in denen ein Großteil Himmel bereits hier zu sein scheint, in denen ich einer Sehnsucht nach der *patria* [das himmlische Vaterland] am nächsten komme. Es ist das glänzende Titelbild, [das] einem Appetit macht auf die Geschichte selbst. Jede Freude (im Unterschied zu bloßem Vergnügen oder gar nur Amüsement) unterstreicht unseren Pilgerstatus: Immer erinnert sie, winkt, weckt die Sehnsucht. Das Beste, was wir haben, ist das, was uns fehlt.

Dein
C. S. Lewis

An Walter Hooper

Magdalen College, Oxford. 30. Nov. 1954

Ich glaube, wir sollten Geisteszuständen misstrauen, die unsere Aufmerksamkeit auf uns selbst richten. Selbst unsere Sünden sollten wir nicht länger ansehen, als nötig ist, um sie zu erkennen und zu bereuen. Und unsere Tugenden oder unser Fortschritt (falls gegeben) sind ganz sicher ein gefährlicher Gegenstand der Kontemplation. Wenn die Sonne direkt über einem Menschen steht, wirft er keinen Schatten. Ganz ähnlich wird unser geistlicher Schatten (d. h. unser Bewusstsein von uns selbst) verschwinden, wenn wir den göttlichen Meridian erreicht haben. In gewisser Weise wird man so beinahe ein Nichts: ein Raum, der von Gott und von unseren seligen Mitgeschöpfen ausgefüllt werden soll, die wiederum Räume sind, die wir ausfüllen helfen. Aber wie weit sind wir jetzt noch davon entfernt!

Mit allen guten Wünschen,

Ihr
C. S. Lewis

An Vera Gebbert

Magdalen College, Oxford. 17. Dez. 1954

Stellen Sie sich vor: Eine amerikanische Schülerin wurde ihrer Schule verwiesen, weil sie eine Ausgabe meiner *Dienstanweisung an einen Unterteufel* in der Tasche hatte! Ich habe meinen Informanten gefragt, ob es eine kommunistische, eine fundamentalistische oder eine katholische Schule war, und erhielt die niederschmetternde Antwort: „Nein, es war eine *Privat*schule." Nun, das verweist einen in seine Schranken, nicht wahr!

An Jocelyn Gibb

Magdalen College, Oxford. 22. Dez. 1954

Lieber Gibb,

ich habe nie ein gefälligeres Geschenk bekommen[185] (sowohl im bibliophilen als auch in Mr Woodhouses Sinn des Wortes).[186] Vielleicht lehren diese beiden entzückenden Bände mich am Ende doch, für die physische Gestalt meiner eigenen Bücher dieselbe Ehrfurcht zu empfinden wie gegenüber den Gestalten aller anderen Bücher. Denn es ist eine seltsame Tatsache, dass ich sie nie wirklich als *Bücher* betrachten kann: Einband und Satz bleiben, selbst im druckfrischen Zustand, eine bloße Vortäuschung, hinter der man das hingekritzelte, tintenbefleckte Manuskript [durchscheinen] sieht. Du könntest ein bisschen nachforschen, ob es allen Autoren so geht. Ich danke dir sehr. Wer hat die Bücher gebunden?

Ich freue mich immer zu hören, dass wieder jemand zu diesem Aschenputtel, *Die große Scheidung*, gegriffen hat.

Mit nochmaligem Dank und allen guten Wünschen zu Weihnachten und zum Neuen Jahr.

Dein
C. S. Lewis

An Mary Willis Shelburne

Magdalene College, Cambridge. 20/2/55

Ich meine nicht, dass wir versuchen müssten, unsere gewohnten Gebete durchzuhalten, wenn wir krank oder übermüdet sind. (Auch wenn ich das keinem Anfänger sagen würde, der die Gewohnheit erst noch ausbilden muss.) Aber Sie sind über dieses Stadium hinaus. Man darf das christliche Leben nicht zu einem überkorrekten *Gesetzes*system machen, wie das jüdische es ist. Zwei Gründe: 1. Es weckt Skrupel, wenn wir uns nicht an die übliche Routine halten. 2. Es weckt Arroganz, wenn wir es tun. Nichts gibt einem auf so unberechtigte Weise ein gutes Gewissen wie das Einhalten von Regeln, selbst dann, wenn alle echte Nächstenliebe und echter Glaube völlig fehlten. Und Menschen, die mit Billigung ihres geistlichen Beraters & auf Geheiß ihres Arztes der Messe fernbleiben, sind genauso gehorsam wie die, die hingehen. Besprechen Sie all diese Punkte mit Ihrem Beichtvater, ich wette, er wird dasselbe sagen.

Und natürlich ist die Gegenwart Gottes nicht dasselbe wie die *Empfindung* der Gegenwart Gottes. Letztere mag auf Einbildungskraft beruhen; ersterer kann man auch ohne „spürbare Tröstung“[187] Beachtung schenken. Der Vater war dem Sohn nicht *wirklich* fern, als dieser sagte: „Warum hast du mich verlassen?“[188] Gott selbst unterwarf sich als Mensch der menschlichen Empfindung, verlassen zu sein. Die wirkliche Parallele auf der natürlichen Ebene ist eine, die seltsam erscheinen mag, wenn ein Junggeselle sie einer Dame schreibt, aber doch zu erhellend, um nicht verwendet zu werden. Der Akt, durch den ein Kind gezeugt wird, sollte für gewöhnlich von Genuss begleitet sein, und ist es wohl auch. Aber nicht der Genuss zeugt das Kind. Wo es Genuss gibt, kann auch Unfruchtbarkeit sein; wo kein Genuss ist, kann der Akt fruchtbar sein. Und in der geistlichen Hochzeit Gottes mit der Seele ist es dasselbe. Es ist die tatsächliche Gegenwart, nicht das *Empfinden* der Gegenwart des Heiligen Geistes, das Christus in uns zeugt. Das *Empfinden* dieser Gegenwart ist ein zusätzliches Geschenk, für das wir danken, wenn wir es empfangen, und das war’s dann auch.

An Mrs. Johnson

The Kilns, Kiln Lane, Headington Quarry. Oxford 2/3/55

Wenn man etwas Unwahres sagt in der Absicht, Menschen dazu zu bringen, es zu glauben, ist das Lügen. Wenn man es ohne eine solche Absicht sagt, ist es Dichtung. Aber es kann vollkommen ernst gemeint sein in dem Sinn, dass Menschen häufig ihre tiefsten Gedanken, Mutmaßungen, Befürchtungen, Wünsche etc. in einer Geschichte ausdrücken. Natürlich wäre es falsch von R.[189], über das Land der Pf.[190] zu reden, als wäre er dort gewesen, wenn er nicht wirklich dort war. Denn *innerhalb meines Buches* soll R. (das wird vorgegeben) seine Geschichte als wahr erzählen. Sicher kann in einer Geschichte eine Figur lügen, und wir können dies davon unterscheiden, was sie gesagt haben sollte, obwohl eben die Dinge, über die sie lügt, (aus *unserer* Perspektive, die wir außerhalb der Geschichte leben) frei erfunden sind?

Was das Schreiben von „Geschichten über Gott“ anbetrifft, so wäre es natürlich ziemlich haarsträubend, eine Geschichte strikt über Gott zu haben (die vielleicht so begönne: „Eines Tages beschloss Gott…“). Aber sich vorzustellen, was Gott in anderen Welten etwa hätte tun sollen, erscheint mir nicht falsch – und eine Geschichte ist nichts anderes als in Worte gefasstes Imaginieren.

Es ist richtig und notwendig, dass uns sehr am Heil der Menschen liegen sollte, die wir lieben. Aber wir müssen uns davor hüten, zu erwarten oder zu verlangen, dass ihre Rettung irgendeinem von uns vorgegebenen Muster entsprechen müsste. Manche protestantischen Gemeinschaften sind hier im Irrtum. Sie haben ein ganzes Programm von „Sündenerkenntnis“, „Bekehrung“ etc. aufgestellt, das für alle gleich ist, & wollen nicht glauben, dass auch jemand gerettet werden kann, der diese Programm nicht „genau so“ durchläuft. Aber Gott hat mit jeder Seele seinen eigenen, einmaligen Weg (siehe das letzte Kapitel von *Über den Schmerz*).

Es gibt keinen Beweis dafür, dass Johannes dieselbe Art von „Bekehrung“ erlebt hat wie Paulus. Es ist nicht entscheidend, dass man an den Teufel glaubt – und ich bin sicher, ein Mensch kann in den Himmel kommen, ohne genau zu wissen, wie alt Methusalem war. Außerdem [gilt], was MacDonald sagt: „Die Zeit zu *reden* kommt selten, die Zeit zu *sein* ist immer.“ Unser großer Beitrag zur Bekehrung anderer ist gewöhnlich das, was wir leben, und (bis auf wenige Zwischenzeiten) nicht das, was wir predigen.

An Mrs. Johnson

The Kilns, Kiln Lane, Headington Quarry. Oxford, 14/5/55

Von einem Abschnitt im *Hebräerbrief*[191] her ist klar, dass es mit Melchisedek etwas Besonderes auf sich hat, aber ich weiß nicht, was. Es gibt noch so viel herauszufinden, hier und hiernach, nicht wahr?

Meine eigene Sicht auf Elisa und die Bären[192] (nicht, dass ich nicht auch kleine Jungen kennen würde, die durch solche Behandlung sehr gebessert worden wären!) und andere Episoden ist in etwa folgende: Wenn man die Bibel als Ganzes sieht, erkennt man darin einen Verlauf, in dem etwas, was auf seinen frühesten Stufen (und das sind nicht zwingend die, die in dem Buch, so wie es jetzt geordnet ist, zuerst kommen) kaum überhaupt moralisch und in mancher Hinsicht den heidnischen Religionen nicht unähnlich war, allmählich gereinigt und erhellt wird, bis es die Religion der großen Propheten und die unseres Herrn selbst wird. Dieser ganze Prozess ist die größte Offenbarung des wahren Wesens Gottes. Anfangs vermittelt sich kaum etwas anderes als schiere Macht. Dann (sehr wichtig) die Wahrheit, dass er Einer ist und dass es keine anderen Götter gibt. Dann Gerechtigkeit, dann Barmherzigkeit, Liebe, Weisheit.

Natürlich trank unser Herr nie *Spirituosen* (sie hatten damals keine destillierten alkoholischen Getränke), aber natürlich war der Wein der Bibel wirklich fermentierter Wein und enthielt Alkohol. Die wiederholten Bezugnahmen auf die Sünde der Trunkenheit in der Bibel, von Noahs erster Entdeckung des Weins[193] bis zu den Warnungen in den Briefen von Paulus[194], machen das vollkommen klar. Die andere Theorie könnte (ernsthaft) nur von einer sehr ignoranten Person vertreten werden. Man kann die Bitterkeit mancher „Abstinenz"-Fanatiker verstehen, wenn man einmal mit einem Trinker zusammengelebt hat. Was schwerer zu entschuldigen ist, ist, wenn ein gebildeter Mensch solche Lügen über die Geschichte verbreitet.

Ich selbst denke, worum es in der schockierenden Antwort an die syrophönizische Frau[195] eigentlich geht (es kommt ganz am Schluss), ist, all uns Heidenchristen (die das allzu leicht vergessen & sogar mit dem Antisemitismus flirten) daran zu erinnern, dass die Juden uns geistlich gesehen *vorgeordnet* sind, dass Gott den Nachkommen Abrahams *in der Tat* die erste Offenbarung seiner selbst anvertraute. Um „uns auf unseren Platz zu verweisen".

An Hugh Kilmer

The Kilns, Headington Quarry, Oxford. 20/07/55

Lieber Hugh,

danke für deinen Brief vom 14. Ich bin hoch erfreut zu hören, dass *Das Wunder von Narnia* deine Anerkennung findet – es wäre doch zu misslich gewesen, wenn der Band, der dir gewidmet ist, ausgerechnet der eine in der ganzen Serie wäre, den du nicht ausstehen kannst!

Mit Entzücken höre ich, dass deine Straße ebenso nach Norden wie nach Süden verläuft, denn in diesem Land verlaufen *alle*

Straßen (sogar die Landstraßen) gleichzeitig in zwei Richtungen. Sie sind darauf trainiert, in dem Moment, in dem man sich umdreht, die Richtung zu wechseln. Noch cleverer von ihnen ist es, dass sie dann gleichzeitig auch ihre rechte Seite zur linken Seite machen. Und es funktioniert immer.

Grüße alle herzlich von mir.

Immer dein
C. S. Lewis

An Janet Wise

Magdalene College, Cambridge. 5/10/55

Liebe Mrs. Wise,

ich bin sehr wenig vertraut mit moderner theologischer Literatur, da ich sie nur selten hilfreich fand. Einem Buch habe ich viel zu verdanken: G. K. Chestertons *Der unsterbliche Mensch*. Aber eine Liste, wie Sie sie wünschen, kann ich Ihnen nicht geben.

... Meine eigene Position ist nicht fundamentalistisch, wenn Fundamentalismus bedeutet, als Glaubensgrundsatz zunächst die Aussage zu akzeptieren: „Jede Aussage in der Bibel ist vollkommen wahr im wörtlichen, historischen Sinn." Das würde an den Gleichnissen sofort scheitern. Gleichwohl, der gesunde Menschenverstand und das allgemeine Verständnis von literarischen Gattungen, die es einem verbieten würden, die Gleichnisse als historische Aussagen zu verstehen, würden uns, wenn man sie ein wenig weiterführte, zwingen zu unterscheiden zwischen 1. Büchern wie der *Apostelgeschichte* oder den Berichten über die Regierungszeit Davids[196], die überall mit bekannter Geschichte, Geografie und Genealogie verzahnt sind, 2. Büchern wie *Ester* oder *Jona* und *Hiob*, die von ansonsten unbekannten Figuren handeln, die in nicht näher bestimmten Zeiten leben & ziemlich deutlich *erklären*, dass es sich um heilige Fiktion handelt.

Solche Unterscheidungen sind nicht neu. Calvin ließ die Frage nach der Historizität von *Hiob* offen[197], und noch früher sagte St. Hieronymus, dass der ganze mosaische Schöpfungsbericht „nach der Weise eines volkstümlichen Poeten" verfasst sei. Natürlich glaube ich, dass die Komposition, Präsentation & Auswahl für die Aufnahme in die Bibel bei allen Büchern vom Heiligen Geist geleitet war. Aber ich meine, er wollte, dass wir heilige Mythen & heilige Fiktion ebenso haben sollten wie heilige Geschichte.

Sie müssen wissen, ich halte eine Geschichte nie deshalb für unhistorisch, *weil* sie wunderhaft ist. Ich akzeptiere Wunder. Es ist eher die Art und Weise, die die fiktionalen von den geschichtlichen Texten unterscheidet. Vergleichen Sie das „Es war ein Mann ..." zu Beginn von Hiob mit den Berichten über David, Paulus oder Christus selbst. Die Basis unseres Glaubens ist nicht die Bibel für sich genommen, sondern die einmütige Zustimmung der ganzen Christenheit zu dem, was wir der Bibel selbst verdanken.

An Edward Allan

The Kilns, Headington Quarry, Oxford. 5/12/55

Lieber Mr. Allen,

es war schön, wieder von Ihnen zu hören. Nach einem Jahr kann ich rückblickend sagen, dass der Wechsel nach Cambridge ein großer Erfolg war. Wie immer es mit meiner neuen Universität stehen mag, mein neues College ist ein kleinerer, sanfterer, freundlicherer Ort als mein altes. Die geistige und soziale Atmosphäre ist wie die Sonnenseite einer Mauer in einem alten Garten. Die einzige Gefahr ist die, dass es mir hier zu behaglich wird und ich überreif werde. Nach dem von (Lord) Nuffield ruinierten und industrialisierten Oxford ist die Stadt erfreulich klein, und ich kann einen echten Landspaziergang machen, wann immer ich will. Alle meine Freunde sagen, ich sehe jünger aus.

Erstaunlicherweise sind die Wochenendfahrten überhaupt keine Belastung. Ich finde mich vollkommen zufrieden in einem langsamen Zug, der im Schneckentempo durch grüne Felder kriecht und an jedem Bahnhof hält. Nur weil der Service so langsam und daher in den Augen der meisten Leute *schlecht* ist, sind diese Züge fast leer, und ich habe ein Abteil für mich (Sie kennen diese komischen kleinen Kästen, in die ein englischer Zug aufgeteilt ist?), wo ich viel lesen kann und manchmal meine Gebete spreche. Eine Zugfahrt allein ist für diesen Zweck ausgezeichnet geeignet, finde ich.

An Mary van Deusen

The Kilns etc. 5/2/56

Ich bin so froh, dass Sie einen Zugang zu Psalm 36 gefunden haben. Mein anderer großer Favorit ist Psalm 19. Da ist zunächst die reine Herrlichkeit der Schöpfung (zwischen den Psalmen und Wordsworth – ein langer Abstand in der Geschichte – findet man nichts zu diesem Thema, was den beiden gleichkommt). Dann die alles reinigende, unerbittliche Sonne, die auf die Wüste herabbrennt, und „nichts bleibt vor ihrer Glut verborgen“.[198] Dann – nur angedeutet, nicht ausgeführt – die vorgestellte Gleichsetzung dieser Hitze und dieses Lichts mit dem „vollkommenen“ Gesetz, der „reinen“ Furcht des Herrn, die jeden Spalt durchforschen. Dann das charakteristisch jüdische Empfinden, dass das Gesetz nicht nur verpflichtend ist, sondern schön, faszinierend: Es erfreut das Herz, ist besser als Gold, süßer als Honig. Und erst danach die (eher christliche) Selbstprüfung und demütige Bitte. Fast alles, was vor der Inkarnation gesagt werden konnte, wird in diesem

Psalm gesagt. Es ist so viel *besseres Heidentum*, als die echten Heiden je hervorgebracht haben! Und auf eine Weise viel herrlicher, hochfliegender und triumphaler als christliche Dichtung. Denn so wie Gott sich erniedrigte, um Mensch zu werden, hat die Religion sich erniedrigt, um zum Christentum zu werden.

An Dom Bede Griffiths OSB

Magdalene College, Cambridge. 8/2/56

Ja, ich habe durchaus das Empfinden, die alten Jahre in Magdalen waren für uns beide eine sehr wichtige Periode im Leben. Allgemeiner gesagt finde ich die ganze eigene Jugend ausgesprochen wichtig und auch von ungeheurer Länge. Das eigene Leben allmählich zu *lesen*, zu sehen, wie das Grundmuster sich herauskristallisiert, ist in unserem Alter eine große Erleuchtung. Und teilweise, wie ich hoffe, auch ein *Befreit-Werden* von der Vergangenheit als Vergangenes, indem man sie als Bauwerk begreift.

... Ich hätte dein Buch über die Mystik lieber bei Penguin gesehen, denn ich glaube, sie erreichen eine größere Leserschaft als irgendjemand sonst. Ich freue mich sehr darauf. Ich glaube, es ist genau das, was du tun musstest.[199]...

Im Blick auf den Hinduismus befindest du dich auf gefährlichem Terrain (wie du sehr gut weißt), aber irgendjemand muss an die gefährlichen Orte gehen. Man fragt sich oft, wie anders der Inhalt unseres Glaubens aussehen wird, wenn wir ihn im Gesamtkontext sehen. Könnte es sein, als lebte man auf einer unendlichen Erde? Erweitertes Wissen würde unsere Karte, sagen wir, des Atlantiks als ganz *korrekt* belassen, aber wenn er sich als Mündung eines großen Flusses erwiese – und der Kontinent, den dieser Fluss durchfließt, sich selbst als Insel herausstellte – weitab von den Ufern eines noch größeren Kontinents – und so weiter. Du verstehst, was ich meine? Nicht ein Jota der Offenbarung wird sich als falsch erweisen – aber so viele neue Wahrheiten könnten hinzukommen.

... Deine Hindus klingen ganz sicher hinreißend. Aber was *leugnen* sie? Das war schon immer mein Problem mit den Indern – irgendeine Aussage zu finden, die sie als falsch erklären würden. Aber die Wahrheit muss doch auch beinhalten, dass man Dinge ausschließt? ...

An Vera Gebbert

Magdalene College, Cambridge. 9/5/56

Liebe Mrs. Gebbert,

Sie sollen wie immer einen Platz in meinen Gebeten haben. Ich kann mir nicht wirklich vorstellen, dass jemand eine Wohnung in New York einem Haus in Kalifornien vorzieht, aber da ich über das eine wie das andere nichts weiß, spielt das keine große Rolle. Geben Sie nicht mehr Bücher weg, als Sie müssen. Ich habe im ganzen Leben noch kaum je ein Buch verkauft, ohne in den nächsten Wochen festzustellen, dass ich es dringend brauchte und dass eine neue Ausgabe (wenn sie überhaupt erhältlich war) dreimal so viel kostete wie die alte und 50-mal so viel wie den Betrag, für den ich die alte verkauft hatte.

An Keith Masson

Ab Magdalene College, Cambridge. 3/6/56

Lieber Mr. Mason,

zunächst gibt es einen Unterschied im Denkansatz. Sie schlagen eher den Weg ein, dass ein althergebrachtes moralisches Prinzip einen Beweis seiner Gültigkeit vorlegen muss, bevor es akzeptiert wird – ich im Gegenteil, dass es akzeptiert sein muss, bevor jemand eine schlüssige Widerlegung vorbringt.

Aber davon abgesehen: Ich stimme Ihnen zu, das Gerede von „Verschwendung von Lebenssäften" ist Unsinn. Für mich läge das wahre Übel der Masturbation darin, dass sie ein Verlangen, das, recht gebraucht, das Individuum aus sich selbst herausführt, um die eigene Persönlichkeit zu vervollständigen (und zu korrigieren) – und zwar in einem anderen (und letztendlich in Kindern und auch Enkeln) –, nimmt und es zurückwendet: Sie schickt den Menschen zurück ins Gefängnis seiner selbst, damit er sich dort einen Harem imaginärer Bräute hält. Und dieser Harem, ist er einmal eingelassen, arbeitet *dagegen*, dass er jemals herauskommt und sich wirklich mit einer echten Frau verbindet. Denn der Harem ist immer verfügbar, immer dienstbereit, er verlangt weder nach Opfern noch nach Neuausrichtung und kann mit erotischen und psychologischen Reizen ausgestattet werden, mit denen keine reale Frau konkurrieren kann. Von diesen schattenhaften Bräuten wird [der Mensch] immer vergöttert, immer ist er der perfekte Liebhaber. Es werden keine Ansprüche an seine Selbstlosigkeit gestellt, seine Eitelkeit erfährt keine Kränkung. Am Ende werden sie zu nichts anderem als dem Medium, durch das er sich zunehmend selbst anbetet. Lesen Sie Charles Williams' *Descent into Hell*[200] und studieren Sie den Charakter von Mr. Wentworth. Und nicht nur die Fähigkeit zu lieben wird auf diese Weise sterilisiert, auf sich selbst zurückgezwungen, sondern auch die Fähigkeit der Vorstellungskraft.

Der wahre Gebrauch der Vorstellungskraft besteht meiner Ansicht nach darin, a) uns zu helfen, andere zu verstehen, b) auf Kunst zu reagieren und (für manche von uns) Kunst zu schaffen. Aber auch hier gibt es einen falschen Gebrauch: uns, in einer schattenhaften Form, einen Ersatz zu liefern für Tugenden, Erfolge, Auszeichnungen etc., die *draußen* in der realen Welt gesucht werden sollten, z. B. sich vorzustellen, was man alles tun *würde*, wenn man reich *wäre*, anstatt Geld zu verdienen und zu sparen. Masturbation schließt einen vergleichbaren Missbrauch der Imagination in erotischer Hinsicht ein (was ich schon an sich für schlecht halte) und befördert so einen ähnlichen Missbrauch der Imagination in allen Bereichen. Denn schließlich ist es beinahe die *Hauptaufgabe* im Leben, aus uns selbst *herauszukommen*, heraus aus dem kleinen, dunklen Gefängnis, in das wir alle hineingeboren werden. Masturbation ist ebenso zu meiden, wie *alles* zu meiden ist, was diesen Prozess hemmt. Die Gefahr besteht darin, dass wir schließlich das Gefängnis *lieben*.

Ihr
C. S. Lewis

An Stephen Schofield

Unterwegs in Irland. Aug. 23/56

Lieber Mr. Schofield,

man muss unterscheiden zwischen „[etwas] absolut gutheißen" und „[etwas] unter bestimmten Bedingungen als das kleinere Übel billigen". Jeder Krieg erwächst, wie jeder Rechtsstreit, aus Gier, Selbstsucht oder Misstrauen auf einer oder beiden Seiten. Deshalb missbilligt Gott ihn. Aber angenommen, dass die Gier, Selbstsucht oder das Misstrauen von jemandem die Sache in Gang gebracht hat – hält Gott dann die Arbeit eines guten Soldaten oder eines guten Anwalts für ein geringeres Übel, als dass der Aggressor sich durchsetzt?

Aus der Tatsache, dass weder Johannes der Täufer noch Christus selbst das Soldatentum an sich ablehnten, schließe ich, die Antwort ist Ja. Mit dem christlichen Ideal des Gläubigen, der in einer gerechten Sache zur Waffe greift, meine ich *den Ritter*, wie ihn alle Romane des Mittelalters darstellen.

Mit besten Grüßen,
C. S. Lewis

An Katherine Farrer

Magdalene College, Cambridge, 25. Oktober 1956

Liebe K.-

Fervet opus! [Heiß ist die Arbeit] und genau die Art von Opus, in der ich so inkompetent bin und die ich so sehr verabscheue. „Ewigen Dank, die Armenkasse." Ich bin so froh, dass W. aufspielt. Nehmen Sie reichlich von unserem ausgezeichneten Paxford (wenn Sie Zeit haben, seine Antworten zu hören!).

Ich nehme an, Joy hat dir gesagt, dass eines der Bücherregale ihres ist und nicht Mrs. Geddes'? Ich bin froh zu hören, dass die Wellensittiche umquartiert sind. Übrigens, Joy dachte, es wäre auch gut, wenn Colin und Christian unser unschuldiges kleines Geheimnis[201] kennen würden, also gib es ihnen zu gegebener Zeit weiter.

Das Katzenproblem ist akut. Und zwar in zweifacher Hinsicht. Da ist Joys eigener rechtmäßiger Kater, der schwarze Sambo, und der ehrenamtliche Kater Marmaduke. Da Ersterer praktisch schon die Nr. 10 verlassen hat und Letzterer angekommen sein muss, nachdem er irgendwo anders desertiert ist, glaube ich, dass beide in der Lage sind, der Welt die Stirn zu bieten, aber der Tierschutzverein wird das nie verstehen!

Ich segne euch beide immer wieder. Ich bin *votre homme*, eingeschworener Vasall, für immer.

Euer
Jack

An Chad Walsh

Magdalene College, Cambridge. 9. Nov. 56

Ich habe schlechte Nachrichten von Joy. Was zunächst für Rheumatismus gehalten wurde, ist so schlimm geworden, dass sie ins Krankenhaus musste, und es wurde nun als Krebs diagnostiziert. Sie hat noch eine Chance, „dagegen zu kämpfen", und sie kämpft sehr tapfer. Ich bin sicher, ein Brief von dir wäre eine große Hilfe. (Adresse: Mayfair Ward, Wingfield Morris Hospital, Headington, Oxford).

Meine private Welt ist also für mich so dunkel wie die öffentliche Welt im Moment für uns alle.[202] Denkt in euren Gebeten an uns. Liebe Grüße und Segenswünsche an deine Frau und dich.

Dein
C. S. Lewis

An Mary Neylan

Magdalene College, Cambridge. 14. Nov. 1956

Ich wünsche mir, dass du und Dan sehr für eine Dame namens Joy Gresham und für mich betet – ich werde wahrscheinlich sehr bald sowohl Bräutigam als auch Witwer sein, denn sie hat Krebs. Du brauchst nichts davon zu erwähnen, bis die Hochzeit bekanntgegeben wird (sie wird im Krankenhaus an ihrem Bett sein, wenn sie stattfindet). Eines Tages werde ich dir die ganze Geschichte erzählen. Meine Grüße an Sarah. Ich bin momentan nicht in der Stimmung, irgendwen zu besuchen.

Dein
Jack Lewis

An Arthur Greeves

The Kilns, Headington Quarry, Oxford. 25. Nov. 1956

Mein lieber Arthur,

Joy ist im Krankenhaus, sie leidet an Krebs. Die Prognosen sind 1. eine winzige Chance auf völlige Heilung. 2. Eine mäßige Wahrscheinlichkeit von einigen weiteren (erträglichen) Lebensjahren. 3. Eine echte Gefahr, dass sie in wenigen Monaten stirbt.

Für mich wäre es tragisch, sie zu verlieren. Inzwischen wird sie, wenn sie diesen Schub überwindet und aus dem Krankenhaus kommt, nicht in der Lage sein, allein zu leben, sie muss also hier wohnen. Das bedeutet, dass unsere Heirat in Kürze öffentlich gemacht werden muss (um einen Skandal zu vermeiden). W. hat an Janie und die Ewarts geschrieben, dass ich heiraten werde, und ich wollte nicht, dass die Nachricht dich überrascht. Ich weiß, du wirst für sie und für mich beten, und für W., für den ihr Verlust, falls wir sie verlieren, ebenfalls schlimm sein wird.

Immer dein
Jack

An Mr. Lucas

Magdalene College, Cambridge. 6. Dez. 1956

Lieber Mr. Lucas,

1. Ich meine, *etwas* Humor könnte [in den Worten Jesu] im Spiel sein. Matthäus 9,12 (Menschen, denen es gut geht, brauchen keine Ärzte) könnte gut auf eine Weise gesagt worden sein, die für alle Anwesenden witzig war, nur nicht für die Pharisäer. Ebenso Matthäus 17,25. Und in Markus 10,12 – dieser rasche Einschub von „Verfolgungen" mitten unter all den Aktivposten – auch das könnte humorvoll sein. [203] Und natürlich das Gleichnis vom ungerechten Verwalter[204] (die komischen Elemente darin werden sehr gut herausgestellt in Dorothy Sayers' ausgezeichnetem *Zum König geboren*).

2. Wenn noch mehr Humor vorläge, würden wir (moderne Abendländer) ihn dann *erkennen*? In einem Gespräch mit einer Jüdin[205] war ich erstaunt, in welchem Ausmaß Juden im A. T. Humor erkennen, wo wir nichts dergleichen sehen. Humor unterscheidet sich von Kultur zu Kultur so sehr.

3. Wie viel wäre aufgezeichnet worden? Wir wissen (Johannes 21,25)[206], dass wir nur einen winzigen Teil dessen haben, was unser Herr gesagt hat. Hätten die Evangelisten, denen doch daran lag, zu vermitteln, was unbedingt notwendig war, [all das andere] *einbezogen*? Sie berichten uns nichts über sein Aussehen,

seine Kleidung, äußere Gewohnheiten – nichts von dem, was ein moderner Biograf berichten würde.

An Cecil Harwood

The Kilns, Headington Quarry, Oxford. 13. Dez. 1956

Lieber Cecil,

1.) Ich hatte angenommen, alle Studiengebühren für Laurence würden durch Agapony bezahlt. Schreib bitte einfach an Owen, und er wird dir einen Scheck schicken. Und sei bitte vernünftig genug, John keine Vorwürfe zu machen wegen irgendetwas, das meine Stiftung zur Verfügung stellen kann (er steht am Anfang des Lebens und seiner Familiengründung und all dem). Sie wurde für solche Zwecke geschaffen, und das Geld gehört mir nicht mehr – und wenn es das noch täte, ist es nicht dies, wofür Paten da sind?

2.) Ich war diesmal in den Ferien nicht abkömmlich – du weißt ja, ich bin täglicher Besucher im Krankenhaus und habe außerdem noch zwei schulpflichtige Stiefsöhne im Haus! Ich mag sie beide. Zweifellos werde ich aber, bevor die Ferien vorbei sind, genug haben vom „frischen jungen Leben". Aber (fast) alles ist besser als die düstere Einsamkeit während der häufigen Abwesenheit von W. …

An Dorothy Sayers

The Kilns, Headington Quarry, Oxford. 24. Dez. 1956

Liebe Dorothy,

danke für deine freundliche Karte. Vielleicht wirst du in der *Times* eine Anzeige meiner Heirat mit Joy Gresham sehen. Sie ist im Krankenhaus (Krebs) und wird wohl nicht mehr lange leben; aber wenn sie es doch überwindet, muss sie hier ein Zuhause finden. Du wirst nicht denken, dass irgendetwas Unrechtes geschieht. Zwischen einer sterbenden Frau und einem älteren Mann existieren bestimmte Probleme nicht mehr. Was ich vor allem gewinne, sind zwei (liebenswerte) Stiefsöhne. Bete für uns alle. Gottes Segen für dich.

Dein
Jack

An Sarah Neylan

The Kilns, Headington Quarry, Oxford. 30. Dez. 1956

Meine liebe Sarah,

danke für den wunderschönen kleinen Krug. Ich bemühe mich, einen Schatz zu finden, der erlesen genug ist, um ihn darin aufzubewahren. Außerdem schäme ich mich sehr, dass ich dir in diesem Jahr nicht ein Wort zu Weihnachten geschrieben habe. Aber ich war tatsächlich eingeschneit. Alle Haushaltshilfen waren im Urlaub. Ich habe eine kranke (sehr kranke) Frau, die ich täglich im Krankenhaus besuche. Zu Hause musste ich mich um einen kranken Bruder, zwei halbwüchsige Stiefsöhne, einen Hund, eine

Katze, vier Gänse, zig Hennen, zwei Öfen und drei Rohre, die einzufrieren drohten, kümmern – ich war also ziemlich beschäftigt und ziemlich müde. Jetzt aber alle guten Wünsche für euch. Und hier ist noch ein Neujahrsgeschenk.

Liebe Grüße,
C. S. Lewis

An Sir Henry Willink

Magdalene College, Cambridge. 24/1/57

Lieber Magister,

heute, als Dennis[207] und Ralph[208] die Situation ihrer Schüler darlegten, kam mir der Gedanke, es könnte von Nutzen sein, dir mitzuteilen, dass ich einer der beiden Treuhänder eines Fonds bin, dessen Zweck es ist, Einzelpersonen zu unterstützen, die Hilfe brauchen (also keine Krankenhäuser oder Wohltätigkeitsorganisationen – das ist der Grundgedanke), ob es nun Unterstützung für die Ausbildung ist (wie bei Studenten) oder Wohlfahrtsunterstützung (was bei invaliden College-Bediensteten oder ihren Witwen der Fall sein könnte). Dieser Fonds floriert derzeit ziemlich, und Summen ab 25 Pfund bis zu 100 Pfund könnten häufiger zur Verfügung gestellt werden. Wenn du also meinst, dass jemand eine Summe braucht und verdient, die ein College nicht gut erübrigen könnte, würde ein privater Brief an mich, der den Fall beschreibt (ein Brief, der auch dem anderen Treuhänder weitergereicht werden könnte), sehr wahrscheinlich eine Antwort hervorlocken. Natürlich muss und sollte eine derartige Transaktion dem Direktorium nicht bekannt werden, und mein Name braucht zu keiner Zeit erwähnt werden. Der Scheck würde dem Empfänger durch meinen Anwalt zugestellt werden mit dem Vermerk: „Von einem unbekannten Stifter.“ Du brauchst nicht zu antworten, bis sich der fragliche Fall ergibt.

An Schwester Penelope CSVM

Magdalene College, Cambridge. Aschermittwoch [6. März 1957]

Liebe Schwester Penelope,

ja, es ist wahr. Ich habe (sehenden Auges) eine sehr kranke und, wenn nicht ein Wunder geschieht, sterbende Frau geheiratet. Sie ist eben die Joy Davidman, deren *Smoke on the Mountain* Sie, wie ich meine, gelesen haben. Sie liegt im Wingfield Morris Hospital in Headington. Wenn ich sie an den Wochenenden sehe, ist sie für das Auge eines Laien auf bestem Weg zur Genesung, jede Woche in besserer Verfassung (aber nicht für das Wissen eines Arztes). Natürlich ist die Krankheit Krebs – durch die ich meine Mutter, meinen Vater und meine Lieblingstante verloren habe. Natürlich weiß sie über ihren Zustand Bescheid – ich würde nicht zulassen, dass man einer Erwachsenen und einer Christin Lügen auftischt. Wie Sie sich vorstellen können, sind neue Schönheit und neue Tragik in mein Leben getreten. Sie wären überrascht (oder vielleicht auch nicht?), wenn Sie wüssten, wie viel Glück von einer seltsamen Art und sogar Fröhlichkeit zwischen uns herrscht.

... Ich zweifle nicht daran, dass Joy und ich (und David & Douglas, die beiden Jungs) einen Platz in Ihren Gebeten haben. Douglas (11 ½) ist ein absoluter Charmeur. David (13), auf den ersten Blick weniger gewinnend, ist auf jeden Fall ein auf witzige Weise passender Stiefsohn für mich, da er fast genauso ist, wie ich war – ein Bücherwurm, ein Pedant und ein wenig auch ein Snob.

Mit den besten Grüßen,
C. S. Lewis

An Schwester Madaleva CSC

Magdalene College. 8. Mai 1957

Es ist immer schön, wieder von Ihnen zu hören. Aber dass ich nach Amerika komme, war leider nie unwahrscheinlicher als jetzt. Ich bin seit Kurzem verheiratet, und zwar mit einer Frau, die im Sterben liegt. Jeden Moment verbringe ich an ihrem Krankenbett. Ich bin sicher, wir dürfen uns beide auf Ihre Gebete um Hilfe und Anleitung in der schwierigen Verantwortung verlassen, zwei Stiefsöhne aufzuziehen. Ich habe nur eine einzige Qualifikation, falls es eine ist: Diese beiden Jungen müssen sich jetzt demselben Unglück stellen, das meinen Bruder und mich befiel, als wir ungefähr in ihrem Alter waren.

An Schwester Penelope CSMV

The Kilns. 12. Mai 1957

Was für eine Vorstellung, jemand könne eine „nüchterne männliche Meinung" von einem derart erbärmlichen Geschäftsmann erbitten, wie ich es bin! Ich würde Ihnen raten, es so zu machen wie ich selbst vor Kurzem: Geben Sie sich in die Hände eines guten Literaturagenten (Curtis Brown, Henrietta St., Covent Garden, ist vermutlich der beste), und verhandeln Sie nie wieder direkt mit Verlegern. Ein Agent wird natürlich seine Prozente von Ihren Honoraren abziehen, aber er wird Ihnen vermutlich auch bessere Bedingungen aushandeln.

Einer meiner Verleger fuhr sofort hier herunter nach Cambridge, als er hörte, dass ich im Kontakt mit Brown stünde, und bot mir bessere Bedingungen für alle früheren Bücher an, wenn ich verspräche, es nicht zu tun. Das ist sicher von Bedeutung. Und nicht weniger wichtig, es wird Ihnen jede Menge Arbeit und

Nachdenken und Enttäuschung von der Art ersparen, in denen Menschen wie Sie und ich nicht gut sind.

Joy ist mittlerweile zu Hause, aber bettlägerig. Auch wenn die Ärzte letztlich keine Hoffnung machen, scheint das Voranschreiten der Krankheit doch zeitweise gehemmt zu sein, und zwar in einem Ausmaß, das sie nie erwartet hätten. Sie hat kaum Schmerzen, oftmals gar keine, sie wird kräftiger, und sie isst gut und schläft gut. Das führt zu dem paradoxen (aber, wenn man darüber nachdenkt, natürlichen) Ergebnis, dass sie niedergeschlagen ist und weniger Frieden empfindet. Je gesünder sie *grundsätzlich* ist, umso stärker ist natürlich der instinktive Lebenswille. Verbotene und quälende Hoffnungen *werden* natürlich (uns beide) befallen. Kurz: Ein Kerker ist niemals schwerer zu ertragen, als wenn die Tür geöffnet ist und Sonnenschein und Vogelgezwitscher hereindringen. Es ist das Schicksal des Tantalus. Beten Sie sehr für uns, liebe Schwester.

An Dorothy Sayers

The Kilns, Headington Quarry, Oxford. 25. Juni 1957

Ich sollte dir das Neueste von mir berichten. Bei genauerer Untersuchung hat sich herausgestellt, dass Joys frühere Ehe, die sie geschlossen hatte, bevor sie Christin wurde, keine Ehe war: Der Mann hatte eine andere noch lebende Frau. Der Bischof von Oxford sagte, man verfolge gegenwärtig nicht die Strategie, in solchen Fällen eine Wiederheirat zu billigen, aber seine Sicht sei nicht bindend für das Gewissen des einzelnen Priesters. Dann erklärte der gute Father Bide (kennst du ihn?), der gekommen war, um Joy die Hände aufzulegen – denn er kann für sich in Anspruch nehmen, was sehr nach einem Wunder aussieht –, ohne dass wir ihn gefragt hätten, er würde uns trauen. Also hatten wir eine Trauung mit Brautmesse am Krankenbett[209].

Als ich dir zuletzt schrieb, hätte ich mir dies nicht gewünscht: Du wirst dir zusammengereimt haben (und würdest vielleicht sagen: Hab ich mir schon gedacht), dass meine Gefühle sich geändert haben. Es heißt, ein Rivale macht aus einem Freund nicht selten einen Liebhaber. Thanathos [der Tod], der gewiss kommt (wie es heißt), aber in einem ungewissen Tempo, ist für diesen Zweck ein höchst effizienter Rivale. Wenn wir wissen, dass wir etwas verlieren werden, lernen wir es rasch zu lieben.

Ich hoffe, du gibst uns deinen Segen – dass du für uns betest, weiß ich. Sie ist jetzt zu Hause, nicht, weil es ihr besser ginge (obwohl es tatsächlich *den Anschein hat,* es ginge ihr erstaunlich viel besser), sondern weil sie in Wingfield nicht mehr viel für sie tun können. Sie ist komplett ans Bett gefesselt, aber wir erleben viel Heiterkeit und sogar ein wenig Glück – du wärst überrascht. Die Situation ist nicht leicht zu beschreiben. Es bricht mir das Herz – und ich war noch nie so glücklich. Jedenfalls gibt es im Leben mehr, als ich bisher wusste. Meine eigenen körperlichen Schmerzen[210] (die zu den heftigsten gehörten, die ich bisher erlebt habe), trugen in letzter Zeit ein seltsames Element von Erleichterung mit sich.

C. S. Lewis

An Schwester Penelope CSMV

Magdalene College. 6. November 1957

Als sie Joy im April aus dem Krankenhaus nach Hause entlassen haben, geschah das, damit sie hier sterben könnte. Die erfahrenen Krankenschwestern glaubten, dass sie nur noch wenige Wochen zu leben hätte. Man konnte sie noch nicht einmal im Bett umdrehen, ohne dass drei von uns dabei mithalfen, und obwohl wir uns alle Mühe gaben, haben wir ihr fast immer Schmerzen bereitet.

Dann schien es anfänglich so, als sei der Krebs zum Stillstand gekommen. Die erkrankten Stellen in den Knochen streuten nicht mehr, sie vermehrten sich nicht mehr. Und schließlich wendete sich das Blatt – sie verschwanden. Neue Knochenmasse entstand. So ging es weiter, Schrittchen für Schrittchen, bis die Frau, die man kaum im Bett umdrehen konnte, jetzt wieder durch Haus und Garten laufen kann – humpelnd und mit Stock, aber sie läuft. Neulich ist sie sogar gänzlich *unbewusst* aufgestanden, um ans Telefon zu gehen. Diese *Unbewusstheit* ist der eigentliche Triumph – der Körper, der dem bestens geplanten Willensakt nicht zu gehorchen vermochte, beginnt, von sich aus zu reagieren. Allgemeine Gesundheit und Stimmung ausgezeichnet. *Natürlich* hängt das Damoklesschwert noch immer über uns. Oder vielmehr möchte ich so sagen: *Wir* sind gezwungen, das Schwert wahrzunehmen, das in Wirklichkeit über allen Sterblichen schwebt.

An Mervyn Peake

Magdalene College, Cambridge. 10.2.58

Verehrter Sir,

darf ich so frei sein, Ihnen zu sagen, welch nachdrücklichen Eindruck Ihr *Der junge Titus* und *Das Schloss* gerade auf mich machen? „Gerade machen", denn dankenswerterweise habe ich letzteres noch nicht zu Ende gelesen. Titus spielt bisher nur im Lichen Fort mit Murmeln.

Ich vermute, es muss ziemlich viel über [die Bücher] geredet worden sein. (Andernfalls hätten sie mich nicht erreicht. Denn soweit ich überhaupt mitbekomme, was vor sich geht, könnte ich sehr wohl auch unter all den Edlen Schnitzwerken[211] schlafen.) Aber ich kann sehen, dass sie nicht ihrem wahren Wert entsprechend eingeschätzt werden. Die Leute scheinen heute alle nach

„einer Schnitte Leben“ zu verlangen (das schlaffe, laue, graubraune formlose Objekt ist ein besseres Bild, als sie wissen) oder nach einem „Kommentar zum Leben“. Mir erscheinen diejenigen, die die Erfahrung nur kommentieren, weit weniger wertvoll als die, die meine Erfahrung *vermehren,* die mich etwas erfahren lassen, was ich nie zuvor erlebt habe.

Das Schloss hätte ich um nichts auf der Welt verpassen wollen. Es hat das Gütesiegel des echten Mythos: d. h. bevor man das Buch las, hat man nichts dergleichen gesehen, aber danach sieht man Vergleichbares überall. Was man „das Gormenghastliche“ nennen könnte, hat mir ein „Neues Universal“ geschenkt: An Einzelheiten, die man einfügen könnte, mangelt es nie. Das ist der Grund, warum Narren (möchte ich wetten) versucht haben, es als Allegorie zu „interpretieren“. Sie erkennen eine der zahllosen „Bedeutungen“, die es immer *freisetzt* (weil es lebendig und fruchtbar ist), und schließen daraus, dass Sie damit begonnen und geendet haben, sie *einzuflechten,* und sonst nichts.

Wenn man Ihnen sagt, es sei verflixt gemächlich, und die Handlung brauche eine lange Zeit, um sich zu entwickeln, hören Sie nicht drauf. Es sollte und muss langsam sein. Dieser endlose tragische, absurde, unnötige, unvermeidliche Schmerz lässt sich nicht abkürzen. Ich liebe [gerade] die Länge. Ich habe die Dinge gern lang – Drinks, Liebesszenen, Spaziergänge, Schweigen und vor allem Bücher. Man gebe mir eine gute, anständige Mahlzeit wie *The Faerie Queene* oder *Der Herr der Ringe*. Die *Odyssee* ist schließlich nur ein Lunch. (Wenn man nur Altpersisch könnte! Man sagt mir, Firdausi sei ein guter „nachwachsender“ Dichter.)

Danke, dass Sie eine Klasse der Literatur bereichert haben, in der sich wenige versuchen und in der Erfolge noch seltener sind.

Mit besten Grüßen,
C. S. Lewis

An Lee Turner

The Kilns, Headington Quarry, Oxford. 19. Juli 1958

Lieber Mr. Turner,

die Hauptschwierigkeit scheint mir nicht die Frage zu sein, *ob* die Bibel „inspiriert" ist, sondern *was* genau wir damit *meinen*. Ich gehe davon aus, dass unsere Vorfahren glaubten, der Heilige Geist habe einfach den Verstand der Autoren besetzt (wie bei der vermuteten „Fremdsteuerung" beim automatischen Schreiben) oder ihnen zumindest diktiert wie einem Sekretär.

Die Schrift selbst widerlegt diese Vorstellungen. Paulus unterscheidet zwischen dem, was „der Herr" sagt, und dem, was er „von sich aus" sagt[212]. Und beides ist Heilige Schrift. Ganz ähnlich wären auch die Abschnitte absurd, in denen die Propheten Gottesoffenbarungen und ihre Reaktion darauf beschreiben, wenn sie nicht für sich selbst sprechen würden. Das entfernt uns auch ganz ohne die moderne Bibelwissenschaft ein weites Stück von einem extremen Verständnis von Inspiration.

Ich selbst denke, [die Inspiration] ist vergleichbar mit der Inkarnation: So wie in Christus ein menschlicher Leib und eine menschliche Seele zum Instrument der Göttlichkeit gemacht werden, so wird [in der Schrift] eine Sammlung von menschlichen Legenden, Geschichte und moralischen Grundsätzen aufgegriffen und zum Instrument des Wortes Gottes gemacht. Irrtümer im Blick auf unwichtige Fakten dürfen bestehen bleiben. (War unser Herr selbst, *qua* Mensch, unfähig zu solchen Irrtümern? Wäre er eine echte menschliche Inkarnation, wenn er es war?) Man muss sich natürlich vor Augen halten, dass unser modernes & westliches Interesse an Daten, Zahlen etc. in der antiken Welt schlicht nicht existierte. Niemand suchte *diese* Art von Wahrheit. (Sie finden etwas von meinen Ansichten über all dies in meinem demnächst erscheinenden Buch über die Psalmen.) Was die Übersetzungen angeht – selbst wenn man kein Griechisch kann (und ich selbst kann kein Hebräisch), so haben wir jetzt so viele unterschiedliche Übersetzungen, dass man, indem man sie alle nutzt und vergleicht, für gewöhnlich erkennt, was vor sich geht. Das Gute und Wesentliche dabei ist, dass nichts von all dem Ihren persönlichen Glauben an unseren Herrn beeinträchtigt hat. Sehen Sie irgendeinen Grund, warum es dann bei irgendwem sonst der Fall sein sollte?

Mit besten Grüßen,
C. S. Lewis

An Mary Willis Shelburne

The Kilns, Headington Quarry, Oxford. 21. Juli 1958

Liebe Mary Willis,

1. Vergiss nicht, was Johannes sagt: „Wenn unser *Herz* uns verdammt, so ist Gott größer als unser Herz."[213] Auf *das Gefühl*, es sei einem vergeben oder man sei geliebt oder nicht, kommt es nicht an. Man muss auf das Wesentliche zurückgreifen. Wenn dir eine konkrete Sünde auf dem Gewissen liegt, bereue sie und beichte. Wenn nicht, sag dem mutlosen Teufel, er solle sich nicht so aufführen. Dass du seine Stimme (das verhasste innere Radio) *hörst*, kannst du nicht ändern, aber du musst sie einfach behandeln wie ein Summen im Ohr oder sonst eine unvernünftige Belästigung.

2. Denk an den Abschnitt aus der *Nachfolge Christi*, in dem Christus vom Kreuz herab plötzlich zu dem Mönch redet, der so um seine Rettung besorgt ist, und sagt: „Wenn du wüsstest, dass alles zum Besten steht, was würdest du heute tun oder aufhören zu tun?"[214] Wenn du die Antwort gefunden hast, tu es, oder hör auf, es zu tun. Man muss immer auf das Praktische und Eindeutige zurückkommen. Was der Teufel liebt, ist jene vage Wolke

unbestimmter Schuldgefühle oder nicht näher definierter Tugend, durch die er uns zur Verzweiflung oder zum Hochmut verleitet. „Bitte Details!", lautet die Antwort.

3. Das Gefühl gänzlichen Verlassenseins kann kein schlechtes Symptom sein, denn unser Herr hat es selbst in ganzer Tiefe erfahren: „Warum hast du mich verlassen?"[215]

Natürlich beten wir weiter für dich.

Ein *Tripos* ist in Cambridge eine Prüfung, so benannt nach dem *tripos* (vgl. *Tripod)* oder dreibeinigem Schemel, auf dem der Kandidat saß, als das Examen noch keine schriftliche Arbeit war, sondern eine Disputation.

Joy und ich waren gerade für wunderbare zwei Wochen in Irland. Ihr geht es gut, meinem Bruder auch. Wir senden euch liebe Grüße und Segenswünsche.

Dein
Jack

An Jessie M. Watt

The Kilns, Headington Quarry, Oxford. 28. Aug. 1958

Mit uns steht alles erstaunlich gut. Meine Frau läuft den bewaldeten Hügel hinter unserem Haus hinauf und schießt – oder genauer gesagt schießt *auf* – Tauben, pflückt Erbsen und Bohnen und wer weiß was sonst noch.

Wir waren für einen Urlaub in Irland – man könnte es auch eine verspätete Hochzeitsreise nennen – und hatten das Glück, diese vollkommenen zwei Wochen Anfang Juli zu bekommen. Wir waren in Louth, Down und Donegal und kamen berauscht von blauen Bergen, gelben Stränden, dunklen Fuchsien, schäumenden Wellen, schreienden Eseln, Torfgeruch und der Heide, die gerade zu blühen begann, zurück.

Wir sind nach Irland geflogen, obwohl wir beide gern lieber mit dem Schiff als mit dem Flugzeug gereist wären, aber ihre Knochen – und sogar auch meine – konnten keine plötzliche Erschütterung riskieren. Es war für uns beide der erste Flug, und nach einem anfänglichen Schreckensmoment fanden wir ihn bezaubernd. Die Wolkenlandschaft von oben gesehen ist eine neue Welt der Schönheit – und dann die Wolkenlücken, durch die man (wie Tennysons Tithonus) einen Blick „auf jene Welt erhascht, darin ich geboren ward".[216] Über der Irischen See hatten wir klare Sicht, und gegen das dunkle Wasser (wenn man direkt darauf *herunter*schaut, ist es sehr dunkel) hob sich der erste irische Küstenstreifen im hellen Sonnenlicht ab, als sei er glasiert.

Was das Foto im *Observer* anbetrifft, so finden selbst die Spötter unter unseren Freunden nicht, dass es irgendwelche Ähnlichkeit mit uns besitzt. Als spiritistische Darstellung des Ektoplasmas eines Orang-Utans mit Verdauungsbeschwerden und eines halbwüchsigen Sorns[217] mag es seine Berechtigung haben, als Foto von uns nicht.

An Lucy Matthews

The Kilns, Headington Quarry, Oxford. 11. Sept. 1958

Liebe Miss Matthews,

Sie sehen die Dinge ganz richtig. Eine Allegorie im strengen Sinn ist wie ein Rätsel mit einer Lösung – ein großer Roman ist wie eine Blume, deren Geruch an etwas erinnert, das man nicht ganz genau einordnen kann. Ich meine, dieses Etwas ist „die ganze *Qualität* des Lebens, wie wir es tatsächlich erfahren". Man kann eine realistische Story haben, in der alle Dinge und Menschen genauso sind, wie sie uns im echten Leben begegnen, aber die

Qualität, das Gefühl, die Gesamtbeschaffenheit, der Geruch der Story sind es nicht.

In einem großen Roman ist genau das Gegenteil der Fall. Ich habe nie Orks oder Ents oder Elben getroffen – aber die Gesamtstimmung, das Gefühl einer immensen Vergangenheit, einer drohenden Gefahr, einer heroischen Aufgabe, die von anscheinend gänzlich unheroischen Figuren gemeistert wird, der Sinn von Entfernung, ungeheuren Weiten, Fremdheit und Vertrautheit (alles ineinander verwoben) ist genau das, wie Leben sich für mich anfühlt. Vor allem diese herzzerreißende Qualität an den schönsten Orten, wie Lothlorien. Und es gleicht so sehr der realen Geschichte der Welt: „Denn auch damals gab es Leid und drohendes Unheil, aber zugleich große Tapferkeit und große Taten, die nicht völlig vergebens waren“[218] Weder Optimismus (dies ist der letzte Krieg, und danach herrscht für immer eitel Freude und Sonnenschein) noch Pessimismus (dies ist der letzte Krieg, und es wird das Ende der Zivilisation sein), das haben Sie bemerkt. Nein. Die Finsternis kommt wieder und wieder, und sie ist nie völlig siegreich, aber auch nie gänzlich besiegt.

Mit besten Grüßen,
C. S. Lewis

An Mrs. Hook

Magdalene College, Oxford. 29. Dez. 1958

Liebe Mrs. Hook,

unter einer Allegorie verstehe ich eine Komposition (ob bildlich oder literarisch), in der nicht materielle Wirklichkeiten durch vorgestellte physische Objekte repräsentiert werden. Z. B. repräsentiert ein gemalter Amor allegorisch die erotische Liebe (die in

Wirklichkeit eine Erfahrung ist, kein Objekt, das einen bestimmten Raum einnimmt), oder bei Bunyan repräsentiert ein Riese die Verzweiflung.[219]

Wenn Aslan die unsichtbare Gottheit auf dieselbe Weise repräsentierte, wie der Riese die Verzweiflung repräsentiert, wäre er eine allegorische Figur. In Wirklichkeit aber ist er eine Erfindung, die eine imaginative Antwort auf die Frage gibt: „Wozu würde Christus werden, wenn es tatsächlich eine Welt wie Narnia gäbe und er beschlösse, sich in *dieser* Welt zu inkarnieren, zu sterben und aufzuerstehen, wie er es in der unseren getan hat?" Das hat mit Allegorie nichts zu tun. So ist es auch in *Perelandra*. Auch darin wird eine *Hypothese* konkretisiert. („Angenommen, es gäbe jetzt auf irgendeinem anderen Planeten ein erstes Menschenpaar, das das Gleiche erlebt, was Adam und Eva hier durchlebt haben, nur dass es erfolgreich wäre.")

Allegorien und Hypothesen dieser Art unterscheiden sich, weil sie das Reale und das Nicht-Reale auf unterschiedliche Weise verbinden. Bunyans Bild des Riesen Verzweiflung setzt in keiner Weise bei einer Hypothese an. Es ist keine Hypothese, sondern eine *Tatsache,* dass Verzweiflung eine Menschenseele besetzen und einkerkern kann. Nicht real ([sondern] fiktional) sind der Riese, die Burg, der Kerker. Die Inkarnation Christi in einer anderen Welt ist reine Annahme – aber diese Annahme *vorausgesetzt,* wäre er in jener anderen Welt tatsächlich ebenso ein physisches Objekt, wie er es Palästina war, und sein Tod auf dem Steinaltar wäre nicht weniger ein physisches Ereignis als sein Tod auf Golgatha.

Ganz ähnlich gilt: *Wenn* die Engel (und ich glaube, sie sind reale Wesen in unserem tatsächlichen Universum) eine derartige Beziehung zu den heidnischen Göttern haben, wie es in *Perelandra* angenommen wird, dann könnten sie sich *tatsächlich* in wirklicher Gestalt manifestieren, wie sie es Ransom gegenüber tun.

Und ähnlich: Ransom übernimmt (in gewisser Hinsicht) die Rolle von Christus nicht etwa, weil er ihn allegorisch repräsentiert (wie Amor das Sich-Verlieben verkörpert), sondern weil in Wirklichkeit jeder echte Christ aufgerufen ist, in gewissem Maß

Christus zu *verkörpern*. Natürlich gilt das für Ransom in deutlich spektakulärerer Weise als für die meisten. Aber das bedeutet nicht, dass er es nur im allegorischen Sinn täte. Es bedeutet nur, dass Fiktion (und zumindest meine Art von Fiktion) extreme Fälle wählt.

Eine bewusste Verbindung zwischen den phonetischen Elementen in den Wörtern meines „Alt-Solarisch" und solchen einer realen Sprache existiert nicht. Ich spiele einfach mit Silben und setze sie zusammen (meist rein nach dem Klang), um zu sehen, ob ich neue Wörter entstehen lassen kann, die mir gefallen. Sie sollen eine emotionale Suggestionskraft haben, keine intellektuelle: die Schwere von *Glund* für einen Planeten von der Größe des Jupiter, die vibrierende, schillernde Qualität von *Viritrilbia* für die Feinheit des Quecksilbers, die Flüssigkeit (wie ich meinte) von Maleldil. Die einzige Ausnahme, die mir bewusst ist, ist *hnau*[220]; dies *könnte* (was ich aber nicht weiß) beeinflusst sein vom Griechischen *nous*[221].

Danke für Ihre freundlichen Worte zu meinen anderen Werken.

Mit besten Grüßen, Ihr
C. S. Lewis

An Edward Lofstrom

The Kilns, Headington Quarry, Oxford. 16. Jan. 59

Lieber Mr. Lofstrom,

1. Ich fürchte, ich weiß keine Antwort auf Ihre Frage nach Büchern mit christlicher Unterweisung für Kinder. Die meisten, die ich kenne – aber das sind nicht viele – finde ich sentimental und „jämmerlich" und nur darauf ausgelegt, jedes Kind, das ein bisschen Mumm hat, anzuwidern. Natürlich habe ich in meinen sieben

Narnia-Märchen versucht, für Kinder zu tun, was ich kann – in mythischer und fantastischer Form. Für manche Kinder sind sie genau richtig, für andere nicht. Tut mir leid, wenn dies nach Eigenwerbung klingt, aber ganz ehrlich, wenn ich jemand anderen wüsste, würde ich ihn nennen.

2. Natürlich. „Der milde Herr Jesus", allerdings! Das Eindrucksvollste an unserem Herrn ist der Zusammenklang von großer Heftigkeit und extremer Milde. (Erinnern Sie sich an Pascal? Ich bewundere kein Extrem einer Tugend, solange man mir nicht auch das Extrem der gegenteiligen Tugend zeigt. Die eigene Größe beweist man nicht, indem man ein Extrem lebt, sondern indem man gleichzeitig zwei Extreme lebt *und noch den Raum dazwischen ausfüllt.*)[222]

Zudem ist er auch noch ein ausgesprochener Ironiker, Dialektiker und (gelegentlich) auch Humorist. Und so können Sie fortfahren! Jetzt sind Sie auf der richtigen Spur: Sie nähern sich dem wirklichen Menschen hinter all den Gipsfiguren, die man an seine Stelle gesetzt hat. Dies ist die Erscheinung (in menschlicher Gestalt) des Gottes, der den Tiger *und* das Lamm erschuf, die Lawine *und* die Rose. Er wird Sie erschrecken und vor Rätsel stellen – aber den wahren Christus *kann* man lieben und bewundern – eine Gipsfigur nicht.

3. „Für den, den der Duft unsichtbarer Rosen verfolgt, liegt Heilung in der Arbeit" (MacDonald).[223] Wenn wir das Gefühl haben, wir hätten Talente, die in unseren gewöhnlichen Pflichten und Freizeitaktivitäten keinen Ausdruck finden, müssen wir, wie ich meine, dabei bleiben, die gewöhnlichen Dinge zu tun, so gut wir vermögen. Wenn Gott diese vermuteten Talente nutzen möchte, wird er es tun: zu seiner Zeit und auf seine Weise. Um jeden Preis fernhalten muss man sich von all den Medizinmännern und ihren Patentrezepten – wie Sie selbst sagen.

Mit den besten Grüßen,
C. S. Lewis

An Joy Lewis

Magdalene College, Cambridge, 11. März 59

Nun, Liebling? Ich hoffe, ich bekomme morgen einen Brief, in dem steht, dass all diese Schmerzen sich verzogen haben. Meine kamen (wie schon öfter) ein paar Tage später: Knie am Montagabend, Brust, Bauch, Rücken und Hüften gestern.

Und dieser schreckliche Hund George hat mich im B&B völlig zum Narren gemacht. John Walsh war am Montag zuvor nicht da gewesen, also sagte ich: „Jetzt passen Sie mal auf! Haben Sie so etwas schon einmal gesehen?" – schüttete das Bier aus und rief den Hund. Die Bestie hat es nicht angerührt!

Es war ein Fehler, dass du Cavendishs *Wokey* nicht weitergelesen hast; es enthält sehr ergreifende und bewegende Szenen.

Alles Liebe,
J

An Mary van Deusen

The Kilns usw. 10. April 59

Liebe Mrs. Van Deusen,

ich habe gerade den Brief von Schwester Hildegarde erhalten. Ich fühle zutiefst mit Ihnen. Sie sind jetzt genau dort, wo ich vor beinahe zwei Jahren war – als man Joys Beschwerden als Urämie diagnostizierte, bevor man feststellte, dass es Knochenkrebs war.

Ich weiß, auf wie vielfältige Weise es einen packt: kühne Hoffnungen, bittere Trauer über verlorenes Glück, der rein physische Schmerz, der einen krank macht, qualvolles Mitleid und Selbstmitleid. Gethsemane, wahrlich. Ich hatte einen (widersinnigen)

Rückhalt, der Ihnen fehlt, nämlich dass ich selbst unter schlimmen Schmerzen litt. Daneben hat Joy und mir durch die Situation hindurchgeholfen, 1. dass man ihr immer die ganze Wahrheit über ihren Zustand gesagt hat. Es gab keine erbärmlichen Notlügen. Das bedeutet, dass beide sich [der Wahrheit] gemeinsam stellen können, statt eine Art Gegner in einem geistigen Wettstreit zu werden. 2. Nehmen Sie alles Tag für Tag und Stunde für Stunde (so, wie wir auch an der Front überlebten). Es ist recht erstaunlich, wie viele glückliche – sogar ausgelassene – Momente wir gemeinsam erlebten, als es keine Hoffnung gab. 3. Betrachten Sie es nicht als von Gott *gesandt*. Krankheit und Tod sind das Werk des Teufels. Ja, Gott *lässt es zu*, d. h. unser General hat Sie in einer Festung postiert, die unter feindlichem Beschuss steht. 4. Denken Sie an andere, die ebenfalls leiden. Was tödlich ist, ist der Gedanke: „Warum muss *uns* das passieren, wenn es allen anderen so gut geht?" Sie sind eine unter vielen anderen (ich war es und könnte es wieder sein). Natürlich werden wir für Sie beten, so gut wir es vermögen. Gottes Segen für Sie beide.

Ihr
C. S. Lewis

An Father Peter Bide

Magdalene College. 29. Apr. 1959

Lieber Peter,

ich wüsste nicht, wie der Glaube – und sei er noch so groß – das Entsetzen verhindern könnte, da auch Christus sein Glaube nicht vor dem Entsetzen in Gethsemane bewahrt hat. Wir zweifeln nicht unbedingt daran, dass Gott das Beste für uns tun will – wir fragen uns nur, wie schmerzhaft das Beste letztendlich sein wird.

In einem Fall wie dem, von dem du berichtest[224], wo die Wucherung noch in einem frühen Stadium entdeckt wurde und dazu an gut operabler Stelle, gibt es natürlich gute Gründe für eine optimistische Sicht. Aber natürlich gibt es eine Angst für dich und [deine Frau], die aus allen Ängsten besteht, die ihr werdet erleiden müssen, bevor ihr das Schlimmste überstanden habt. Die Eintönigkeit der Angst – dieses Kreisen der Gedanken – ist schrecklich. Ich meine, das Beste ist, die eigene Angst auch als Krankheit zu betrachten, soweit es einem möglich ist. Ich wünschte, ich könnte helfen. Kann ich es? Du hast so viel für mich getan.

Was die „erschreckende Eintönigkeit" angeht, so meine ich, diese Krankheit muss heute als *Pest* gelten. Und wir leben unter pestgeplagten Menschen.

Gott segne euch beide. Ich werde keine „Erinnerung" brauchen, um an euch zu denken. Schick uns alle Neuigkeiten, sobald es welche gibt.

Wenn du feststellst (manche tun es), dass seelischer Schmerz ein Bedürfnis weckt, mehr zu essen – das ist paradox, kann aber passieren –, dann würde ich das besten Gewissens tun. ...

An Roger Lancelyn Green

Magdalene College, Cambridge. 25. Nov. 59

Mein lieber Roger,

in gewissem Sinn könnte man sagen, dass Joy zurzeit nicht „krank" ist. Aber die letzte Röntgenaufnahme hat ergeben, dass der Knochenkrebs wieder aktiv ist. Diese letzte Untersuchung ist die einzige, der wir ohne Furcht entgegensahen – sie schien völlig gesund zu sein. Es ist, als werde man wieder vom Riesen gepackt, nachdem man alle Tore durchschritten hat und seine Burg schon fast außer Sichtweite ist. Ob uns ein zweites Wunder gewährt oder, wenn nicht, das Urteil vollstreckt wird, bleibt ungewiss. Es ist durchaus möglich, dass sie in der Lage sein wird, im Frühling diese Griechenlandreise zu machen. Bete für uns.

An Sir Henry Willink

Magdalene College, Cambridge. 3. Dezember 1959

Lieber Magister,

ich habe nun gelernt, dass diejenigen, die die eigene Not ansprechen, einen verletzen, aber die, die einfach schweigen, verletzen noch mehr. Sie tragen dazu bei, das Gefühl genereller Isolation zu verstärken, das sich wie ein Saum an die Trauer heftet. Sie kennen den zwingenden Grund, warum ich *mit* Ihnen fühlen muss – aber ich kann auch *für* Sie fühlen. Ich weiß, was Sie jetzt durchmachen, muss schlimmer sein als das, was mir in Kürze bevorsteht, denn Ihr Glück hat so viel länger gewährt und ist daher um vieles enger mit Ihrem ganzen Leben verwoben. Wie Scott in einem ähnlichen Fall sagte: „Was tue ich nun mit dieser täglichen Gedankenflut, die für so viele Jahre ihr gehörte?“[225]

Die Leute reden, als sei Trauer nur ein Gefühl – als wäre sie nicht der stets aufs Neue durchlittene Schock, immer wieder vertraute Wege zu betreten, aber dann vor dem unerbittlichen Grenzpfosten zurückzuweichen, der sie jetzt versperrt. Ich glaube gewiss, dass es jenseits davon etwas gibt, aber kaum will man darin Trost finden (das ist nicht seine Funktion), fällt der Glaube in sich zusammen. Es ist ganz vergebens, an die Himmelstür zu klopfen, um irdischen Trost zu finden: Das ist nicht die Art von Trost, die sie dort zu bieten haben.

Wahrscheinlich sind Sie körperlich erschöpft. Umarmen Sie das und all die kleinen Genüsse, zu denen Sie dies berechtigt. Ich glaube, es sind kleine Dinge, die (neben den sehr großen) in solchen Zeiten am meisten helfen.

Ich habe selbst zweimal nach einem Verlust erlebt, dass mich das seltsam gespannte (aber in keiner Weise gespenstische) Gefühl begleitet hat, von der Gegenwart dieser Person umgeben zu sein. Es mag reine Halluzination sein. Aber die Tatsache, dass es sich immer nach einigen Wochen verflüchtigt, beweist weder das eine noch das andere.

Ich wünschte, ich hätte Ihre Frau besser gekannt.

... Sie können verstehen und verzeihen, dass ich den Wunsch habe, jetzt jeden nur möglichen Moment zu Hause zu verbringen. Verzeihen Sie mir, wenn ich in diesem Brief irgendetwas Unpassendes gesagt habe. Ich bin viel zu sehr selbst betroffen, um in irgendetwas besonders geschickt zu sein.

An Thomasine

The Kilns, Headington Quarry, Oxford. 14. Dez. 1959

Liebe Thomasine,

es ist sehr schwer, irgendwelche allgemeinen Ratschläge darüber zu geben, wie man [gut] schreibt. Dies hier ist mein Versuch.

1. Stell das Radio aus.

2. Lies alle guten Bücher, die du lesen kannst, und vermeide fast alle Magazine.

3. Schreibe (und lies) immer mit dem Ohr, nicht mit dem Auge. Jeden Satz, den du schreibst, solltest du hören, als würde er dir laut vorgelesen oder zu dir gesagt. Wenn er nicht gut klingt, versuch es noch einmal.

4. Schreib über das, was dich wirklich interessiert, ob es nun reale Geschehnisse oder imaginäre Dinge sind, und über sonst nichts. (Und bitte versteh, dass das bedeutet: Wenn du *an nichts*

anderem interessiert bist als am Schreiben, wirst du nie eine gute Autorin werden, denn es wird nichts geben, worüber du schreiben kannst...)

5. Verwende große Sorgfalt darauf, dich *klar* auszudrücken. Halte dir immer vor Augen: Du weißt von Anfang an, was du meinst, der Leser aber nicht. Und ein einziges schlecht gewähltes Wort könnte ihn völlig in die Irre führen. Wenn man eine Geschichte erzählt, vergisst man erschreckend leicht, dass man dem Leser etwas, das er wissen muss, noch nicht erzählt hat – denn in deinem eigenen Kopf ist das ganze Bild ja so klar, dass du vergisst, dass es für deinen Leser nicht so ist.

6. Wenn du eine Arbeit für nicht gelungen hältst, wirf sie nicht weg (es sei denn, sie ist rettungslos schlecht). Leg sie in die Schublade. Vielleicht ist sie später noch nützlich. Viele meiner besten Arbeiten, oder was ich dafür halte, sind Überarbeitungen von etwas, das ich Jahre zuvor angefangen und dann aufgegeben habe.

7. Benutze keine Schreibmaschine. Das Geklapper wird dein Gefühl für Rhythmus verderben, und das braucht noch etliche Jahre Training.

8. Sorg dafür, dass du genau weißt, was jedes Wort, das du verwendest, bedeutet (möglicherweise gibt es mehrere Bedeutungen)....

An Michael Edwards

Aus dem Magdalene College Cambridge. 11/2/59 [1960]

Lieber Mr Edwards.

was die „interkonfessionelle" Frage anbelangt, so habe ich mich dazu nie in gedruckter Form geäußert, außer dahingehend, dass ich *keinen* diesbezüglichen Rat gebe (dies findet sich im Vorwort zu *Pardon, ich bin Christ*). Täte ich es, so wäre jeglicher Nutzen verloren, von dem ich als Verteidiger eines „bloßen Christentums" vielleicht bin, und ich würde nur zu einem weiteren Teilnehmer in der Luftschlacht. Und ich habe da so eine Vorstellung: Je mehr Menschen dieses „bloße" Christentum verkünden, umso größer ist die Chance, dass die Schlacht eines Tages endet. Aus diesem Grund dürfte ich wohl in Ihrer eigenen Entscheidung nur von geringer Bedeutung sein. Natürlich dürfen Sie mich besuchen, wenn Sie nach einiger Überlegung meinen, es sei die Sache wert. Meine eigene Sicht ist die, dass Sie Ihre Zeit verschwenden würden.

Zu Ihrer anderen Frage: Ich frage mich, ob sie auf der richtigen Spur sind, wenn Sie „dauerhafte Gefühle" und eine „erfolgreiche Anpassung an das Leben" erwarten. Das ist eher die Sprache der modernen Psychologie als die der Religion oder auch nur der allgemeinen Lebenserfahrung. Und ich denke gelegentlich, wenn die Psychologen von Anpassung an das Leben sprechen, meinen sie in Wirklichkeit vollkommenes Glück und ein ununterbrochenes günstiges Schicksal! Nicht das zu bekommen – oder, schlimmer noch, nicht das zu *sein* –, was man will, ist keine Krankheit, die heilbar wäre, sondern der Normalzustand des Menschen. Sich schuldig zu fühlen, wenn man es ist, und die eigene moralische und intellektuelle Unzulänglichkeit zu erkennen – und das nicht ohne Schmerz –, ist keine Krankheit, sondern gesunder Menschenverstand. Zu entdecken, dass die eigenen Emotionen nicht „bei Fuß stehen" und sich nicht als stabile Empfindungen in dauernder Übereinstimmung mit den eigenen Überzeugungen aufstellen, das sind schlicht die Umstände dessen, dass man ein gefallener und noch unvollkommen erlöster Mensch ist. Wir können dankbar sein, wenn wir durch anhaltendes Gebet und Selbstdisziplin mit den Jahren ein wenig in Richtung dieser Stabilität vorankommen. Schließlich konnte ein Paulus, der Ihnen und mir auf dem Weg ein gutes Stück voraus war, immer noch schreiben: Römer, Kapitel 7, Verse 21–23.[226]

Mit besten Grüßen,
C. S. Lewis

An Chad Walsh

The Kilns, Headington Quarry, Oxford. 23. Mai 1960

Lieber Chad,

danke für deinen Brief vom 18. Es war höchst fraglich, ob Joy und ich in der Lage sein würden, unsere Griechenlandreise anzutreten, aber wir haben es getan. In gewisser Hinsicht war es Wahnsinn, aber keiner von uns beiden bereut es. Sie hat Wunder an Durchhaltevermögen vollbracht und hinkend die Akropolis erreicht, ebenso das Löwentor von Mykene durchschritten und dann die mittelalterliche Altstadt von Rhodos-Stadt erkundet (Rhodos ist schlicht und einfach das Paradies auf Erden). Es war, als würde sie direkt vom Himmel getragen. Als wir zurückkamen, war sie in einer Geistesverfassung des *Nunc dimittis*[227]; jenseits aller Hoffnung hatte sie sich ihren größten diesseitigen Lebenswunsch erfüllt.

Der Preis, den sie zu zahlen hatte, war hoch: schlimmere Lähmungen und Schmerzen in den Beinen. Die Anstrengungen hatten keine Auswirkungen auf den Verlauf des Krebses und können sie auch nicht haben, aber die Muskeln etc. waren überstrapaziert. Seitdem ist ein Rezidiv des Ursprungstumors, der das ganze Leiden ausgelöst hat, in ihrer rechten Brust aufgetreten. Sie musste am letzten Freitag entfernt werden – oder, wie sie es in ihrer charakteristischen Weise formuliert hat, sie wurde „zur Amazone gemacht[228]". Gott sei Dank verlief die Operation verträglicher, als wir zu hoffen gewagt hatten.

Am Abend desselben Tages war sie ohne arge Schmerzen und Übelkeit, aufgeräumt und gesprächig. Gestern konnte sie für etwa 15 Minuten auf einem Stuhl sitzen.

Liebe Grüße an euch alle, denen Warnie (dem es gut geht) sich anschließt. Danke für eure Gebete.

Ich hatte in Attica ein wenig Mühe, Joy (und mich) davon abzuhalten, ins Heidentum zurückzufallen! In Daphni nicht zu Apollo als Heiler zu beten, war schwer. Aber irgendwie hatte man nicht das Gefühl, es wäre sehr falsch gewesen – man hätte nur Christus *sub specie Apollinis*[229] angerufen. Wir haben in Rhodos eine bewegende christliche Dorffeier miterlebt und kaum einen Unterschied festgestellt. Die griechischen Priester beeindrucken einen auf den ersten Blick sehr positiv – viel mehr als die meisten protestantischen oder katholischen Vertreter ihrer Art. Und alle Bauern *weigern sich*, Trinkgeld anzunehmen.

Dein
Jack

An Rev. Peter Bide

Magdalene College, Cambridge. 14. Juni 1960

Mein lieber Peter,

ich höre zur Zeit so viel von den Sorgen anderer Leute – das Wissen um die eigenen scheint sie anzulocken –, dass ich deine Nachricht mit einer Art grässlichem Mangel an Überraschung las. Und doch war sie in gewisser Weise unerwartet. Ich weiß, dass dein Glaube fest bleiben wird.

Joy sagt (stimmst du ihr zu?), wir brauchen uns nicht zu sehr vor Fragen und Vorwürfen zu fürchten: Es war Hiobs Ungeduld[230], die Gott gefallen hat, nicht die Erklärungen Elihus.[231] Möchte er, dass wir ihm ein wenig „die Stirn bieten"? Bloße Unterwürfigkeit kann er nicht wollen – oder Groll, der sich aus Angst als Unterwerfung tarnt.

Wie schwierig wäre es jetzt, allem ohne Zorn zu begegnen, hätte nicht Gott selbst alle Schrecken der Welt geteilt, die er geschaffen hat! Ich weiß, das ist Patripassianismus.[232] Aber die andere Auffassung, so theologisch plausibel sie auch sein mag, lässt Raum für einen vielleicht (psychologisch) schlimmeren Irrtum.

...Ich wünschte, wir könnten uns sehen. Bis dahin versichere ich euch, dass wir für euch beten. Danke für die Anlage [zu deinem Brief]. Selbst jetzt macht mir so etwas Freude – ich kann noch immer mit meinen Spielsachen spielen. Schäme dich nicht, das auch zu tun, falls du welche hast. Je mehr es uns gelingt, möglichst wenig elend zu sein, umso mehr können wir für *sie* tun.

Essen ist als Krücke großartig! Aber zum Teufel, man hat mich auf Diät gesetzt!

Dein
Jack

An Vera Gebbert

The Kilns, Kiln Lane, Headington Quarry, Oxford. 15. Juli 1960

Liebe Mrs. Gebbert,

ach, nie wieder werden Sie uns etwas „für uns drei" zuschicken, denn meine geliebte Joy ist tot. Bis zehn Tage vor dem Ende hofften wir, dass sie durchhalten würde, obwohl wir sahen, dass sie immer schwächer wurde. Es sollte nicht sein.

Letzte Woche hatte sie über Muskelschmerzen in den Schultern geklagt. Am Montag, den 11., schien es ihr besser zu gehen, und am Dienstag blieb sie zwar im Bett, sagte aber, sie spüre eine deutliche Verbesserung. An diesem Tag war sie heiter, machte mit mir zusammen ihr „Kreuzworträtsel" und spielte abends eine Runde Scrabble. Um viertel nach sechs am Mittwochmorgen wurde mein Bruder, der über ihr schlief, von ihren Schmerzensschreien geweckt und lief hinunter. Ich rief den Arzt, der zum Glück zu Hause war, und er kam noch vor sieben und gab ihr eine starke Spritze. Um halb zwei habe ich sie im Krankenwagen ins Hospital gebracht. Für die kurze noch verbleibende Zeit ihres Lebens war sie bei Bewusstsein und dank der Medikamente auch ohne starke Schmerzen. Sie starb friedlich in meinem Beisein gegen 22.15 Uhr am selben Abend.

Ich konnte mir nicht wünschen, dass sie lebte, denn der Krebs hatte bereits das Rückgrat befallen, was vielleicht etliche Tage mit großen Schmerzen bedeutet hätte, und das blieb ihr gnädig erspart. Sie werden verstehen, dass ich gerade nicht in der Lage bin, mehr zu schreiben, aber ich hoffe, der nächste Brief, den ich schicke, wird weniger bedrückend sein.

Alles Liebe an den Tycoon[233], der sich zu einem sehr ansehnlichen jungen Burschen mausert.

Mit besten Grüßen,
C. S. Lewis

An Vera Gebbert

The Kilns, Headington Quarry, Oxford. 5. Aug. 1960

Liebe Mrs. Gebbert,

danke für Ihren freundlichen Brief. Ich glaube an die Auferstehung und auch (eher weniger zuversichtlich) an die natürliche Unsterblichkeit der Seele. Aber der Zustand der Toten *bis* zur Auferstehung ist unvorstellbar. Sind sie überhaupt in derselben *Zeit*, in der wir leben? Und wenn nicht, ergibt es dann überhaupt Sinn, zu fragen, was sie „jetzt“ sind?

Danke auch für Ihr sehr anrührendes Angebot Ihrer Gastfreundschaft. Aber im Moment gibt es keine Möglichkeit zu reisen.

Ich kann nicht mehr schreiben. Eine der indirekten Folgen von Joys Tod ist die, dass ich tausenderlei zu tun habe, was ich vorher nicht getan habe. Und was die Sache noch schlimmer macht, ist, dass mein Bruder im Urlaub ist und mir seine Hilfe als Sekretär fehlt. Vielleicht ist es das Beste für mich, so irrsinnig beschäftigt zu sein – jedenfalls bin ich es. Dies gehört zu den Dingen, die die Tragödien des *echten* Lebens zu etwas *gänzlich* anderem machen als die auf der Bühne.

Mit herzlichen Grüßen,
Ihr
C. S. Lewis

An Arthur Greeves

The Kilns, Headington Quarry, Oxford. 30. Aug. 1960

Mein lieber Arthur,

es ist schön, von dir zu hören. Es hätte schlimmer sein können. Joy ist leichter davongekommen als viele andere, die an Krebs sterben. An ihrem letzten Morgen gab es ein paar Stunden mit grausamen Schmerzen, aber den Rest des Tages hat sie meist geschlafen, und wenn sie wach war, war sie bei klarem Verstand. Zwei ihrer letzten Sätze waren: „Du hast mich glücklich gemacht" und „Ich bin im Frieden mit Gott." Sie starb um zehn Uhr am Abend. Ich hatte früher schon gewaltsamen Tod gesehen, aber noch nie einen natürlichen Tod. Es ist wirklich nichts dabei, oder?

Eines der Dinge, über die ich froh bin, ist, dass sie sich in den Osterferien ihren lebenslangen Traum erfüllt hat, Griechenland zu sehen. Wir hatten dort eine wunderbare Zeit. Und auch danach viele glückliche Momente. Am Abend, bevor sie starb, hatten wir ein langes, ruhiges, gehaltvolles und friedvolles Gespräch.

W. ist in Irland im Urlaub und hat sich, wie üblich, ins Krankenhaus getrunken.

Douglas – der jüngere der Jungs – ist, wie immer, ein Pfundskerl und ein echter Lichtblick in meinem Leben. Mir selbst geht es recht gut. Durch vernünftige Ernährung und Sport habe ich es von 82 Kilo auf weniger als 70 gebracht.

Dein
Jack

An Mary Willis Shelburne

The Kilns, Headington Quarry, Oxford, 24. Sep 60

Liebe Mary Willis,

vielen Dank für Ihren Brief vom 21. September. Ich hoffe, dass nach dem, was Sie berichten, das Ende dieser schlechten Phase nun in Sicht ist. Bislang scheinen Sie mir jedoch bei guter mentaler Gesundheit zu sein.

Die Antwort auf die Frage, wie ich es mit dem Kummer aufnehme, lautet: „auf fast alle möglichen Arten." Denn wie Sie wahrscheinlich wissen, ist Trauer kein Zustand, sondern ein Prozess. Sie verändert sich ständig wie eine kurvenreiche Straße, die an jeder Biegung mit einer neuen Landschaft aufwartet. Zwei kuriose Entdeckungen habe ich gemacht: Die Momente, in denen man Gott am verzweifeltsten und lautesten um Hilfe bittet, sind genau die, in denen man scheinbar keine bekommt. Und die Momente, in denen ich mich Joy am nächsten fühle, sind genau die, in denen ich am wenigsten um sie trauere. Sehr seltsam. In beiden Fällen scheint ein lautstarkes Bedürfnis einen von der Sache abzuschotten, die man braucht. Das hat mir nie jemand gesagt. Es ist fast wie: „Klopfe *nicht* an, und es wird dir aufgetan." Ich muss das überdenken.

Mein jüngster Stiefsohn ist der größte Trost für mich. Mein Bruder ist immer noch in Irland.

Gott segne uns alle.

Ihr Jack

An Vera Gebbert

The Kilns, Headington Quarry, Oxford. 16. Okt. 1960

Liebe Mrs. Gebbert,

danke für Ihren freundlichen Brief mit der Ankündigung von ein paar guten Dingen.

Ich habe ein Leben nach dem Tod keineswegs infrage gestellt – sondern nur gesagt, dass für uns unvorstellbar ist, wie das sein könnte. Was Sie mir darüber sagen, liegt alles jenseits meiner Kenntnis und das meiste davon jenseits meiner Vorstellungskraft. Zu sagen: „Sie sind jetzt, wie sie waren" und sofort hinzuzufügen: „natürlich nicht begrenzt durch den Körper" klingt für mich, als sage man: „Sie sind genau dieselben, aber natürlich unvorstellbar anders."

Aber ärgern wir uns nicht damit herum. Wir werden es wissen, wenn wir selbst tot sind. Die Bibel scheint irgendwelche *Beschreibungen* der anderen Welt – oder Welten – tunlichst zu vermeiden, außer in Form von Gleichnis oder Allegorie.

An Dom Bede Griffiths OSB

The Kilns, Headington Quarry, Oxford. 20. Dez. 1961

Seine Frau nach einem sehr kurzen Eheleben zu verlieren mag, so vermute ich, weniger schlimm sein als nach einem langen. Ich hatte mich noch nicht ans Glücklichsein *gewöhnt*, weißt du. Alles war ein „Extragenuss", ich war wie ein Kind auf einer Party. Aber anhaltendes irdisches Glück, selbst solches der unschuldigsten Art, macht vermutlich süchtig. Das ganze Sein richtet sich darauf aus. Und wenn es dann entzogen wird, muss das eher sein, als fehle es einem an Brot und nicht an Kuchen.

... Nun zur Natur – wie es scheint, begegnet dir in ungewöhnlich hohem Alter dieselbe Schwierigkeit, auf die ich schon in der Jugend stieß, und die für lange Jahre meine Waffe gegen den Theismus war. In dieser Hinsicht hat der romantische Pantheismus uns alle auf eine falsche Fährte gesetzt. Er hat uns gelehrt, die Natur als göttlich zu betrachten. Aber sie ist Schöpfung, und sicher eine niedrigere als wir selbst. Und [sie ist] gefallene Schöpfung – keine böse Schöpfung, sondern gute Schöpfung, die verdorben wurde: Sie enthält noch immer viel Schönes, aber alles ist beschädigt. Und sicher keine Schöpfung, die unseretwegen erschaffen wurde (man denke nur an die Spiralnebel). Der Teufel konnte nichts *erschaffen*, aber er hat alles *infiziert*. Ich bin immer so weit in Richtung Dualismus gegangen, wie das Christentum – und das N. T. – zulassen. Der Teufel ist (durch *Usurpation*) Herr dieses *αἰῶν*[234]. Er war es, nicht Gott, der „diese Tochter Abrahams gebunden hat".[235]

Noch verstörender ist, wie du sagst, die grausige Bilanz der Schandtaten durch Christen. Sie hatte schon zu Lebzeiten unseres Herrn begonnen – „Ihr wisst nicht, wes Geistes Kinder ihr seid" (ausgerechnet Johannes!).[236] Ich denke, man muss der Tatsache ins Auge sehen: Wenn das Christentum einen Menschen nicht besser macht, macht es ihn um vieles schlechter. Paradoxerweise ist es gefährlich, Gott näherzukommen. Entdeckt man denn nicht aus eigener Erfahrung, dass jeder Fortschritt im geistlichen Leben (wenn man denn je einen gemacht hat!) einem die Möglichkeit zu schwärzeren Sünden ebenso eröffnet wie die zu strahlenderen Tugenden? Die Bekehrung kann aus einem Menschen, der, wenn nicht besser, so auch nicht schlechter war als ein Tier, etwas wie einen Teufel machen. Der Satan ist ein *Engel*.

Ich frage mich, ob manche unter uns das Verbot, Perlen vor die Säue zu werfen,[237] ernst genug genommen haben. Darauf zielt die Bemerkung unseres Herrn nach dem Gleichnis vom ungetreuen Verwalter.[238] Viele Segnungen, um die wir bitten, werden uns nicht gewährt, weil sie unser Ruin wären. Wenn man uns schon nicht die vergänglichen Güter dieser Welt anvertrauen kann, wer wird uns die wahren Güter anvertrauen? (Der „Herr“ in diesem Gleichnis ist natürlich nicht Gott, sondern die Welt, und der Herr, der den Verwalter lobt, ist Jesus, der bei Lukas oft ὁ κύριος [239] genannt wird).

Ich bin recht ernsthaft erkrankt. Prostatabeschwerden, die, als sie diagnostiziert wurden, bereits meine Nieren, Blut und Herz angegriffen hatten, sodass ich jetzt in einem Teufelskreis stecke. Sie können nicht operieren, bis meine Biochemie wieder stimmt, es sieht aber so aus, als könne die nicht in Ordnung kommen, solange sie nicht operieren. Ich bin also in einer gewissen Gefahr – nicht zum Tode verurteilt, aber in einem Prozess, in dem es um mein Leben geht. Ich weiß, du wirst für mich beten. Meine Versuchung ist nicht die zur Ungeduld. Ich bin eher viel zu sehr geneigt, mich in die erzwungene Untätigkeit und andere Privilegien eines Invaliden hineinzukuscheln.

Hast du irgendetwas von einem amerikanischen Trappisten namens Thomas Merton gelesen? Ich bin zur Zeit an seinem *Keiner ist eine Insel*. Es ist das Beste an neuer geistlicher Lektüre, das mir seit Langem begegnet ist.

Gottes Segen für dich,

dein
C. S. Lewis

An Stuart Robertson

Ab Magdalene College Cambridge. 6. Mai 62

Lieber Mr. Robertson,

in diesem Punkt – wie auch in anderen – ist das N. T. höchst paradox. Paulus redet gelegentlich zu Beginn eines Briefes so, als wären die Neubekehrten, an die er sich wendet, bereits völlig neue

Geschöpfe, bereits in der Welt des Lichts, ihre alte Natur vollständig gekreuzigt. Aber am Ende desselben Briefes wird er dieselben Leute ermahnen, die schlimmsten Laster zu meiden.

Von sich selbst redet er manchmal so, als sei ihm sein Lohn absolut gewiss; an anderer Stelle fürchtet er, anderen gepredigt zu haben und selbst verworfen zu sein.[240]

Unser Herr selbst redet manchmal so, als hinge alles vom Glauben ab, aber im Gleichnis von den Schafen und den Böcken scheint alles vom Tun abzuhängen – selbst ein Tun, das durch Menschen geschah oder unterlassen wurde, die keine Ahnung hatten, was sie da taten oder unterließen.[241]

Das Beste, was ich angesichts dieser Rätsel tun kann, ist anzunehmen, dass das N. T. uns eine Art doppelter Sicht schenkt. A) Auf unser Heil als ewiger Tatsache, wie es (und alles andere) sich in der zeitlosen Sicht Gottes darstellt. B) Auf dasselbe Heil als einen Prozess, der sich in der Zeit vollzieht. Beides muss in gewissem Sinn wahr sein, aber es übersteigt unsere Fähigkeiten, beides zusammen in den Blick zu nehmen. Kann man eine leise Ahnung davon bekommen, wenn man [an Folgendes] denkt: a) An die Partitur eines Musikstücks, so wie sie da steht, mit allen Noten auf einen Blick. B) Dasselbe Stück *gespielt,* als ein Prozess in der Zeit. Aus *praktischen* Erwägungen scheint mir jedoch, wir müssen normalerweise mit der zweiten Perspektive leben und „schaffen, dass wir selig werden, mit Furcht und Zittern“[242] (aber dann folgt: „denn“ – nicht „obwohl“ – sondern „‚denn‘ – Gott ist’s, der in uns wirkt“).[243]

Und in diesem zeitlichen Prozess rettet Gott doch sicher verschiedene Seelen auf unterschiedliche Weise? Sofortige Bekehrung und ewige Sicherheit zu predigen, als müsse dies die Erfahrung aller sein, die gerettet werden, erscheint mir sehr gefährlich – geradezu der Weg, um manche in den Hochmut zu treiben und andere in die Verzweiflung. Wie ausgesprochen unterschiedlich war doch die jeweilige Berufung der Jünger.

Nicht zustimmen kann ich, dass Sie und ich, wenn irgendjemand [bereits] eine vollkommen neue Schöpfung wäre, das notwendigerweise erkennen würden. Es braucht Heiligkeit, um Heiligkeit zu erkennen.

Mit den besten Grüßen,
C. S. Lewis

An Mr. Green

Magdalene College, Cambridge. 11. Mai 62

Lieber Mr. Green,

auch ich habe einmal aufgehört zu glauben und anderen verkündet, es gebe keinen Gott. Tatsächlich haben wir beide, Sie und ich, unseren Glauben verloren und sind dann zu ihm zurückgekehrt. Aber gewiss geschah diese Rückkehr nicht aus eigener Kraft, oder? Sicher wurden wir doch von Gott zurückgerufen? Denn kein Mensch kann zu Gott kommen oder zu ihm zurückkehren, wenn Gott nicht nach ihm schickt. Die Gnade, die er uns so ein zweites Mal erwiesen hat, ist der Beweis, dass er uns vergeben hat. Er hat uns nicht abgeschrieben, obwohl wir ihn – eine Zeit lang – abgeschrieben haben.

Vergessen Sie nicht: Auch Bunyan dachte, wie er selbst uns berichtet, er hätte einmal die unverzeihliche Sünde begangen.[244] Und doch schrieb er die *Pilgerreise* und wurde zu einem großen Verfechter des Glaubens.

Es hat mich immer beschäftigt, dass unser Herr uns gesagt haben soll, es gebe eine unverzeihliche Sünde, aber dann nicht zu sagen, worin sie besteht. Wenn es ein konkreter Akt ist, der zu einer bestimmten Zeit begangen werden kann, scheint die Warnung völlig nutzlos zu sein – als würde einem gesagt, es gebe da ein giftiges Gemüse, aber nicht, welches es ist. Aber vielleicht meint sie auch ein Beharren in gewöhnlichen Sünden, eine endgültige Weigerung umzukehren oder auch nur zu *versuchen*, sich zu bessern. In diesem Fall wäre die Warnung hilfreich, eine Erinnerung, dass es einen Punkt gibt, hinter dem eine Umkehr unmöglich wird. Dann wäre die Absicht, uns diese Gefahr bewusst zu machen. Aber [er wollte] uns sicher *nicht* veranlassen, all unsere Sünden im Einzelnen durchzugehen und zu versuchen, herauszufinden, ob eine davon eben diese war.

Was Sie (und mich) betrifft, so habe ich keinen Zweifel, dass die Angst, die Sie erwähnen, nichts ist als eine Anfechtung vom Teufel, ein Versuch, uns durch Verzweiflung von Gott fernzuhalten. Es ist häufig der Teufel, der in irgendwelchen gesundheitlichen Mängeln wirkt, und in extremen Fällen bedarf es medizinischer Hilfe ebenso wie einer geistlichen Heilung. Hören Sie also nicht mehr auf diese Ängste und Zweifel* als auf irgendwelche anderen offensichtlich unreinen oder lieblosen Gedanken.

Mit allen guten Wünschen,

Ihr
C. S. Lewis

* Natürlich werden sie sich, wie andere arge Versuchungen auch, nicht sofort zum Schweigen bringen lassen. Sie werden meinen, Sie seien sie los, aber dann kommen sie zurück – immer wieder. Aber wie auch alle anderen Versuchungen jeder Art müssen wir das einfach ertragen. Geben Sie nicht auf, tun Sie Ihre Pflicht, beten Sie, gehen Sie zur Kommunion und nehmen Sie den Versucher gar nicht zur Kenntnis. Irgendwann verschwindet er. Und denken Sie an 1. Johannes 3,20: „Wenn (= auch wenn) unser Herz uns verdammt, so ist Gott größer als unser Herz." Lassen Sie uns hin und wieder füreinander beten.

An Mary van Deusen

Magdalene College, Cambridge. 21. Nov. 62

Ich glaube, ich teile Ihr Empfinden im Blick auf einen Umzug in höchstem Maß. Von Natur aus verlange ich von den Arrangements dieser Welt eine Beständigkeit, die Gott ihnen ausdrücklich nicht verliehen hat. Es sind nicht nur die Lästigkeiten und Kosten jeder größeren Veränderung in der Lebensweise, die ich fürchte. Es ist auch die psychologische Entwurzelung und das Gefühl, man habe ein Kapitel abgeschlossen – das mir, wie Ihnen, ausgesprochen unwillkommen ist. Ein weiterer Teil seiner selbst, der einem in die Vergangenheit entgleitet! Ich hätte alles gern wie seit Urzeiten – immer dieselben alten Ausblicke, denselben Garten, dieselben Gerüche und Klänge, immer wahrnehmbar, unveränderlich. Der alte Wein ist für mich immer der bessere. Das heißt, ich ersehne mir die „bleibende Stadt“[245] dort, wo sie, wie ich wohl weiß, nicht zu finden ist und nicht zu finden sein sollte. Ich vermute, all diese Wechselfälle sollten uns vorbereiten auf den weit größeren Übergang, der wieder nähergerückt ist, selbst seit ich diesen Brief begonnen habe. Wir dürfen uns „nicht festsetzen“, weder im Leben an sich, noch in all seinen Phasen. Das unnütze Wort ist „Zugabe!“

An Francis Anderson

Magdalene College, Cambridge. 23. Sept. 63

Ich glaube nicht, dass Tolkien mich beeinflusst hat, und ich bin sicher, ich habe ihn nicht beeinflusst. Das heißt, nicht beeinflusst habe ich das, was er *schrieb*. Meine stetige Ermutigung, die ich fast bis zur Nörgelei trieb, hat sehr wohl ihren Einfluss darauf gehabt, dass er überhaupt mit diesem Ernst und in dieser Länge schrieb. Mit anderen Worten: Ich hatte die Rolle der Hebamme, nicht die des Vaters. Die Ähnlichkeiten zwischen seinem und meinem Werk verdanken sich, wie ich meine, a) der Natur – dem Temperament, b) gemeinsamen Quellen. Wir sind beide durchtränkt mit nordischer Mythologie, Geo. MacDonalds Märchen, Homer, *Beowulf* und mittelalterlicher höfischer Dichtung. Außerdem sind wir natürlich beide Christen (er ein Katholik).

... Rezensenten seiner und meiner Bücher, freundlich wie feindlich gesonnene, legen ständig neue imaginäre Geschichten ihrer Entstehung vor. Ich glaube nicht, dass *irgendeine* davon jemals die leiseste Ähnlichkeit mit der wirklichen Geschichte gehabt hat (z. B. glauben sie, sein tödlicher Ring sei ein Symbol für die Atombombe. In Wirklichkeit wurde sein Mythos schon lange, bevor man je von der Atombombe gehört hatte, entwickelt).

Die Moral liegt auf der Hand. Diese Kritiker, wenn sie sich mit uns beschäftigen, haben alle Vorteile, die moderne Wissenschaftler missen, wenn sie sich mit der Bibel befassen. Sie behandeln Autoren, die dieselbe Muttersprache sprechen, die gleiche Bildung haben und dieselbe soziale und politische Welt bewohnen wie sie selbst und in derselben literarischen Tradition stehen. Und trotz alledem liegen sie völlig falsch, wenn sie uns sagen, wie die Bücher geschrieben wurden! Angesichts dessen – wie groß kann die Chance sein, dass ein moderner Wissenschaftler ermitteln kann, wie Jesaja oder das Vierte Evangelium – und ich würde hinzufügen, *Piers Plowman* – entstanden sind? Ich würde gegen sie alle wetten, 10.000 zu 1. (Besonders da – was sicher *nicht* auf Sie zutrifft – viele zu historisch-kritischen Kritikern geworden sind, ohne zuvor gelernt zu haben, Kritiker zu sein. Anders als echte Kritiker erkennen sie die Unterschiede zwischen Mythos, Legende und ein wenig primitiver Reportage nicht *am Geruch*.) Ich vermute, in ein paar Jahrhunderten wird die ganze Kunst der historisch-kritischen Auslegung als ebenso seltsamer Irrweg des menschlichen Geistes erscheinen wie die Astrologie.

An Jane Douglass

The Kilns, Headington Quarry, Oxford, 31. Sept. 63

Liebe Miss Douglass,

vielen Dank für Ihre freundliche Nachricht. Ja, der Herbst ist wirklich die beste Jahreszeit – und ich bin mir nicht sicher, ob das Alter nicht auch die beste Zeit des Lebens ist. Aber wie der Herbst dauert es natürlich nicht an!

Mit besten Grüßen,
C. S. Lewis

An Mrs. Frank L. Jones

The Kilns, Kiln Lane, Headington Quarry, Oxford.
16. November 1963

Liebe Mrs. Jones,

vielen Dank für Ihre Karte. An meinem Krankenhausaufenthalt im Sommer war ganz sicher nichts Unerfreuliches, will sagen *Schmerzhaftes*. Dass es auf Messers Schneide stand, ob ich überleben würde, erfuhr ich erst später.[246] Aber Gott sei Dank bin ich durchgekommen und kann sagen: Es geht mir so gut, wie es mir je wieder gehen wird. In Zukunft muss ich mich mit einem Invalidenleben abfinden, noch dazu bei strikter Diät. Aber wenn ich mich umsehe und feststelle, mit wie viel Schlimmerem andere geplagt sind, habe ich viel Grund zur Dankbarkeit. Ich kann noch schreiben, meine Freunde übertreffen sich darin, mich zu besuchen – kurz, die Dinge könnten sehr viel schlimmer stehen.

Es sieht Ihnen und Ihrer gewohnten Freundlichkeit ähnlich, mir ein paar Extras schicken zu wollen. Aber täten sie es, wären es vermutlich verbotene Früchte. Fleisch jeder Art ist mir untersagt – Rind, Schwein, Schaf etc., Geflügel, sogar ein guter Räucherhering! Ich kann also Ihr Angebot nicht annehmen, danke Ihnen aber nichtsdestoweniger dafür, dass Sie es gemacht haben.

Welche Neuigkeiten können Sie von einem Mann in meiner Situation erwarten? Ich wage mich nur noch selten weiter aus dem Haus als für einen Gang durch den Garten. Einmal in der Woche treffe ich mich in einem der Gasthäuser Oxfords mit alten Freunden.[247] (Bier steht zum Glück nicht auf der Liste der Dinge, die mir versagt sind.) Manchmal lädt mich eine freundliche Seele zu einer Spazierfahrt im Auto ein. Ansonsten schreibe ich, lese, beantworte Briefe – ein Tag gleicht dem anderen. Aber Sie müssen nicht denken, ich sei unglücklich oder gelangweilt.

In unseren Zeitungen findet man im Moment nichts als Politik, ein Thema, an dem ich kein großes Interesse finden kann. Mein Bruder verkündet düster, es sei absolut sicher, dass wir in ein paar Monaten eine Labour-Regierung haben werden – mit all der Reglementierung, Sparpolitik und Einmischung, die sie so lieben. Vielleicht wird es diesmal aber auch nicht so schlimm, denn Sir Stafford Cripps, die kürzlich verstorbene Kinderzimmergouvernante Englands, ist tot. Aber wenn sie mit großer Mehrheit gewinnen, wird es zehn Jahre dauern, bis sie scheitern – und das bedeutet, dass wir beide aller Wahrscheinlichkeit nach unsere letzte konservative Regierung erlebt haben.

Einer meiner Stiefsöhne ist in New York. Er studiert dort am Talmud-College. Der jüngere ist bei einem Tutor, der versucht, ihn durch den „O-Level"[248] zu bringen. Wenn man diesen Abschluss nicht erreicht, sind einem die Reihen der Bessergestellten verschlossen. Eine Tatsache, die ihn anscheinend nicht im Geringsten beunruhigt. Aber das ist seine Sache – er muss sein Leben leben, nicht meines!

Mit den besten Wünschen an Sie beide von uns beiden,

Ihr
C. S. Lewis

Biografien der Briefpartner

Captain Bernard Acworth (1885–1963) diente 18 Jahre lang auf U-Booten und in der Torpedoabteilung des Marinestabs und war an der Entwicklung des Sonarsystems zur U-Boot-Erkennung beteiligt. Er war Marinekorrespondent für eine Reihe von Zeitungen und verfasste mehrere Bücher.

Edward A. Allen und seine Mutter, Mrs Belle Allen, lebten in Westfield, Massachusetts, und wurden über die Jahre Brieffreunde der Lewis-Brüder.

Francis Anderson lebte in den USA und schrieb Lewis am 12. September 1963.

Owen Barfield (1898–1997) war schon seit der Schulzeit mit Cecil Harwood befreundet. Nach dem Militärdienst ging er 1919 mit einem Stipendium auf das Wadham College in Oxford, wo er Lewis kennenlernte. „Barfield überragt uns alle", schrieb Lewis in seinem Tagebuch vom 9. Juli 1922. 1924 hörte Barfield einen Vortrag von Rudolf Steiner und wurde ein begeisterter Anhänger seiner Thesen. Lewis sympathisierte nicht mit der Anthroposophie, und er und Barfield lieferten sich einen „Krieg in Briefen" (Lionel Adey: *C. S. Lewis's ‚Great War' with Owen Barfield* (1978)). 1923 heiratete Barfield die Tänzerin Maud und adoptierte mit ihr drei Kinder, Alexander, Lucy (die Lewis' Patenkind ist und der er *The Lion, the Witch and the Wardrobe* widmete), und Jeffrey (dem Lewis *The Voyage of the ‚Dawn Treader'* widmete). Barfield schrieb ein Märchen nach Art von Hans Christian Andersen, *The Silver Trumpet* (1925) sowie einige weitere Bücher, bevor er in die väterliche Anwaltskanzlei eintreten musste, um sie zu retten. Er verbrachte die nächsten 28 (wie er es nannte, „farblosen“) Jahre als Anwalt in London. In den 1940er-Jahren bat ihn Lewis, eine Stiftung für ihn zu gründen und zu verwalten, die sie „Agapargyry“ (Liebe und Geld) nannten. Von Lewis' zahlreichen Lobreden für Barfield stammt die denkwürdigste aus „Überrascht von Freude“: „Arthur und Barfield sind die Typen des ersten und zweiten Freundes eines jeden Menschen. Der erste ist das Alter Ego, der Mann, der Ihnen zuerst offenbart, dass Sie nicht allein auf der Welt sind, indem er sich (jenseits aller Hoffnung) dazu hergibt, all Ihre geheimsten Freuden zu teilen. Es ist nichts zu überwinden, um ihn zu Ihrem Freund zu machen; er und Sie verbinden sich wie Regentropfen an einem Fenster. Aber der zweite Freund ist der Mann, der mit Ihnen in allem *nicht* übereinstimmt. (...) Es ist, als würde er Ihre Sprache beherrschen, sie aber falsch aussprechen. Wie kann er so *fast* richtig liegen und doch ausnahmslos *nicht* richtig? Er ist so faszinierend (und anstrengend) wie eine Frau (...) und oft ist man eher Feinde als Freunde, die sich gegenseitig respektieren. Tatsächlich (auch wenn es zu der Zeit nie so scheint) verändert man das Denken des anderen; aus diesem immerwährenden Hundekampf entsteht eine Geistesgemeinschaft und eine tiefe Zuneigung. Aber ich glaube, er hat mich viel mehr verändert als ich ihn.“

Peter Bide war der Priester, der Joy Gresham und C. S. Lewis getraut hatte.

Rhona Bodle kam 1947 aus Neuseeland nach England, um Lehrerin für gehörlose Kinder zu werden, und unterrichtete in einem Mädcheninternat in Sussex. Sie begann, sich für das Christentum zu interessieren, konnte aber nicht glauben, dass Christus Gott ist. Dies veranlasste sie, an Lewis zu schreiben. 1952 kehrte sie nach Neuseeland zurück.

Über Ms. Breckenridge ist nichts bekannt.

Don Giovanni Calabria war italienischer Priester und leitete eine Arbeit für Waisenkinder in Verona. 1947 begann er eine Korrespondenz mit Lewis, nachdem er seine „Dienstanweisung an einen Unterteufel“ gelesen hatte. Es entwickelte sich eine enge Freundschaft.

Corbin Scott Carnell (1929–2017) promovierte 1960 an der Universität von Florida in Englisch mit dem Thema „*The Dialectic of Desire: C.S. Lewis' Interpretation of ‚Sehnsucht'*“. Die Disstertation wurde später als Buch veröffentlicht: *Bright Shadow of Reality: C.S. Lewis and the Reeling Intellect* (Grand Rapids: Eerdmans, 1974).

Reverend Canon Lewis John Collins (1905–82) studierte zunächst Mathematik und danach Theologie und wurde 1929 ordiniert. Er war Kaplan an verschiedenen Colleges und in der Royal Air Force.

Sir Arthur C. Clarke (1917–2008) war ein britischer Science-Fiction-Schriftsteller und Physiker. Weil ihm aus finanziellen Gründen kein Studium möglich war, arbeitete er anfangs als Bilanzprüfer. Während des Zweiten Weltkriegs war er als Radar-Spezialist in der Royal Air Force im Einsatz. Nach dem Krieg studierte er in London Mathematik und Physik. Seit 1951 arbeitete er als freischaffender Schriftsteller und lebte ab 1956 auf Sri Lanka. Er wird mit Isaac Asimov und Robert A. Heinlein zu den „Big Three“ der englischsprachigen Science Fiction gezählt. Durch den Film *2001: Odyssee im Weltraum* von Stanley Kubrick, der auf einer Kurzgeschichte Clarkes beruht und dessen Drehbuch Clarke gemeinsam mit Kubrick schrieb, wurde er auch außerhalb der Science-Fiction-Szene bekannt.

Joy Davidman (Joy Gresham Lewis, 1915–1960) wuchs in einer jüdischen Familie in New York auf. In ihrer Jugend wurde sie radikale Kommunistin und heiratete den Schriftsteller William Lindsay Gresham. Aus der Ehe gingen zwei Kinder hervor: Douglas und David. Nachdem sie sich Ende der 40er-Jahre zum

Christentum bekehrt hatte, fuhr sie mit ihren Söhnen nach England, um C. S. Lewis zu treffen, dessen Schriften sie maßgeblich beeinflusst hatten. Nachdem ihr Ehemann sie in ihrer Abwesenheit betrogen hatte, ließ sie sich scheiden und zog mit Douglas und David ganz nach England. Joy und Lewis heirateten 1956 standesamtlich, zunächst nur, um ihr den Aufenthalt in England zu sichern. Wenig später wurde bei Joy Knochenkrebs festgestellt. Angesichts ihres drohenden Todes entdeckte Lewis seine Liebe zu ihr und sie ließen sich noch am Krankenbett christlich trauen. Joy erholte sich überraschend noch einmal von ihrem Krebsleiden, doch 1960 starb sie 45-jährig. Ihre Liebesgeschichte wurde von Richard Attenborough 1993 unter dem Titel *Shadowlands* verfilmt.

Edward Thomas Dell Jr. (1923–2013) machte 1948 seinen Bachelor in Theologie, und während dieser Zeit begann er mit Lewis zu korrespondieren. Später konvertierte er zur Episkopalkirche und wurde 1956 zum Episkopalpriester geweiht.

Mary van Deusen, die aus dem Staat New York schrieb, war eine von mehreren US-Amerikanern, mit denen Lewis über Jahre korrespondierte.

Über Cynthia Donnelly ist nichts bekannt.

Jane Douglass, eine junge amerikanische Autorin, schrieb C. S. Lewis, um eine Verfilmung der *Chroniken von Narnia* oder eine Adaption als Hörspiel fürs Radio vorzuschlagen. Lewis lehnte ab, lud sie aber ein, ihn zu besuchen, falls sie jemals nach Oxford kommen sollte. In der Hoffnung, ihn doch zu überzeugen, flog Douglass nach England. Obwohl es bei seiner Ablehnung des Projektes blieb, verstanden sich die beiden gut, und ihre Korrespondenz wurde freundschaftlich fortgeführt.

Michael Edwards (*1936), ein Fußpfleger aus Surrey, schrieb über den Brief von Lewis: „Dies war die Antwort auf einen über 50

Seiten langen Brief von mir. Ich war intellektuell und emotional verwirrt darüber, wie das Christentum im Allgemeinen und Lewis im Besonderen verschiedene Aspekte unseres Lebens und unserer Welt betrachteten – insbesondere Aspekte, die mir bisher gefallen hatten. Meine Verwirrung gegenüber Lewis hatte sich nach der Lektüre seiner Scientifiction-Trilogie noch verstärkt, und die meisten meiner Fragen drehten sich um dieses Thema. Für mich war das Problem zutiefst praktischer, nicht trocken-akademischer Natur."

Walter Ogilvie „Woff" Field (1893–1957) war Lehrer an der Rudolf-Steiner-Schule in East Sussex. Er war ein enger Freund von Owen Barfield und Cecil Harwood, und im Laufe der Jahre wurde er ein regelmäßiger Teilnehmer bei den gemeinsamen Wanderungen mit Lewis.

Dr. Warfield Monroe Firor (1896–1988) war Chirurg und forschte über die Auswirkungen von Tetanus-Toxinen auf das Rückenmark sowie die Behandlung von erkrankten Nebennieren mit Hormonimplantaten. Er besaß eine Hütte in den Rocky Mountains, und es enttäuschte ihn, dass Lewis seine Einladung, dort Urlaub zu machen, nie annehmen konnte. Trotzdem genoss er ihr einziges Treffen in Oxford im Jahr 1949. Neben der Versorgung von Lewis mit zahlreichen Schinken und anderen Lebensmitteln über Jahre hinweg schenkte er seine Sammlung von Briefen von Lewis der Bodleian Library und finanzierte die Herausgabe mehrerer Bände von Lewis' Aufzeichnungen durch Walter Hooper. „Sie sind eine Märchenfigur", sagte Lewis in einem Brief vom 14. April 1950, „Ihre Güte (wie Shakespeares Cleopatra sagt) *kennt keinen Winter; bleibt immer Herbst, die mehr noch wuchs im Ernten.*'"

Jill Freud wurde 1927 als June Beatrice Flewett in London geboren. Nachdem Jill im Juli 1943 die Schule abgeschlossen hatte, lud Janie Moore sie für zwei Wochen nach The Kilns ein, in das Haus, in dem sie mit C. S. Lewis lebte. Letztendlich blieb Jill zwei Jahre dort und kümmerte sich um die Hühner, Kaninchen und den riesigen Gemüsegarten. In ihren Memoiren, die 1983 veröffentlicht wurden, schrieb sie: „Für Mrs. Moore zeigte Lewis die größte liebevolle Fürsorge. Er wartete ihr auf, füllte ihre Wärmflasche, machte ihr Tee, deckte sie abends im Bett zu. Das einzige Mal, dass ich jemals hörte, wie er ihr gegenüber ärgerlich die Stimme erhob, war, als sie etwas Abfälliges über seinen Bruder sagte. Sie war sehr willensstark und hatte einen großartigen Sinn für Humor. Mrs. Moore und Jack Lewis hatten eine glückliche Zeit miteinander. Sie liebte ihn über alles. Ihr ganzes Leben drehte sich um ihn und um ihn allein. Als sie krank wurde, nahm sie alle Briefe von Jack, Stapel von Briefen, die sie über einen Zeitraum von etwa 25 Jahren von ihm erhalten hatte, und ich glaube, auch die Briefe ihres Sohnes Paddy – Lewis' gutem Freund, der im Ersten Weltkrieg gefallen war –, und warf sie in den altmodischen Kessel in der Küche. Sie verbrannte sie alle." Obwohl C. S. Lewis bereits berühmt war und Jill einige seiner Bücher gelesen hatte, dauerte es eine Weile, bis sie begriff, dass er und der „Jack" Lewis von The Kilns derselbe Mann waren. „Natürlich habe ich mich wahnsinnig in ihn verliebt. (...) Jedes Lächeln, jedes freundliche Wort von ihm war mir wie das Sonnenlicht, wie der Sommer. Ich nahm alle Krumen, die mir angeboten wurden. Er hat sich viel Mühe mit mir gegeben. Er hat mir Bücher geliehen und dann mit mir darüber geredet, als ob meine dummen, kindischen Ansichten von Interesse wären. Minto [Mrs. Moore] sagte mir einmal, er halte mich für sehr intelligent. Ich glaube, er betrachtete mich auf eine wohlwollende Weise wie eine sehr junge Studentin und unterrichtete mich in diesem Sinne. Er bedankte sich auch immer überschwänglich für alles, was ich für sie tat, und sagte, ohne mich würden sie nicht zurechtkommen." Wie die Briefe bezeugen, haben die Lewis-Brüder nie aufgehört, Jill mit größter Zuneigung zu begegnen. Jill machte als Schauspielerin Karriere unter ihrem Künstlernamen „Jill Raymond" und Jack und Warnie besuchten jedes ihrer Stücke. Am 4. September 1950 heiratete sie Clement Freud, einen Enkel von Sigmund Freud.

Mr. Fridama schrieb aus New Jersey.

Vera Gebbert lebte in Kalifornien und hatte Warnie und C. S. Lewis in den Nachkriegsjahren mit reichlichen Lebensmittelsendungen unterstützt.

Jocelyn Easton Gibb, CBE (1907–1979), war für längere Zeit Lewis' Verleger. Er besuchte ihn oft in Oxford und Cambridge.

Genia Goelz war die Tochter von Mary van Deusen.

Roger Lancelyn Green (1918–1987) studierte in Oxford Englisch, als C. S. Lewis gerade seine enorm populären „Prolegomena"-Vorlesungen über die Literatur des Mittelalters und der Renaissance hielt. Lewis vergaß meist, eine Uhr mitzubringen, und lieh sich daher die von Green aus. So begann ihre langjährige Freundschaft. Nachdem er 1940 seinen BA gemacht hatte, arbeitete Green unter anderem als Lehrer, Antiquar und Schauspieler. Es war seine bahnbrechende Studie *Tellers of Tales: Children's Books and their Authors from 1800 to 1968* (1946; rev. edn, 1969), die ihn zur Autorität auf dem Gebiet der viktorianischen Kinderliteratur machte. Tolkien war neben Green einer der ersten, der das Manuskript von Lewis' erstem Narnia-Roman *The Lion, the Witch and the Wardrobe* gelesen hatte, und es gefiel ihm nicht. „Ich habe gehört, du hast Jacks Kindergeschichte gelesen", schrieb er an Green. „Das geht wirklich gar nicht, weißt du! Ich meine, ‚Die Nymphen und ihre Gepflogenheiten', ‚Das Liebesleben eines Fauns'. Weiß er denn nicht, wovon er spricht?" Green hingegen war hingerissen von der Geschichte. Er erwies sich im Laufe der Jahre als unschätzbarer Kritiker und Unterstützer und war ein willkommener Gast bei Treffen der Inklings. Als Green und seine Frau June erfuhren, dass Jack und Joy im Sommer 1959 nach Griechenland reisen wollten, schlugen sie eine gemeinsame Reise vor, da sie das Land bestens kannten. Joys Krebs war im Endstadium, doch dank der

Unterstützung der Greens genossen Jack und Joy in Griechenland einige der glücklichsten Tage ihres Lebens.

Arthur Greeves (1895–1966) war seit Jugendtagen ein enger Freund von Lewis. Ihre Korrespondenz, die 1914 begann, überdauerte ein halbes Jahrhundert. Es scheint fast nichts zu geben, was Lewis Arthur gegenüber nicht zu erwähnen vermochte. C. S. Lewis sagte über seinen Freund: „Er war der offenste aller Menschen. Viele der unrühmlichen Episoden, die man über ihn erzählen könnte, haben mit seiner Unfähigkeit zu tun, sich jenes ‚Schutzvisier für das menschliche Gesicht' anzueignen (...). Er war der treueste aller Freunde und trug die unzähligen Geheimnisse meiner verborgenen und schändlichen Jugend in einem Schweigen, das man nur für heldenhaft halten kann. (...) Er blieb gefühlvoll – und er lehrte mich, mit ihm zu fühlen: menschliche Zuneigung und eine reiche ästhetische Wertschätzung seiner vorsintflutlichen Tanten, seiner mühlenbesitzenden Onkel, der Diener seiner Mutter, der Briefträger auf unseren Straßen und der Bauern, denen wir auf unseren Spaziergängen begegneten. Was er ‚Heimeliges' nannte, war die Nahrung sowohl seines Herzens als auch seiner Fantasie. Ein wärmender Herd, den man im Vorbeigehen durch eine offene Tür sieht; ein Dutzend Enten, die einer stämmigen Bäuerin folgen; eine Reihe von Kohlköpfen in einem Vorstadtgarten – das waren Dinge, die nie aufhörten, ihn zu bewegen (...). In den früheren Jahren unserer Bekanntschaft war er (wie immer) ein Christ, und ich war ein Atheist. Aber obwohl ich ihn (Gott vergebe mir) mit der ganzen dünnen Artillerie eines siebzehnjährigen Rationalisten bombardierte, konnte ich seinem Glauben nichts anhaben – einem Glauben, der sowohl vage als auch verworren war, und in mancher Hinsicht zu nachsichtig gegenüber unseren gemeinsamen Schwächen, aber unanfechtbar. Er bleibt Sieger in dieser Debatte. Ich bin es, der zu sich gekommen ist. (...) Ich konnte Konzepte, Logik, Fakten, Argumente liefern, aber er hatte Gefühle zu bieten, Gefühle, die er mich – mysteriöserweise, denn er konnte sich immer schlecht ausdrücken – zu teilen lehrte. Daher handelte ich in unserem Tauschgeschäft mit Oberflächlichkeiten, er aber mit Feststoffen. Ich lernte Nächstenliebe von ihm und schaffte es trotz aller Bemühungen nicht, ihm im Gegenzug Arroganz beizubringen." Arthur galt wegen eines schwachen Herzens als arbeitsunfähig und lebte von den Einkünften aus dem Familienunternehmen. Trotzdem erlangte er einige Anerkennung als Landschaftsmaler. Nach dem Tod seiner Mutter im Jahr 1949 zog er in ein Cottage, Silver Hill, in Crawfordsburn, Down, wo sich Lewis oft aufhielt, später in den Sommern 1958 und 1959 auch mit seiner Frau Joy. Jack plante, Arthur im Sommer 1963 in Irland zu besuchen, aber sein Herzinfarkt verhinderte dies. „Es sieht so aus, als würden wir uns in diesem Leben nicht mehr begegnen", schrieb er am 11. September 1963. „Oh, Arthur, dich nie wiederzusehen!".

Dom Bede Griffiths (1906–1993) kam im Oktober 1925 ans Magdalene College, genau zu Lewis' erstem Semester als *Fellow*. Lewis war sein Tutor, und nachdem Griffiths 1929 seinen Abschluss gemacht hatte, überredete Lewis ihn, in Oxford zu bleiben und Philosophie zu studieren. Nicht lange danach wurde Griffiths gläubig, und er wurde 1940 zum Priester geweiht. Als Lewis seine BBC-Skripte zu der Serie *What Christians Believe* schrieb, bat er Griffiths, sie auf Orthodoxie zu überprüfen. 1947 wurde Griffiths Prior der St. Michael's Abbey, Farnborough. Er war noch nicht lange dort, als er begann, Gedanken zu äußern, die nicht so ganz mit denen der Kirche vereinbar waren. Vor allem ging es ihm nun um Gemeinsamkeiten von Christen mit Juden, Muslimen, Buddhisten und Hindus. Bald wurde er so etwas wie eine (umstrittene) Kultfigur. Griffiths übersiedelte schließlich nach Indien und lebte 10 Jahre im Kurisumala-Ashram des belgischen Trappisten Francis Mahieu. Ab 1968 leitete er den Sat-Chit-Ananda-Ashram.

Cecil Harwood (1898–1975) lernte Lewis 1910 durch seinen alten Schulfreund Owen Barfield kennen; der Beginn einer lebenslangen Freundschaft. Ihr großes gemeinsames Interesse galt der

Poesie, und Lewis schätzte Harwoods Kritik sehr. Ein weiteres gemeinsames Interesse war das Wandern; die jährlichen Touren mit Harwood und Barfield waren Höhepunkte in Lewis' Leben, und Harwoods Begeisterung dafür war so groß, dass Lewis ihn „Lord of the Walks" nannte. Durch seine spätere Frau Daphne Olivier kam Harwood mit Rudolf Steiner in Kontakt und trug zur Verbreitung seiner Lehren in England sowie zur Gründung einer „Neuen Schule" in Streatham, London, bei. Die Harwoods hatten fünf Kinder. Lewis war oft zu Besuch bei ihnen, und 1947 widmete er Cecil und Daphne das Buch *Miracles* (Wunder).

Laurence Harwood war der zweite Sohn von Cecil Harwood und Lewis' Patensohn.

Über Mrs. Hook ist nichts bekannt.

Walter Hooper (*1931) begann während seines Dienstes in der US-Armee 1954–56 mit Lewis zu korrespondieren. Am 7. Juni 1963 lernte er Lewis persönlich kennen und verbrachte den Sommer als sein Sekretär. Während Hooper zurück in den USA war, starb Lewis. Warnie Lewis bat Hooper, den literarischen Nachlass seines Bruders zu bearbeiten. Er ist gemeinsam mit Roger Lancelyn Green* der Co-Autor von „C. S. Lewis: A Biography", der Autor von „C. S. Lewis: A Companion & Guide" (1996), und der Herausgeber von „The Collected Letters of C. S. Lewis."

Alfred Kenneth Hamilton Jenkin (1900–1980), ein Studienfreund, war Journalist und Radioreporter in Cornwall.

Mrs. D. Jessup schrieb aus New York.

Über Mrs. Johnson ist nichts bekannt.

Mrs. Frank L. Jones, die immer wieder Lebensmittelpakete an Lewis schickte, schrieb aus Connecticut.

Die Kilmer-Kinder: Diese acht Kinder, allesamt Geschwister, lebten mit ihren Eltern in Washington, DC. Sie waren Freunde von Mary Willis Shelburne, die sie als „Tante Mary Willis" kannten. C. S. Lewis widmete ihnen sein Buch *Das Wunder von Narnia*.

Albert James Lewis (1863–1929), der Vater von Jack und Warren, war Anwalt. Seine erste Liebe galt immer dem Recht, aber er widmete sich auch der englischen Literatur und der Liturgie der *Church of Ireland*. Mit Florence Augusta „Flora" Hamilton führte er eine außergewöhnlich glückliche Ehe. Floras heitere und ruhige Zuneigung war genau die richtige Ergänzung zu Alberts sentimentalem, leidenschaftlichem und gesprächigem Wesen. Ihr erster Sohn, Warren Hamilton „Warnie" Lewis, wurde 1895 in Dundela/Belfast geboren, und Clive Staples „Jack" Lewis am 29. November 1898. Mit steigendem Einkommen ließ Albert ein neues Haus für seine Familie bauen, „Little Lea" in der 76 Circular Road, wo sie 1905 einzogen. Flora erkrankte 1907 an Krebs und starb bald darauf. Albert kam nie über ihren Tod hinweg. Auch Warnie und Jack waren am Boden zerstört. Albert bemühte sich, seine Söhne gut zu erziehen, doch Little Lea war danach nie mehr das glückliche Zuhause, das es gewesen war. Albert unterstützte seine Söhne finanziell, zog sich aber immer mehr zurück und verbrachte die meiste Zeit in seiner Anwaltskanzlei.

Warren Hamilton Lewis (‚Warnie') (1895–1973) war der Bruder von C. S. Lewis. Darüber hinaus verband Warnie und Jack eine lebenslange tiefe Freundschaft. Während des Ersten Weltkriegs war Warnie Offizier beim Army Service Corps und diente in Frankreich, später in Sierra Leone und China. 1932 schied er aus dem Militärdienst aus und zog zu seinem Bruder nach The Kilns. Nach einer erneuten Einberufung fungierte er ab 1943 als Sekretär seines Bruders und tippte viele Briefe für ihn. Er wurde auch ein aktives Mitglied der Inklings. Warnie war ein bemerkenswerter Tagebuchschreiber, und der Teil seiner Aufzeichnungen, der als

Brothers and Friends veröffentlicht wurde, ist die Hauptquelle für die bekannten Informationen über die Inklings. Er bedauerte später, dass er nicht mehr über seinen Bruder geschrieben hatte: „Oh, wenn ich nur rechtzeitig gewusst hätte, dass er zuerst sterben würde", schrieb er am 8. April 1966, „ich hätte ihn boswellisiert!" (BF, S. 256). John Wain sagte über Warnie: „(Er ist) mir als der zuvorkommendste Mann in Erinnerung geblieben, dem ich je begegnet bin – er behandelte andere nicht mit bloßer Höflichkeit, sondern mit einer genialen, selbstvergessenen Rücksichtnahme, die für ihn so instinktiv war wie das Atmen." Im Laufe der Jahre veröffentlichte Warnie eine ganze Reihe von Büchern über französische Adelige des 17. Jahrhunderts. Er hatte ein Problem mit Alkohol, das in den 1940er-Jahren schwerwiegend wurde. Nach dem Tod seines Bruders gab er die Briefsammlung *Letters of C.S. Lewis* (1966) heraus, der er ein rührendes Memoir beifügte. Er starb am 9. April 1973 in The Kilns.

„Mrs. Lockley" ist das Pseudonym, das Warnie Lewis dieser Briefschreiberin gab. Es ist nicht bekannt, wer sie war.

Über Edward Lofstrom ist nichts bekannt.

Über Mr. Lucas ist nichts bekannt.

Schwester M. Madeleva CSC (1887–1964), eine Schwester vom Heiligen Kreuz, war Lehrerin für Englisch am St. Mary's College in Indiana. Während eines Aufenthalts in Oxford 1934 besuchte sie Lewis' Vorlesungen über mittelalterliche Poesie. Lewis lieh Schwester Madeleva nicht nur seine Notizbücher, sondern lud sie auch ein, ihn im Magdalene College zu besuchen. Nach ihrer Rückkehr nach Notre Dame im Jahr 1934 wurde Schwester Madeleva zur Präsidentin des St. Mary's College ernannt, ein Amt, das sie bis zu ihrer Pensionierung im Jahr 1961 innehatte. Auch sie veröffentlichte zahlreiche Bücher.

Keith Masson war ein amerikanischer Korrespondent.

Über Lucy Matthews ist nichts bekannt.

Mrs. Emily McLay schrieb aus Fulwell, Sunderland, County Durham.

Mary Shelly Neylan (1908–1997) hatte zunächst an der Reading University u. a. bei Hugo Dyson studiert, einem der Inklings, und ab 1929 am Magdalene bei Lewis. Später wurde sie Lehrerin in Devon. C. S. Lewis war der Patenonkel des ersten Kindes der Neylans, Sarah.

Sarah Neylan (1938–2017) war Lewis' Patentochter, die Tochter seiner ehemaligen Studentin Mary Neylan.

Mervyn Laurence Peake (1911–1968) war Künstler und Schriftsteller. Während seines Einsatzes im Zweiten Weltkrieg wurde Peake zum „Kriegskünstler" ernannt, und nachdem er Zeuge des ersten Kriegsverbrecherprozesses wurde, schickte er eindringliche Zeichnungen des Konzentrationslagers Bergen-Belsen nach England. 1943 wurde er nach einem Nervenzusammenbruch aus der Armee entlassen. Während des Krieges hatte er an seiner „Gormenghast"-Trilogie zu arbeiten begonnen, deren Bände 1946, 1950 und 1959 erschienen.

Schwester Penelope CSMV (1890–1977) trat 1912 in den Konvent der Gemeinschaft St. Mary the Virgin in Wantage ein. Die Mutter Oberin dort zeigte großen Weitblick, als sie Schwester Penelope zum Theologiestudium nach Oxford schickte. Dr. Kidd, Direktor des Keble College, nahm sie unter seine Fittiche und gab ihr privat Nachhilfe. Es war zu dieser Zeit nicht üblich, dass Nonnen unter ihrem eigenen Namen schrieben, und so wurden Schwester Penelopes Bücher unter der Umschreibung „A Member of CSMV" veröffentlicht. Als sie auf Lewis' Roman *Jenseits des schweigenden Sterns* stieß, war sie überwältigt und schrieb ihm: „Es provoziert das Denken in genau die Richtungen, in die ich schon immer denken wollte; und wo immer es am herrlichsten suggestiv ist, spürt man die tiefste biblische Basis (...).“ So begann eine Brieffreundschaft mit lebhafter Korrespondenz, die für den Rest von Lewis' Leben andauerte. Er sprach von Schwester Penelope als seiner „älteren Schwester“ im Glauben. *Perelandra* ist den Schwestern von St. Mary the Virgin gewidmet.

Ruth Pitter (1898–1992) veröffentlichte ihr erstes eigenes Gedicht, als sie zwölf Jahre alt war, und in den nächsten 20 Jahren wurden ihre Arbeiten regelmäßig in verschiedenen Zeitschriften abgedruckt. 1920 erschien der Gedichtband *First Poems*. Um Geld zu verdienen, verzierte sie Möbel und Keramik im bäuerlichen Stil. Am 13. Juli 1942 schrieb sie an Lord David Cecil: „Ich habe das Buch gefunden, das mich mehr begeistert hat als alles andere seit langer Zeit – ‚Dienstanweisung an einen Unterteufel‘.“ Von da an las sie jedes Wort von Lewis, das sie finden konnte, und bekehrte sich zum christlichen Glauben. „Ich wurde dazu getrieben“, schrieb sie, „durch die Anziehungskraft von C. S. Lewis.“ Am 17. Juli 1946 trafen Lewis und sie sich zum ersten Mal, und während der nächsten Jahre besuchten sie sich gegenseitig häufig und diskutierten über Bücher, Gedichte und vieles mehr. Lewis fühlte sich in ihrer Gegenwart wohl – und er fühlte sich nicht bei vielen Menschen wohl. Nach einem Besuch im Jahr 1955 bemerkte Lewis, dass Ruth Pitter die Frau sei, die er heiraten würde, wenn er nicht ein so eingefleischter Junggeselle wäre.

Dr. F. Morgan Roberts (*1928) ist ein presbyterianischer Pastor und Buchautor aus den USA.

Stuart Robertson schrieb aus Illinois.

Eric Routley (1917–1982) war ein Pfarrer der Congregational Church, der am Magdalene College studiert hatte. Er wurde 1943 ordiniert und war am Mansfield College als Dozent für Kirchengeschichte, Bibliothekar, Kaplan und Leiter der Musikabteilung tätig. Im Jahr 1959 verließ er Oxford, um eine Kirche in Edinburgh zu übernehmen.

Dorothy L. Sayers (1893–1957) war eine englische Schriftstellerin, Essayistin und Übersetzerin. Ihre Kriminalromane, die scharfsinnige, einfühlsame Milieuschilderungen der 1920er- und 1930er-Jahre enthalten, haben ihren Ruf als eine der herausragenden „British Crime Ladies" begründet. Dorothy gehörte zu der ersten Gruppe von Frauen, die am 14. Oktober 1920 offiziell in Oxford einen BA-Abschluss erhielten. Sie arbeitete als Übersetzerin und Lehrerin, und im Sommer 1921 schrieb sie ihren ersten Kriminalroman *Whose Body?* (dt. „Der Tote in der Badewanne"). 1936 schrieb sie für das jährliche Canterbury Festival ein Theaterstück, *The Zeal of Thy House*, und später folgte *The Man Born to Be King*, eine jeweils halbstündige Serie für die BBC über das Leben Christi, die eine begeisterte Zuhörerschaft fand. Sie war mit C. S. Lewis und anderen Inklings eng befreundet und teilte Lewis' Überzeugung, dass die Menschen das Evangelium in der Sprache ihres Alltags hören müssten.

Stephen Leonard Schofield (1915–1993), ein kanadischer Journalist, begegnete Lewis 1951 in Oxford. Nach Lewis' Tod gründete Schofield das kanadische *C. S. Lewis Journal*.

Mary Willis Shelburne (1895–1975) war Dichterin und lebte in Washington. 1951 konvertierte sie von der Episkopalkirche zur katholischen Kirche und hatte viele Fragen. Der Schriftsteller Kenton Kilmer schlug ihr vor, mit Lewis Kontakt aufzunehmen, und daraus entwickelte sich eine langjährige Brieffreundschaft.

Über Elsie Snickers ist nichts bekannt.

Nathan Comfort Starr war Literaturwissenschaftler an verschiedenen Universitäten und Colleges in den USA.

Hart Lyman Stebbins (1911–1989) war ein Investmentspezialist aus New York. Am 20. April 1945 schrieb er an Lewis: „Ich würde es nicht wagen, Sie zu bitten, mir zu schreiben, was Sie für die Argumente halten, die die Entscheidung für die anglikanische und gegen die römisch-katholische Kirche bringen. Aber ich wage es, Sie zu fragen, ob Sie mir den großen Gefallen tun würden, mir die Bücher zu empfehlen, die Ihrer Meinung nach diese Argumente am überzeugendsten darstellen" (H. Lyman Stebbins, „The Boldness of a Stranger", Laywitness, (19. November 1998), S. 7). Lewis antwortete mit dem vorliegenden Brief. Am Ende wurde Stebbins am 28. Mai 1946 in die katholische Kirche aufgenommen.

Über Thomasine, ein Schulkind, ist nichts Näheres bekannt.

John Ronald Reuel Tolkien (1892–1973) wurde am 3. Januar 1892 in Bloemfontein, Südafrika, als Sohn britischer Eltern geboren und wuchs in England auf. Besonders die vergleichenden Sprachwissenschaften hatten es ihm angetan, er befasste sich u. a. intensiv mit altnordischen Sprachen, Gotisch, Finnisch und Walisisch (die sich später in den Sprachen von Mittelerde wiederfanden). 1916 heiratete er seine Jugendliebe Edith Bratt, mit der er vier Kinder bekam. Ab 1925 war er Professor für Angelsächsisch in Oxford. Tolkien und Lewis begegneten sich bei einer Fakultätssitzung am 11. Mai 1926. In der Folge führte Tolkien Lewis in seinen altnordischen Literaturclub *Kolbítar* ein. Bald trafen sie sich regelmäßig, meist am Montagmorgen, und dies kann als der Anfang der Inklings angesehen werden. Lewis fand 1931 zurück zum Christentum, und Hugo Dyson und Tolkien bezeichnete er als „die unmittelbaren menschlichen Träger" seiner Bekehrung. Bei den Inklings-Treffen las Tolkien regelmäßig aus seinen entstehenden Büchern vor und erwähnte oft, wie sehr ihm Lewis' Kritik und Ermutigung halfen. Als Lewis im November 1963 plötzlich starb, schrieb Tolkien an seine Tochter Priscilla, sein Tod sei wie „ein Axthieb nahe den Wurzeln". Seinem Sohn Michael schrieb er: „Wir waren einander viel schuldig, und dieses Band der tiefen Zuneigung bleibt bestehen. Er war ein großer Mann, und die kühlen offiziellen Nachrufe können nur an der Oberfläche kratzen."

Über Lee Turner ist nichts bekannt.

Sheldon Vanauken (1914–1996) und seine Frau Davy waren Agnostiker, als sie aus den USA nach Oxford kamen, wo Vanauken seine Studien vertiefte. Sie lasen eine Reihe von Lewis' Büchern, und im Dezember 1950 schrieb Vanauken zum ersten Mal an Lewis. Lewis antwortete, und wenig später lud er Vanauken nach Magdalene ein. Von da an trafen sie sich bei einer Reihe von Gelegenheiten. In dieser Zeit fanden die Vanaukens zum christlichen Glauben. Ende 1952 kehrten sie in die USA zurück, wo Sheldon am Lynchburg College lehrte.

Chad Walsh (1914–1991) war Autor und Professor für Englisch und Geistlicher der Episkopalkirche in Wisconsin. *Perelandra* (1943) eröffnete ihm einen neuen Zugang zum christlichen Glauben, und er begann 1945 eine Korrespondenz mit Lewis.

Über Jessie M. Watt ist nichts bekannt.

Charles Williams (1886–1945), der Autor von sieben „übernatürlichen Thrillern" und zahlreichen anderen Werken, war ein Mitarbeiter der *Oxford University Press* in London. Lewis beschrieb ihn so: „Von der Erscheinung her war er groß, schlank und aufrecht wie ein Junge, wenn auch grauhaarig. Sein Gesicht hielten wir für hässlich: Ich bin nicht sicher, ob in diesem Zusammenhang nicht das Wort ‚Affe' gemurmelt wurde. Aber in dem Moment, in dem er sprach, wurde es zum Antlitz eines Engels – nicht eines weiblichen Engels, sondern eines Geistes, der vor Intelligenz und Nächstenliebe brannte." In einem Brief an Dom Bede Griffiths vom 21. Dezember 1941 schrieb Lewis, Williams sei „größtenteils ein Autodidakt, der sich unter einem fast orientalischen Reichtum an Vorstellungskraft abmüht“.

Sir Henry Willink (1894–1973) war Mitglied des Parlaments und fungierte als Sonderbeauftragter für die Obdachlosen in London, ein Amt, das er während der schwersten deutschen Bombenangriffe des Zweiten Weltkriegs innehatte. Im November 1943 wurde er zum Minister für Gesundheit ernannt. Nach einer Krankheitsphase legte er sein Parlamentsmandat nieder und wurde 1949 Master des Magdalene College.

Mrs. Janet Wise lebte mit ihrem Mann in Mukalla, Hadramaut (Teil des östlichen Aden-Protektorats der arabischen Sultanate), als sie an Lewis schrieb.

Sir Stanley Unwin (1884–1968) war Verleger. Im Jahr 1937 veröffentlichte er auf Empfehlung seines zehnjährigen Sohnes Rayner Tolkiens „Der Hobbit“ und später „Der Herr der Ringe“. Weil dieses Buch so schwierig zu beschreiben war, fragte Unwin C. S. Lewis, ob er etwas schreiben würde, das als Klappentext für das Buch dienen könnte. Lewis fügte seinen Text dem Brief bei. Unwin wurde 1946 zum Ritter geschlagen.

Anmerkungen

1 „Leeborough“ war Jacks und Warnies privater Name für Little Lea, das Haus in der Circular Road Nr. 76 am Stadtrand von Belfast, in das die Familie einzog, als C. S. Lewis sechs Jahre alt war.
2 Der Briefträger namens Gordon [Jordan] hatte Jack häufig Themen für Essays vorgeschlagen.
3 Er meint William Morris: *The Well at the World's End* (1896). Dt. Ausgabe: *Der Quell am Ende der Welt*. München: Nymphenburger Verlagshandlung, 1955.
4 Dies war vermutlich Mrs Kirkpatricks „Theaterfreundin“, Miss MacMullen.
5 Eine Anspielung auf den „Zug der Zwerge“ aus der Peer-Gynt-Suite von Edvard Grieg.
6 Franz Liszt, Ungarische Rhapsodie.
7 Lewis' Spitzname für Arthur: Galahad war ein Ritter aus König Artus' Tafelrunde, der für die Reinheit und Unschuld seiner Gedanken berühmt war.
8 Edmund Spenser: *The Fairie Queene* (1590).
9 Henry Rider Haggard: *Pearl Maiden* (1903).
10 Sir Walter Scott: *The Lay of the Last Minstrel* (1805), Einleitung.
11 Die Zeile stammt allerdings aus P. B. Shelleys *Song* (1824).
12 Shakespeare, *König Heinrich V.*, Prolog.
13 Gemeint ist Warren.
14 Gemeint ist George Eliot, ein Pseudonym für Mary Anne Evans, eine der erfolgreichsten Schriftstellerinnen der viktorianischen Zeit in England.
15 Ovid, *Metamorphosen*, Buch 7,ll.19–21: video meliora proboque, / deteriora sequor'. „Ich sehe das Bessere und heiße es gut, folge aber dem Schlechteren.“
16 Mrs Lilian „Lily“ Hamilton Suffern war die Schwester seiner Mutter Florence Hamilton Lewis. Sie war eine passionierte Suffragette und hatte sich mit fast der ganzen Familie gestritten. C. S. Lewis war sie besonders zugetan und bombardierte ihn mit Büchern und einer pseudo-metaphysischen Korrespondenz.
17 John Stuart Mill, *The Subjection of Women* (1869). Dt. verschiedene Ausgaben.

18 Lewis und sein Freund Paddy hatten sich gegenseitig versprochen, sollte einem von ihnen etwas zustoßen, würde der Verbliebene sich um dessen Angehörige kümmern. Lewis nahm dieses Versprechen sehr ernst und pflegte eine enge Beziehung zu Paddys Mutter Janie Moore („Minto"). Lange Jahre teilten sie sich ein Haus, und später besuchte Lewis Janie bis zu ihrem Tod täglich im Pflegeheim. Die genaue Art ihrer Beziehung ist unklar; die Vermutung, sie seien ein Paar gewesen, gilt aber als unwahrscheinlich. Laut Warren Lewis' Aufzeichnungen hatte ihre Beziehung aber ungesunde Züge und Janie dominierte Jack Lewis wie eine Art Hausangestellten.

19 Sir Walter Scott, *Old Mortality* (1816). Dt. unter dem Titel: *Die Presbyterianer.*

20 Anthony Trollope, *Barchester Towers* (1857). Dt. unter dem Titel *Die Türme von Barchester.*

21 „Mrs. Proudie", eine Figur in *Barchester Towers* und allen folgenden Romanen von Trollope, ist die tyrannische Frau des Bischofs von Barchester.

22 Später erschien dieses Gedicht in stark überarbeiteter Form in seinem Buch *Spirits in Bondage* (1919).

23 Die mythische Freundin von Mrs Gamp in Charles Dickens' *Martin Chuzzlewit* (1843–1904). In einem Brief vom 14. September 1918 entschuldigt sich C. S. Lewis bei seinem Vater für den Vergleich. Trotzdem verletzte es ihn, dass der Vater ihn nicht besuchte (im Krieg, wo man nie wusste, ob man sich noch einmal lebend wiedersehen würde). In einem Brief vom 18. September an Warren schrieb der Vater: „Es tut mir leid – ich will nicht sagen, dass ich mich schäme –, sagen zu müssen, dass ich noch nicht bei ihm gewesen bin. Ich sehe auch keine Möglichkeit, es bald zu tun. Ich war noch nie so ungünstig (...) im Büro und am Gericht platziert wie im Moment. (...) Wenn ich jetzt weggehen würde, wären die Folgen für meinen kleinen Lebensunterhalt katastrophal. In der Tat fangen die Sorgen und die Überarbeitung an, mir zuzusetzen. (...). Ich habe mich noch nie in meinem Leben so schlapp und deprimiert gefühlt wie in den letzten paar Wochen, glaube ich. Mir ist klar, dass Jack mich für kaltherzig hält und dass ich ihn vernachlässigt habe. Diese Befürchtung macht mich natürlich noch unglücklicher."

24 *The Works of Shakespeare*, hg. Israel Gollancz, 12 Bde., The Larger Temple Shakespeare (1899).

25 Edward Gibbon, *The History of the Decline and Fall of the Roman Empire* (1776–1788), ed. J. B. Bury, 7 Bde., Methuen's Standard Library (1905–1906).

26 Bezug auf Apostelgeschichte 28,30: „Paulus aber blieb zwei ganze Jahre in seiner eigenen Mietwohnung und nahm alle auf, die zu ihm kamen." (ELB).

27 Cyril Bailey (1871–1957) war Tutor für klassische Schriften am Balliol College.

28 *Lucreti De Rerum Natura Libri Sex*. Recognovit brevique adnotatione critica instruxit C. Bailey [1899].

29 Am 27. Januar schrieb Albert an Warnie: „Ich halte einige Gedichte für

ausgezeichnet – ein oder zwei für mehr als ausgezeichnet. Den Geist, von dem das Buch, bisweilen jedenfalls, durchdrungen ist, hätte ich mir anders gewünscht. Aber wenn jedes Wort der Kritik oder Herabsetzung gesprochen ist, bleibt doch eine mehr als anerkennenswerte Leistung für einen Jungen von 19 [Jahren]" (*Lewis Papers* VI: 82). „Ich stimme dir vollkommen zu", antwortete Warnie am 28. Januar, „was die ausgezeichneten Teile von ‚IT's' (Jacks Familienspitzname, Anm. d. Übs.) Buch angeht. Aber ich bin der Meinung, es wäre besser gewesen, wenn es nicht veröffentlicht worden wäre. Selbst mit 23 sieht man bereits, dass die Meinungen und Überzeugungen, die man mit 20 hatte, flüchtig sind. Jacks Atheismus ist rein akademisch, da bin ich sicher." Am 9. März schrieb der Vater: „Er ist jung und wird mit der Zeit begreifen, dass ein Mann das Rätsel des Himmels über uns und der Erde unter uns und der Wasser unter der Erde nicht abschließend gelöst hat, wenn er zwanzig ist. Ich will gewiss nicht überschwänglich sein, aber ich denke tatsächlich, wenn Oxford ihn nicht verdirbt ... könnte er etwas schreiben, das die Menschen nicht gern sterben lassen möchte."(LP VI:98).

30 Dies ist ein Vorwand. In Wahrheit befand sich Lewis dort mit Mrs. Moore und ihrer Tochter Maureen.

31 Das ist eine Anspielung auf die „Irish Troubles". Die „Orangenen" sind die Oranier, radikale Protestanten.

32 Jeremy Taylor (1613–1667), anglikanischer Bischof und Autor.

33 Boswells *Life of Johnson*, op. cit., Bd. II, 6. April 1775, S. 344 (nicht exakt zitiert).

34 Milton, *Das verlorene Paradies*, Siebenter Gesang: http://www.zeno.org/Literatur/M/Milton,+John/Epos/Das+verlorene+Paradies/Siebenter+Gesang

35 Bis 1854/1856 konnte man keinen Studienabschluss erwerben, ohne die 39 Artikel zu unterschreiben, die im 16. Jahrhundert von der *Church of England* aufgestellt worden waren. In den Artikeln schrieb die Kirche ihre Position in den damaligen Streitfragen fest.

36 In diese Gesellschaft, die altnordische Sagen in den Originalsprachen las, hatte J. R. R. Tolkien Lewis eingeladen.

37 „Minto" ist Mrs. Moore. Diesen Urlaub am Meer mit Mrs. Moore und ihrer Tochter Maureen hielt C. S. Lewis ebenso vor seinem Vater geheim wie sein Zusammenleben mit der geschiedenen und um 26 Jahre älteren Mrs. Moore. Als der Vater ankündigt, zu Besuch zu kommen, richtet C. S. Lewis zum Schein ein Studentenzimmer bei ihr ein – ganz so, als wäre er nur Untermieter.

38 Also nach Hause zum Vater. „P'daita", „P'dayta" oder „P'daitabird" sind Spitznamen, die Warren und C. S. Lewis ihrem Vater Albert Lewis gegeben hatten, weil er in seinem irischen Akzent „potato" wie „pudaita" aussprach. Eine über die Jahre anwachsende Sammlung seiner Aussprüche sammelten die beiden Söhne in einem Notizbuch, das sie „Pudaita Pie" nannten.

39 Wordsworth, *The Prelude*, I, 290.

40 Die *Society for Promoting Christian Knowledge* (SPCK; *Gesellschaft für Verbreitung christlicher Bildung*) ist eine der frühesten europäischen Missionsgesellschaften.

41 Der Earl of Strafford wurde 1641 enthauptet.

42 „Warum sind sie in der Kirche, wenn die Sache ihnen so wenig bedeutet?", fragt C. S. Lewis, und er vergleicht ihre Haltung mit dem ehrfürchtigen Glauben derer, die einst die Kathedrale von Salisbury erbaut haben. Man kann darin erste Anzeichen seines Umdenkens sehen, was den christlichen Glauben angeht (er beschreibt diesen Wandel im Buch „Überrascht von Freude" und datiert ihn dort auf das Jahr 1929).

43 Zum ersten Mal schrieb C. S. Lewis Arthur Greeves am 30. Januar 1930 über Tolkien: „Tolkien ist der Mann, von dem ich dir bei unserer letzten Begegnung erzählt habe – der Autor der voluminösen unveröffentlichten Romanepen und der Karten, die sie begleiten und die Berge des Grauens zeigen und Nargothrond, die Stadt der Orks. Er ist tatsächlich, zu Teilen, was wir einst waren."

44 Lewis fand 1931 zurück zum christlichen Glauben, und Hugo Dyson und Tolkien bezeichnete er als „die unmittelbaren menschlichen Träger" seiner Bekehrung.

45 Römer 5,12–21; 6,5–23; 1. Korinther 15,12–58.

46 Er meint Emily Brontës *Wuthering Heights*. Dt. Titel: *Sturmhöhe*.

47 Jean Froissarts *Chroniques* (Sp. 1373–1400) ist ein sehr lebendiger, wenn auch manchmal nicht akkurater Bericht über das Europa des 14. Jahrhunderts, mit besonderem Schwerpunkt auf der ersten Hälfte des Hundertjährigen Kriegs zwischen Frankreich und England.

48 Originaltitel: *The Monastery*, *The Abbot*, *The Antiquary* und *Heart of Midlothian*.

49 Scott, *The Antiquary*, Kap. 35.

50 Die englischen Dichter Charles Lamb (1775–1834) und William Cowper (1731–1800).

51 Johannes 1,5; Jakobus 1,17.

52 In J. M. Barries Stück *Mary Rose* (1920) wird Mary Rose bei einem Besuch auf den Hebriden von Elfenstimmen hinweggelockt, während Engelstimmen versuchen, ihnen entgegenzuwirken.

53 MacDonald, *Lilith*, Kap. 39.

54 Arthur Greeves empfand homosexuell. Konkretes zu der hier angesprochenen Episode ist nicht bekannt; es klingt, als hätte Arthur eine Freundschaft mit einem Mann beendet, die er als Versuchung wahrnahm.

55 Kurz darauf trafen sich C. S. Lewis und Charles Williams. Sie wurden enge Freunde. Charles Williams zog 1939 nach Oxford, unterrichtete dort auch und nahm regelmäßig an den Treffen der Inklings teil.

56 Owen Barfields Märchen *The Silver Trumpet* wurde 1925 veröffentlicht.

57 Ein Spiel mit dem Titel des Gedichts *The Allegory of Love*, das Barfield ge-

widmet ist. Die Widmung wird begleitet von einer Zeichnung eines Alligators, der einer jungen Dame in einem Schloss ein Ständchen bringt.

58 2. Korinther 5,17 und Galater 6,15.

59 „Lass deiner Schwester, wenn sie nicht beten kann, ihren schlichten Unglauben, denn das ist ihr Weg." Zitat angelehnt an Alfred, Lord Tennyson, *In Memoriam* A. H.H. (1850), XXXIII, ii, 1–2: „Leave thou thy sister when she prays/Her early Heaven, her happy views."

60 Thomas von Aquin, *Summa Theologica*, Teil II, Frage 40, Artikel 2.

61 Matthäus 7,14.

62 Schwester Penelope hatte ihm ein Exemplar ihres neuen Buches *Scenes from the Psalms* geschickt.

63 Gemeint ist eine Szene aus Lewis' Roman *Flucht aus Puritanien*, Buch VI, Kap. 2.

64 1. Korinther 8,9–13.

65 James George Gillman, *The Divine Journey* (1934).

66 Das „neue Hobbit-Buch" ist *Der Herr der Ringe* (1954, 1955).

67 *The House by the Stable*, veröffentlicht in Williams' *Seed of Adam and Other Plays*, hg. Anne Ridler (1948).

68 *The Problem of Pain* (dt. „Über den Schmerz") war Lewis' erstes theologisches Werk.

69 1. Mose 39,1–20.

70 John Langshaw Austin lehrte 1935–52 Philosophie am Magdalene College.

71 Am 16. Februar 1940 verstießen Matrosen des britischen Zerstörers HMS Cossack im Jösing Fjord gegen die Neutralität Norwegens, indem sie das unbewaffnete deutsche Hilfsschiff *Altmark* betraten und 299 britische Matrosen und Handelsmatrosen befreiten. Das führte zu einem Disput darüber, ob die britische Regierung damit internationales Recht verletzt hatte.

72 J. W. A. Condlin war Albert Lewis' Anwaltsgehilfe.

73 Aus: Edith Sitwell, *The Sleeping Beauty* (1924), Nr. 11, 20–5

74 Boswell, *The Life of Samuel Johnson*, Bd. III, 19. September 1777, S. 169: „Life will not bear refinement: you must do as other people do."

75 Samuel Johnson, *The Vanity of Human Wishes* (1749), 155–56: „Yet hope not life from grief or danger free,/Nor think the doom of man reversed for thee".

76 Boethius, *Der Trost der Philosophie*, Buch IV, Prosa 7.

77 G. K. Chesterton, *The Everlasting Man* (1925). dt. Der unsterbliche Mensch (Bonn : nova & vetera, 2009, Durchges. Neudr.).

78 François, Mauriac. *Vie de Jésus* (Dt. Freiburg : Herder, 1936)

79 James Moflatt, *The New Testament: A New Translation* (1913; 2. Aufl. 1936); The Old Testament: A New Translation (1924).

80 Matthäus 22,39.

81 Matthäus 18,23–35.

82 Die BBC übertrug Hitlers Rede vom Reichstag in Berlin life mit einer Simultanübersetzung.

83 In diese Rede machte Hitler einen „letzten Aufruf an den gesunden Menschenverstand" und schloss: „... denn meine Absicht war es nicht, Kriege zu führen, sondern einen neuen Sozialstaat von höchster Kultur aufzubauen. Jedes Jahr dieses Krieges raubt mich dieser Arbeit. Und die Ursachen dieses Raubes sind lächerliche Nullen ... Herr Churchill sollte mir dieses Mal vielleicht ausnahmsweise glauben, wenn ich als Prophet jetzt folgendes ausspreche: Es wird dadurch ein großes Weltreich zerstört werden, ein Weltreich, das zu vernichten oder auch nur zu schädigen niemals meine Absicht war."

84 Diese Idee bildete die Grundlage für *Dienstanweisung an einen Unterteufel*, das Lewis in den folgenden Monaten schrieb. Es wurde zwischen Mai und November 1941 in 31 Folgen im *Guardian* veröffentlicht und erschien 1942 in Buchform.

85 Diese Ideen finden sich in Brief 27 der *Dienstanweisung* wieder.

86 Auch dieser Ansatz wird in *Dienstanweisung* in Brief 1 aufgegriffen.

87 James Matthew Thompson: *My Apologia*, S. 23.

88 „Das harte Äußere ließe nie erahnen, wie das schwache Geschöpf in seinem Panzer zitterte."

89 Markus 2,10–11: „‚Damit ihr aber wisst, dass der Menschensohn auf Erden Macht hat, Sünden zu vergeben', sagte er zu dem Gelähmten: ‚Ich sage dir, steh auf, nimm dein Bett und geh heim.'" (L) Vgl. Matthäus 9,6, Lukas 5,24.

90 Der Heilige Anselm (ca. 1033–1109) erklärt in seinem *Cur Deus Homo*, dass „die Sünde, die ein unendliches Vergehen gegen Gott war, eine ebenso unendliche Genugtuung erforderte. Da kein endliches Wesen eine solche Genugtuung leisten konnte, war es notwendig, dass ein unendliches Wesen, d. h. Gott selbst, den Platz des Menschen einnahm und durch seinen Tod der göttlichen Gerechtigkeit vollständige Genüge leistete."

91 Unbedenklichkeitsformel der katholischen Kirche für die Erteilung der Druckerlaubnis.

92 In der katholischen Theologie Kennzeichnung von Wahrheiten, die auf die Autorität Gottes und des vermittelnden kirchlichen Lehramts hin zu glauben sind.

93 In der griechischen Mythologie hatte der Riese Prokrustes ein Eisenbett, das er menschlichen Gästen anbot. Wenn jemand zu groß dafür war, schnitt Prokrustes dessen Füße ab. War er zu klein, dehnte er ihn, bis es passte.

94 Tinidril ist die nackte Eva vor dem Sündenfall aus *Perelandra*.

95 Die Hauptfigur in Charles Dickens' Roman *David Copperfield* (1849–50).

96 Charlotte Brontë, *Jane Eyre* (1847).

97 Die Hauptfigur in Henry Fielding, *Tom Jones* (1749).

98 George Henry Borrow (1803–81), Autor von *Lavengro*.

99 Lewis spielt hier witzig auf Wordsworths *The Prelude*, III, S. 338–39 an: „I see by glimpses now; when age comes on,/May scarcely see at all."

100 Marc Connellys *The Green Pastures* war umstritten, weil es in einem Dialekt der People of Color verfasst war.

101 Lukas 11,27–28.

102 Transubstantiation – die Auffassung, dass die Substanz von Brot und Wein in der Eucharistie in den Leib und das Blut Christi verwandelt werden und nur die Erscheinung von Brot und Wein bestehen bleibt.

103 Der V-Day or VE-Day (Victory in Europe Day) wurde in Großbritannien und in den USA am 8. Mai 1945 gefeiert.

104 Lewis spielt hier auf seine neue Artikelreihe an, „Who Goes Home? Or The Grand Divorce", die vom 10. November 1944 bis 13. April 1945 wöchentlich in *The Guardian* erschien und danach in Buchform als *The Great Divorce* herauskam. Dt. Titel: *Die große Scheidung*.

105 Vladimir Sergeyevich Soloviev, *The Meaning of Love* (1945).

106 „Lass uns füreinander beten."

107 Greeves bezog sich auf Ransoms Aussage: „Engel sind im Allgemeinen keine gute Gesellschaft für Menschen, selbst wenn es gute Engel und gute Menschen sind. Das kann man bei Paulus nachlesen. Aber was Maleldil selbst angeht, so hat sich das alles geändert: durch das, was in Betlehem geschehen ist. (*Die Perelandra-Trilogie: Die böse Macht*, Moers 2013, S. 821).

108 Die Orchestersuite *Die Planeten* von Gustav Holst wurde am 15. November 1920 uraufgeführt.

109 Eric Rücker Eddison, *The Worm Ouroboros* (1922). – Dt. Erstveröff. München: Heyne, 1981.

110 Es geht um die Ideen des Philosophen George Berkeley (1685–1753) hinsichtlich der Existenz Gottes.

111 Römer 8,20: „Die Schöpfung ist ja unterworfen der Vergänglichkeit – ohne ihren Willen, sondern durch den, der sie unterworfen hat –, doch auf Hoffnung". (L)

112 Lucretius, *De Rerum Natura*, Buch 5, 198–99: „Keineswegs ist die natürliche Ordnung der Dinge für uns von einer göttlichen Kraft geformt: So sehr stechen die Unvollkommenheiten, mit der sie ausgestattet ist, hervor."

113 Milton, *Samson Agonistes*, S. 629.

114 Eine katholische Ordensfrau, die eine große Bewunderin von Lewis war und ihn gern zu einem christlichen Nationalhelden gemacht hätte.

115 Cf. Geoffrey Chaucer, *Trouas and Criseyde*, III. xlv, 6–7: „a vauntour and a lyere, al is one".

116 Den Smoking erhielt am Ende Professor Tolkiens Sohn Christopher, das jüngste Mitglied der Inklings, der später viele der Werke seines Vaters lektorierte.

117 Charles Dickens, *Oliver Twist* (1837–38).

118 Dies sind die „Bösen" in Lewis' Roman *Die böse Macht*.

119 Aus einem französischen Lied, „Nous n'irons plus aux bois", „Wir soll-

ten nicht länger in den Wald gehen“ (1920), Text: Théodore de Banville (1823–91), Musik: St. John Lucas (1879–1934).

120 Eine Anspielung auf die Anekdote, nach der Oscar Wilde angeblich seine Bewunderung für eine Bemerkung von James McNeill Whistler ausgesprochen haben soll: „Ich wünschte, ich hätte das gesagt.“ Whistlers Antwort: „Das werden Sie, Oscar, das werden Sie.“ (Joseph Pearce, *The Unmasking of Oscar Wilde* (2000), S. 85).

121 Psalm 84,11

122 Galater 5,6.

123 Jeremia 17,9.

124 George Gordon, Lord Byron, *Don Juan* (1819–20), III, lxv, S. 8.

125 Lewis hatte Owen Barfield 1942 gebeten, eine gemeinnützige Stiftung zu gründen, in die alle Honorare für Lewis’ Bücher flossen. Sie nannten sie „Agapony“ oder „Agapargyry“ oder „Der Agapargyrometer“ (= Liebe und Geld). Das Geld wurde für Menschen in Not verwendet, vorrangig für Witwen und Waisen.

126 Obwohl er grundsätzlich Lewis’ Wunsch nach Verschwiegenheit hinsichtlich der Stiftung respektierte, widmete Barfield „Agapony“ in seinem Buch *This Ever Diverse Pair* (1950) ein Kapitel.

127 Er bezieht sich auf *Der König von Narnia* (engl.: *The Lion, the Witch and the Wardrobe*), den ersten Band der Narnia-Reihe, der 1950 erschien.

128 Lewis verwendet den chinesischen Begriff „Tao“ in *Die Abschaffung des Menschen* (1943) mit der Bedeutung „Naturgesetz“ oder „Moral“.

129 William Shakespeare, *Othello* (1622).

130 William Shakespeare, *King Lear* (1608).

131 Alexander Pope, *An Essay on Criticism* (1711), II, S. 2.

132 „Minto“/Mrs Moore, für die Lewis noch immer aufopferungsvoll sorgte.

133 Vanauken hatte Lewis um eine Einschätzung gebeten, ob er weiter an seiner Doktorarbeit in Geschichte arbeiten oder lieber Theologie studieren sollte.

134 Francis Bacon, *Essays* (1625).

135 George MacDonald, *Unspoken Sermons, 2nd series* (1885), „The Fear of God“, S. 163.

136 Chad Walsh, C. S. Lewis: *Apostle to the Skeptics* (1949).

137 Gemeint ist wohl Warnies Alkoholismus.

138 George MacDonald, *Unspoken Sermons, 1st series* (1867), „Love thy Neighbour“, S. 202: »No one loves because he sees why, but because he loves.“

139 George MacDonald, *Sir Gibbie* (1879), Kap. 47: „the time for speaking comes rarely, the time for being never departs.“

140 Die Legende vom „Ewigen Wanderer/Ewigen Juden“ besagt, dass ein Mann namens Ahasver Jesus auf dem Weg zum Kreuz verspottete und deshalb dazu verdammt wurde, unsterblich durch die Zeit zu wandern, bis Jesus wiederkommt.

141 *English Literature in the Sixteenth Century Excluding Drama*. Band 3 der *Oxford Hi-*

story of English Literature. Daran arbeitete C. S. Lewis seit 1936 und bekam ab September 1951 von der Universität ein Jahr frei, um das Buch abzuschließen.

142 George Bunyan, *Die Pilgerreise* (1684).

143 „Dafür arbeiten und kämpfen wir, denn wir haben unsere Hoffnung auf den lebendigen Gott gesetzt, den Retter aller Menschen, besonders der Gläubigen." (EÜ)

144 Richard Baxter, *Church-history of the Government of Bishops and their Councils* (1680), „What History is Credible, and What Not", S. xv: „Sie wissen nicht, zu welcher Partei ich gehöre, noch wie Sie mich bezeichnen sollen. In dieser Hinsicht tun Sie mir mehr leid als ich mir selbst; falls Sie es noch nicht wissen, so sage ich Ihnen: Ich bin ein CHRIST, ein BLOSSER CHRIST, von keiner anderen Religion; und meine Kirche ist die christliche Kirche und zeigt sich, wo immer die christliche Religion sich gezeigt hat."

145 Genia Goelz sollte demnächst in der Episkopalkirche konfirmiert werden.

146 1. Korinther 12,27.

147 In der katholischen und den orthodoxen Kirchen die Verehrung, die den Heiligen entgegengebracht werden soll.

148 Thomas von Kempen, *Nachfolge Christi* (Kevelaer: Butzon & Bercker, 1978), S. 280/81.

149 Tolkien hatte Lewis gerade geschrieben, dass das Manuskript von *Der Herr der Ringe* von einem Verleger angenommen worden war.

150 Katherine Farrer hatte mit Tolkien über das Manuskript korrespondiert.

151 Tolkiens Tochter.

152 Es handelt sich bei dem „Gast" um Joy Gresham, C. S. Lewis' spätere Ehefrau. Nach längerem Briefkontakt war sie nach England gekommen, von der großen Liebe war hier aber noch nichts zu spüren.

153 An George und Moira Sayer schreibt er am 23. Dezember 1952: „Ständige Konversation ist eine sehr erschöpfende Sache. Ich beginne mich zu fragen, ob ich eine Berufung für La Trappe [ein Schweigekloster] habe."

154 Lewis hatte begonnen, ein Buch über das Gebet zu schreiben und dies in einem Brief an Don Giovanni vom 17. März 1953 erwähnt. Doch erst im Frühling 1963 fand er die Form für das, was er sagen wollte. Das Ergebnis war *Du fragst mich, wie ich bete* (Johannes: Einsiedeln, 5. Aufl. 2011). Originaltitel: *Letters to Malcolm: Chiefly on Prayer* (London: Bles, 1964; Fount, 1998).

155 Matthäus 26,39; Markus 14,35; Lukas 22,42.

156 William Shakespeare, *Der Sturm* (1623), I, ii, S. 250–93. Ariel ist ein Luftgeist, der von einer bösen Zauberin in eine gespaltene Fichte eingeschlossen wurde, weil er sich geweigert hatte, ihre Befehle auszuführen, und nach 12 Jahren von Prospero befreit wird.

157 Apostelgeschichte 8,31.

158 Matthäus 6,12.

159 Clarke war Vorsitzender der *British Interplanetary Society* und hatte Lewis

angefragt, einen Vortrag darüber zu halten, dass Reisen ins All schlecht seien. Er hatte am 13. Februar 1953 geschrieben: „Es ist nur fair, wenn ich erwähne, dass Ihre Position in gewisser Weise analog zu der eines christlichen Märtyrers in der Arena wäre, aber ich bin zuversichtlich, dass diese Überlegung Sie nicht abhalten würde." (Bodleian Library, MS. Eng. lett. c. 220/4, fol. 16).

160 Kinder- und Jugendbuch.

161 Chad Walsh, *Nellie and her Flying Crocodile*, Illustr. Marc Simont (New York: Harper, 1956).

162 Römer 14,13–17.

163 Die Hauptfigur in Lewis' *Dienstanweisung an einen Unterteufel*, das im Original unter dem Titel *The Screwtape Letters* erschien.

164 Er bezieht sich auf seinen Roman *Die böse Macht*.

165 Johannes Calvin (1509–64) schrieb in seinem *Unterricht in der christlichen Religion* (1536): „Denn unsere Natur ist nicht etwa bloß des Guten arm und leer, sondern sie ist fruchtbar und ertragreich im Bösen, sodass sie nie müßig sein kann ... der ganze Mensch, Verstand und Wille, Seele und Fleisch ... sei von sich selbst aus nichts als Begehrlichkeit" (Buch II. Kap. 1, Abschnitt 8). Die „andere Sicht" war die der Arminianer, nach Jacobus Arminius (1560–1609), dass die Souveränität Gottes vereinbar sei mit dem freien Willen des Menschen und dass Jesus Christus für alle gestorben ist und nicht nur für die Erwählten.

166 Aus Luthers *Tischreden*.

167 1. Johannes 1, 5.

168 Lukas 22,42.

169 Markus 11,24: „Darum sage ich euch: Alles, worum ihr betet und bittet – glaubt nur, dass ihr es schon erhalten habt, dann wird es euch zuteil." (EÜ)

170 Charles Williams, Evelyn Underhill, George MacDonald.

171 Johannes 3,16.

172 1. Johannes 2,15.

173 Offenbarung 18,4 (L).

174 Lewis bezieht sich auf die Liebe des Zwerges Gimli für Galadriel, die Elbenkönigin, in *Der Herr der Ringe. Die Gefährten*.

175 In *Die Gefährten* verlassen die Gefährten die Sicherheit von Lothlórien, um den Ring zu zerstören.

176 Im letzten Kapitel von *Die Gefährten* begehrt Boromir den Ring so sehr, dass er ihn Frodo wegzunehmen versucht.

177 Siehe der vorangegangene Brief vom 4. Dezember.

178 Vom Löwen, der Hexe und dem Wandschrank.

179 Bedford und Cavor sind die ersten Menschen auf dem Mond in H. G. Wells' gleichnamigem Buch.

180 Die Hauptfigur in Daniel Defoes *Robinson Crusoe* (1719).

181 Das *Magazine of Fantasy and Science Fiction*, gegründet 1949.

182 Bezug auf Johannes 9,4: „Wir müssen die Werke dessen wirken, der mich

gesandt hat, solange es Tag ist; es kommt die Nacht, da niemand wirken kann."

183 „Musste dann nicht diese, die doch Abrahams Tochter ist, die der Satan schon achtzehn Jahre gebunden hatte, am Sabbat von dieser Fessel gelöst werden?" (Lukas 18,16; L).

184 Siehe Hebräer 2,10.

185 Gibb hatte Lewis eine besonders gebundene Ausgaben von *Der König von Narnia* und *Der Ritt nach Narnia* geschenkt.

186 Jane Austen, *Emma* (1816), Kap. 2: „Mr Woodhouse saw the letter, and he says he never saw such a handsome letter in his life."

187 Bruder Lorenz, *All meine Gedanken sind bei dir* (Schwarzenfeld: Neufeld, 2007), 80: „Wer [die Krankheiten] als etwas ansieht, das aus Gottes Hand kommt, wer sie als Auswirkungen seiner Barmherzigkeit betrachtet und als Mittel, die er zu unserer Seligkeit benutzt, schmeckt darin gewöhnlich große Süßigkeit und spürbare Tröstungen."

188 Psalm 22,1; Matthäus 27,46; Markus 15,34.

189 Ransom, die Hauptfigur in *Jenseits des schweigenden Sterns* (Engl. Titel: *Out of the Silent Planet*).

190 Die Pfifltriggi, Wesen in *Jenseits des schweigenden Sterns.*

191 Hebräer 6,20; 7,1–28.

192 2. Könige 2,23–4.

193 1. Mose 9,20–1.

194 Römer 13,13; Epheser 5,18; 1 Timotheus 3,3.

195 Markus 7,34–30.

196 In 1. Samuel 16 bis 1. Könige 2; 1. Chronik 2–29.

197 Johannes Calvin, *Sermons on the Book of Job* (1574), „Second Sermon on First Chapter of Job".

198 Psalm 19,7 (L).

199 Lewis meint vermutlich Griffiths' *Christian Ashram: Essays towards a Christian-Hindu Dialogue* (London: Darton, Longman & Todd, 1966), das in den USA unter dem Titel *Christ in India* erschien (1966).

200 Charles Williams, *Descent into Hell* (1937).

201 Weil das britische *Home Office* Joy Grisham die Genehmigung verweigerte, nach England zu ziehen und dort zu arbeiten, hatte C. S. Lewis sie am 23. April 1956 standesamtlich geheiratet. Sie lebten anschließend jeder in einem eigenen Haus.

202 Der Volksaufstand in Ungarn begann am 23. Oktober mit einer friedlichen Großdemonstration. Am 4. November marschierte die sowjetische Armee ein und erstickte gewaltsam jeden Widerstand. Über 2.500 Ungarn starben.

203 Markus 10,29.30: „Jesus sprach: Wahrlich, ich sage euch: Es ist niemand, der Haus oder Brüder oder Schwestern oder Mutter oder Vater oder Kinder oder Äcker verlässt um meinetwillen und um des Evangeliums willen, der nicht hundertfach empfange: jetzt in dieser Zeit Häuser und Brüder

und Schwestern und Mütter und Kinder und Äcker mitten unter Verfolgungen – und in der kommenden Welt das ewige Leben." (L)

204 Lukas 16,1–8.

205 Gemeint ist Joy.

206 Johannes 21,25: „Es gibt aber noch vieles andere, was Jesus getan hat. Wenn man alles einzeln aufschreiben wollte, so könnte, wie ich glaube, die ganze Welt die dann geschriebenen Bücher nicht fassen." (EÜ)

207 Dennis William Babbage (1909–91), Mathematiker und Kryptoanalytiker, trug während des Zweiten Weltkrieges in der militärischen Dienststelle, die sich mit der Entzifferung des deutschen Nachrichtenverkehrs befasste, wesentlich dazu bei, das Verfahren der deutschen ENIGMA-Chiffriermaschine zu entschlüsseln.

208 Auch Ralph Francis Bennett (1911–2002), ein Historiker, war daran beteiligt, die ENIGMA-Chiffriermaschine zu knacken.

209 Jack und Joy hatten zunächst vor allem deshalb standesamtlich geheiratet, um ihren Aufenthalt in England zu legitimieren. Doch angesichts von Joys lebensbedrohlicher Krankheit veränderten sich Lewis' Gefühle und sie holten nun eine „kirchliche" Trauung am Krankenbett nach.

210 Die Folge einer Rückenverletzung.

211 In der „Halle der Edlen Schnitzwerke" in *Der junge Titus*, Kap. 1.

212 1. Korinther 7,8–10: „Den Unverheirateten und den Witwen *sage ich*: Es ist gut, wenn sie so bleiben wie ich. Wenn sie aber nicht enthaltsam leben können, sollen sie heiraten. Es ist nämlich besser zu heiraten, als sich in Begierde zu verzehren. Den Verheirateten *gebiete nicht ich, sondern der Herr*: Die Frau soll sich vom Mann nicht trennen ..." (EÜ)

213 1. Johannes 3,20.

214 Ein verbreitetes Motiv bei Thomas à Kempis, das Lewis aufgreift und in seine Aussagen einpasst.

215 Matthäus 27,46.

216 Alfred, Lord Tennyson, *Tithonus* (1860), 32–3: „A soft air fans the cloud apart; there comes/A glimpse of that dark world where I was born."

217 Eines der Wesen, die den Mars in *Jenseits des schweigenden Sterns* bevölkern.

218 Tolkien, *Die Gefährten*, Buch I, Kapitel 2, S. 73.

219 John Bunyan, *Die Pilgerreise*, Teil 1.

220 Das Wort auf Alt-Solarisch, das in *Jenseits des schweigenden Sterns* verwendet wird, *hnau* oder *'nau*, bezeichnet ein rationales Wesen, das zu Sprache, Intellekt und Persönlichkeit fähig ist und eine Seele hat.

221 *Nous:* Verstand, Geist, Urteilsfähigkeit.

222 Blaise Pascal, *Pensées* (1670), VII.

223 George MacDonald, *Alec Forbes of Howglen* (1865), Bd. I, Kap. 33.

224 Peter Bide ist der Priester, der Joy und Jack getraut hat. Jetzt leidet seine Frau an Krebs und wird vermutlich sterben.

225 John Gibson Lockhart, *Memoirs of the Life of Sir Walter Scott*, Bart., 10 Bde. (Edinburgh: Robert Cadell, 2nd edn 1839), Bd. VIII, Kap. 70, S. 338.

226 Römer 7,21–3: „Ich mache also ständig dieselbe Erfahrung: Das Gute will ich tun, aber ich tue unausweichlich das Böse. Ich stimme Gottes Gesetz aus tiefster Überzeugung und mit Freude zu. Dennoch handle ich nach einem anderen Gesetz, das in mir wohnt. Dieses Gesetz kämpft gegen das, was ich innerlich als richtig erkannt habe, und macht mich zu seinem Gefangenen.“ (Hfa).
227 Die Eröffnungsworte des Simeon in Lukas 2,29–32 aus der lateinischen Vulgata: „Nunc dimittis servum tuum, Domine ...“ (Herr, nun lässt du deinen Diener in Frieden gehen ...).
228 Die Amazonen waren Kriegerinnen aus der griechischen Mythologie, denen angeblich die rechte Brust amputiert wurde, damit sie den Bogen ungehindert bedienen konnten.
229 „In der Gestalt des Apollo“ .
230 Das alttestamentliche Buch Hiob beschäftigt sich mit dem Problem, dass Unschuldige leiden müssen. Hiob lehnt die traditionelle Sichtweise ab, dass das Leiden eine Folge der Sünde ist, und hält an seiner Unschuld fest.
231 Hiob 32–37.
232 Patripassianismus ist die Glaubensauffassung, dass der Vater und der Sohn einfach nur zwei unterschiedliche Facetten Gottes sind. So gesehen hat auch Gott, der Vater, am Kreuz gelitten.
233 Lewis' Spitzname für Vera Gebberts Sohn Charles.
234 Zeitalter.
235 Lukas 13,16.
236 Lukas 9,54–55.
237 Matthäus 7,6.
238 Lukas 16,10–12.
239 „Herr“. Vgl. Lukas 9,54.
240 1. Korinther 9,27.
241 Matthäus 25,31–33.
242 Philipper 2,12 (L 2016).
243 Ebd., V. 13.
244 Matthäus 12,31–2: „Jede Sünde, ja sogar Gotteslästerung, kann vergeben werden. Wer aber den Heiligen Geist verlästert, der wird keine Vergebung finden. Wer abfällig über den Menschensohn redet, dem kann vergeben werden. Wer aber meint, er könne abfällig über den Heiligen Geist reden, der wird niemals Vergebung finden, weder jetzt noch in der zukünftigen Welt.“ (Hfa).
245 Hebräer 13,14.
246 Lewis lag nach einem Herzinfarkt 24 Stunden im Koma, und die Ärzte erwarteten nicht, dass er wieder aufwachen würde.
247 Lewis bezieht sich auf die Treffen der Inklings.
248 Schulabschluss, der der Mittleren Reife entspricht.

Published by adeo Verlag under license from
The CS Lewis Company Ltd. www.cslewis.com

Titel der Originalausgabe: The Collected Letters of CS Lewis (abridged from):
The Collected Letters of C. S. Lewis, Volume I: Family Letters 1905–1931.
Copyright © 2004 by C. S. Lewis Pte Ltd
The Collected Letters of C. S. Lewis, Volume II: Books, Broadcasts, and the War,
1931– 1949. Copyright © 2004 by C. S. Lewis Pte Ltd The Collected Letters of
C. S. Lewis, Volume III: Narnia, Cambridge and Joy 1950–1963.
Copyright © 2007 by C. S. Lewis Pte Ltd.

FSC
www.fsc.org
MIX
Papier aus verantwortungsvollen Quellen
FSC® C014496

© der deutschen Ausgabe adeo Verlag
in der SCM Verlagsgruppe GmbH,
Dillerberg 1, 35614 Asslar

Verwendete Bibeltexte sind unterschiedlichen Übersetzungen entnommen
und wie folgt gekennzeichnet:
ELB – *Revidierte Elberfelder Bibel* (Rev. 26) © 1985/1991/2008 SCM R.Brockhaus
im SCM-Verlag GmbH & Co. KG, Witten.
EÜ – *Einheitsübersetzung der Heiligen Schrift;* © 1980 Katholische Bibelanstalt, Stuttgart.
Hfa – *Hoffnung für alle®.* © 1983, 1996, 2002 by Biblica Inc.™.
Hrsg. von fontis – Brunnen Basel. Alle weiteren Rechte weltweit vorbehalten.
L – *Die Bibel nach Martin Luthers Übersetzung,* revidiert 2017,
© 2016 Deutsche Bibelgesellschaft, Stuttgart.

1. Auflage 2021
Bestell-Nr. 835310
ISBN 978-3-86334-310-1

Umschlaggestaltung: Mareike Schaaf
Umschlagmotiv: Lauren Farrar
Satz: Uhl + Massopust, Aalen
Druck und Verarbeitung: GGP Media GmbH, Pößneck
Printed in Germany

www.adeo-verlag.de